U0638393

法律法规释义系列

植物新品种保护法律制度

刘振伟 张桃林 主编

ZHIWU XINPINZHONG BAOHU
FALV ZHIDU

图书在版编目（CIP）数据

植物新品种保护法律制度/刘振伟，张桃林主编
.—北京：中国民主法制出版社，2022. 2
ISBN 978-7-5162-2771-8

Ⅰ. ①植…　Ⅱ. ①刘…　②张…　Ⅲ. ①植物—品种—自然资源保护法—研究—中国　Ⅳ. ①D922. 681. 4

中国版本图书馆 CIP 数据核字（2022）第 026888 号

图书出品人： 刘海涛
责 任 编 辑： 张　霞

书名/植物新品种保护法律制度
作者/刘振伟　张桃林　主编

出版·发行/中国民主法制出版社
地址/北京市丰台区右安门外玉林里 7 号（100069）
电话/（010）63055259（总编室）　83910658　63056573（人大系统发行）
传真/（010）63055259
http：// www. npcpub. com
E-mail：mzfz@ npcpub. com
开本/32 开　880 毫米×1230 毫米
印张/15. 5　**字数**/266 千字
版本/2022 年 2 月第 1 版　2022 年 2 月第 1 次印刷
印刷/三河市宏达印刷有限公司

书号/ISBN 978-7-5162-2771-8
定价/56. 00 元

编 委 会

夯实种业振兴法治基础
依法保障打好种业翻身仗
（序言）

全国人大常委会副委员长、中国科学院院士　武维华

国以农为本，农以种为先。种业是国家战略性、基础性核心产业，是保障国家粮食安全和重要农产品有效供给，推动生态文明建设，维护生物多样性的重要基础。党的十八大以来，以习近平同志为核心的党中央高度重视现代种业发展问题。在 2013 年的中央农村工作会议上，习近平总书记指出："要下决心把民族种业搞上去，抓紧培育具有自主知识产权的优良品种，从源头上保障国家粮食安全。"在 2020 年底召开的中央经济工作会议和农村工作会议上，习近平总书记强调要抓住种子这个要害，打好种业翻身仗。在 2021 年中央全面深化改革委员会第二十次会议审议种业振兴行动方案时，习近平总书记再次强调："农业现代化，种子是基础，必须把民族种业搞上去，把种源安全提升到关系国家安全的战略高度，集中力量破难题、补短板、强优势、控风险，实现种业科技自立自强、种源自主可控。"

深入贯彻落实党中央决策部署和习近平总书记重要指示批示精神，推动我国现代种业实现高质量发展，必须加快构建立治有体、施治有序的现代种业管理制度，这其中最根本的是要健全完善以种子法为核心的现代种业法治体系，依靠法治手段不断提升现代种业治理效能，夯实现代种业法治基础，促进种业创新能力提升。

2013 年，全国人大农业与农村委员会牵头，国务院有关部门参与，开始对 2000 年通过的种子法进行全面修订，2015 年 11 月，全国人大常委会审议通过了种子法修订草案。此次种子法修订坚持市场化改革方向，在强调发挥市场资源配置决定性作用的基础上，依法严格划定政府监管边界，明确监管职责，着力推动构建以产业为主导、资本为纽带、产学研结合、育繁推一体的现代种业法治框架。与 2000 年原法相比，2015 年修订后的种子法在种质资源保护、种业科技创新、植物新品种保护、品种审定和登记、种子生产经营许可、种业安全审查、种子执法、种业发展扶持政策等方面对现代种业管理制度进行了完善。为加大种质资源保护力度，修订后的种子法明确国家有计划地开展种质资源普查工作，公共种质资源应当依法开放利用；为提升种业自主创新能力，推动建立起基础性、前沿性、公益性育种与商业性育种相结合，优势互补的种业科技创新体系；为加强品种选育管理，缩小了主要农作物品种审定范围，建立非主要农作物品种登记制度；为促进种子企业做大做强，将种子生产和经营许可证合并，下放“育繁推一体化”企业种子生产经营许可证审批权限；为确保国家种业安全，建立健全种业安全审查机制，规范种质资源进出口和国际交流合作；为加强种子执法，明确综合执法机构和种子管理机构的法律地位，强化法律责任；为推动现代种业持续健康发展，将国务院扶持种业发展的财税、信贷、保险、良种繁育基地建设等政策措施上升为法律规范。

2015年种子法修订的最大亮点是增设“新品种保护”一章，将植物新品种保护作为推动育种创新的关键措施和基本制度确立下来，主要包括：明确国家实行植物新品种保护制度及授权条件和原则；明确完成育种的单位或个人对其授权品种享有排他的独占权；明确取得植物新品种权的品种得到推广应用的，权利人依法获得相应的经济利益；明确对危害社会公共利益、生态环境的植物新品种，不授予植物新品种权；明确取得实施强制许可的单位和个人不享有独占实施权，无权允许他人实施。这些规定在一定程度上解决了对植物新品种保护不力的问题，为加快促进育种原始创新、推动种业科技实现自立自强提供了法治保障。

为建立完备的植物新品种知识产权保护法治体系，

2015年种子法修订曾考虑引入国际上通行且行之有效的实质性派生品种制度，但由于部门间对此问题认识不统一，实质性派生品种制度最终未能入法，成为当时种子法修订的一个遗憾。目前，我国主要粮食作物推广品种和核心亲本修饰改造较多，品种间遗传背景极其相似是不争的事实。据农业农村部有关部门抽样检测数据，我国主粮作物和经济作物约有50%的品种为实质性派生品种。例如，江西省开展水稻品种DNA指纹检测发现，75%的品种的遗传相似度在90%以上。

"犯其至难而图其至远"，为进一步补齐制约育种创新能力提升的短板弱项，2021年3月，全国人大农业与农村委员会聚焦健全完善种业知识产权保护制度，再次牵头启动种子法修改工作。2021年12月，十三届全国人大常委会第三十二次会议全票通过了《关于修改〈中华人民共和国种子法〉的决定》。《决定》明确了实质性派生品种可以申请获得新品种权，但在进行商业化应用时应当征得植物新品种权所有人同意，并将植物新品种权的保护范围由授权品种的繁殖材料延伸到收获材料，将保护环节由生产、繁殖、销售扩展到为繁殖进行的处理、许诺销售、进出口、储存等环节。

建立实质性派生品种制度是贯彻落实以习近平同志为核心的党中央关于提升种业创新能力、推动种业振兴、打好种业翻身仗决策部署的重要举措，是健全完善种业知识产权保护体系、提升治理效能的关键环节，要充分认识实施实质性派生品种制度对于激励保护育种创新性研发、推动种业知识产权有序转化、完善育种创新成果利益分配机制的重要意义，准确把握原始创新品种与实质性派生品种、原始品种创新与品种改良应用、育种科研运用与商业化利用之间的关系。

修改完善种子法，社会各方面都很关注，育种者、农民群众和种业从业人员都很期待。法律的生命力在于实施，下一步要切实做好修改后的种子法的贯彻实施工作，各级人大及其常委会要发挥好法律实施的监督职能，增强运用法治思维和法治方式推动种业振兴的能力；国务院及其有关部门要加快制定出台实质性派生品种制度实施步骤和办法，完善相关配套法规和规章，将法律确定的规范要求转化为具体制度措施；司法部门应切实履行对新品种知识产权保护的职能；各地各部门要持续开展法律学习宣传工作，通过多种方式向社会宣介新种子法，深入解读种子法的立法目的、基本精神和相关规定，营造依法育种、依法治种、依法兴种的良好氛围。

让我们共同努力，通过良法加善治，不断夯实种业振兴的法治基础，依法保障打好种业翻身仗，推动新时代现代种业高质量发展。

目　录

附录二

附录三

绪　论

努力提高种业知识产权保护法治化水平

刘振伟

2021 年 12 月 24 日，第十三届全国人民代表大会常务委员会第三十二次会议全票通过了《关于修改〈中华人民共和国种子法〉的决定》，自 2022 年 3 月 1 日起施行。这是继 2015 年 11 月 4 日第十二届全国人民代表大会常务委员会第十七次会议修订种子法后的又一次重要修改，对我国现代种业发展具有十分重要的意义。

种子是发展现代农业，保障国家粮食安全的基础。加强种业科学技术研究，保护植物新品种权，激励育种原始创新，是“打好种业翻身仗”的关键。党中央、国务院高度重视现代种业发展和知识产权保护。习近平总书记指出：“要下决心把我国种业搞上去，抓紧培育具有自主知识产权的优良品种，从源头上保障国家粮食安全。”“实现种业科技自强自立、种源自主可控。”“知识产权保护工作关系国家治理体系和治理能力现代化，关系高质量发展，关系人民生活幸福，关系国家对外开放大局，关系国家安全。全面建设社会主义现代化国家，必须从国家战略高度和进入新发展阶段要求出发，全面加强知识产权保护工作，促进建设现代化经济体系，激发全社会创新活力，推动构建新发展格局。”“要综合运用法律、行政、经济、技术、社会治理等多种手段，从审查授权、行政执法、司法保护、仲裁调解、行业自律、公民诚信等环节完善保护体系，加强协同配合，构建大保护工作格局。要打通知识产权创造、运用、保护、管理、服务全链条，健全知识产权综合管理体制，增强系统保护能力。”几年来的中央经济工作会议和中央农村工作会议，都提出要大力推动自主创新，保护知识产权，打好种业翻身仗。

知识产权，指人们就其智力劳动成果所依法享有的专有权利，是一种无形的财产权，属于民事权利的一种，具有专有性、时间性、地域性等法律特征。我国民法典规定，民事主体依法享有知识产权，知识产权的客体包括作品，发明、实用新型、外观设计，商标，地理标志，商业秘密，集成电路布图设计，植物新品种，以及法律规定的其他客体，涵盖了实践中主要的知识产权种类，与国际通行做法基本一致。

我国的知识产权保护法律制度，相比世界上工业化完成较早的国家要晚很多，但我们奋起直追，成效明显。我国民事、刑事基本法提供了知识产权保护的基本框架，在此基础上制定主体法及相关决定。1982 年制定了商标法，

1984 年制定了专利法，1990 年制定了著作权法，2015 年修改种子法，增加植物新品种保护专章，加上相关法律的涉知识产权保护规定，我国知识产权法律制度与现实需求总体上是适应的。但是，与专利等种类的知识产权保护相比，我国种业知识产权保护起步晚。过去总认为利用自然遗传资源培育新品种，是对自然资源的改良、利用或开发活动，创新性不强，科技含量不高，这是误解。选育动植物新品种过程漫长，培育一个植物新品种一般需要 8—10 年，选育一个畜禽新品种，要花费数十年乃至上百年，其成果凝聚了育种者大量的智力创造性活动。特别是现代育种科技变革迭代，基因组学、分子生物学、合成生物学、信息生物学、人工智能技术、大数据信息技术等广泛应用于动植物育种领域，现代种业进入了“常规育种 + 现代生物技术育种 + 信息化育种”时代，是科技含量很高的前沿学科，是十分重要的知识产权种类。2021 年的种子法修改，聚焦提高植物新品种知识产权保护法治化水平，在育种者、生产经营者、使用者之间建立平衡的权利义务关系，为原始创新和种业振兴提供法治保障。

一、我国植物新品种保护制度现状

1997 年 3 月 20 日，国务院颁布《中华人民共和国植物新品种保护条例》，同年 10 月 1 日施行，正式确立植物新品种权制度。1999 年我国加入《国际植物新品种保护公约》（UPOV1978 年文本），国务院农业、林业主管部门相继颁布《中华人民共和国植物新品种保护条例实施细则（农业部分）》（1999 年）、《中华人民共和国植物新品种保护条例实施细则（林业部分）》（1999 年）、《农业植物新品种权侵权案件处理规定》（2003 年）、《林业植物新品种保护行政执法办法》（2014 年）等规章；最高人民法院发布《最高人民法院关于开展植物新品种纠纷案件审判工作的通知》（法〔2001〕18 号）、《最高人民法院关于审理植物新品种纠纷案件若干问题的解释》（法释〔2001〕5 号）、《最高人民法院关于审理侵犯植物新品种权纠纷案件具体应用法律问题的若干规定》（法释〔2007〕1 号）和《最高人民法院关于审理侵害植物新品种权纠纷案件具体应用法律问题的若干规定（二）》（法释〔2021〕14 号）等。国务院农业农村和林业草原主管部门发布了 11 批农业植物品种保护名录和 8 批林业植物新品种保护名录。为适应种业知识产权保护的新要求，2015 年修订《中华人民共和国种子法》，新增“新品种保护”专章，对植物新品种的授权条件、授权原则、品种命名、保护范围及例外、强制性许可等作出原则性规定，填补了我国植物新品种法律制度空白。此后，我国植物新品种权申请量和授权量逐步增多，至 2021 年，农作物申请 4.8 万多件，授权 1.7 万多件，林草作物申请7000多件，授权3400多件，位列UP-OV公约成员前列。

然而，由于我国现行植物新品种保护水平是基于UP-OV公约1978年文本，保护力度低于UPOV公约大部分成员采用的UPOV公约1991年文本，难以应对生物育种技术快速发展带来的挑战，主要表现在三个方面：一是品种权保护范围窄，保护环节不完整。按照原来的规定，植物新品种权的保护范围仅限于授权品种的繁殖材料，保护环节仅限于授权品种繁殖材料的生产、繁殖和销售。因此，品种权人只能对未经许可生产、繁殖、销售授权品种繁殖材料，以及未经许可将该授权品种的繁殖材料重复使用于生产另一品种繁殖材料的情形主张权利，对未经许可使用受保护品种的繁殖材料而获得的收获材料不能主张权利（除非证明实施为繁殖进行的处理、许诺销售、进口、出口、储存授权品种繁殖材料的行为人与未经许可生产、繁殖、销售授权品种繁殖材料存在共同侵权，才能追究相关行为人侵害品种权的法律责任）。保护范围过窄和保护环节不完整，使品种权人陷入取证难、维权难、赔偿低的不利局面，许多侵权行为难以受到追究。二是对原始育种创新难以实行有效激励。为激励原始育种创新，避免修饰性育种免费占用原始品种育种成果，UPOV公约1991年文本建立了实质性派生品种制度，并为68个UPOV成员接受并实施。我国长期以来未建立实质性派生品种制度，没有依据育种创新程度对原始品种与修饰性品种实施区别性保护。原始育种创新投入大、周期长、风险高、亲本容易流失。按照原来的规定，修饰性品种同原始品种受到同样保护，这就混同了不同劳动成果的价值贡献，这是明显的短板弱项。近些年来，虽然我国植物新品种权的申请量与授权量攀升，但品种多而不优、同质化严重，其中水稻、玉米的同质化率超过 50%。据农业农村部科技发展中心对 1800 份水稻授权品种遗传相似度分析，50% 的品种与近似品种的遗传差异在 10% 以内，25% 的品种与近似品种的遗传差异在 5% 以内。“郑单 958”玉米品种作为第六代代表性品种，推广十多年，与其近似的品种很多。三是不利于种质资源和先进育种技术引进。来自国外的植物品种权申请量，在一定程度上反映国际社会对我国品种权保护的认可程度。目前，国外在我国申请植物新品种权保护的数量有限，约占总申请量的 8%，与美国的 62%、日本的 30% 差距不小。植物新品种保护制度不完善，影响优异种质资源和优良品种进入我国，也影响对原创性育种技术的引进、消化和吸收。

二、种子法修改的主要内容

2021 年修改种子法，聚焦我国种业知识产权保护的实际需要，通过扩大植物新品种权的保护范围、扩展保护环节、建立实质性派生品种制度、健全侵权损害赔偿制度、完善法律责任等，加大植物新品种权的保护力度。

（一）扩大植物新品种保护范围。

新种子法规定，植物新品种保护范围由授权品种的繁殖材料延伸到未经许可使用授权品种繁殖材料获得的收获材料，凡涉及由未经许可使用授权品种的繁殖材料而获得的收获材料，应当得到植物新品种权所有人的许可。扩大品种权保护范围，增加品种权人主张权利的机会，可以比较好地解决无性繁殖作物、常规作物品种维权难问题。新种子法同时规定，品种权人对授权品种繁殖材料已有合理机会行使其权利的，不再对该繁殖材料的收获材料行使权利。也就是说，品种权人不得针对同一批授权品种的繁殖材料和由该批繁殖材料获得的收获材料重复行使权利，并且在可能的情况下，应尽量针对繁殖材料行使权利。这样处理，有利于保护种子经营流通秩序。

（二）扩展植物新品种保护环节。

新种子法规定，除本法、有关法律、行政法规另有规定的外，任何单位或者个人未经植物新品种权所有人许可，不得生产、繁殖和为繁殖而进行处理、许诺销售、销售、进口、出口以及为实施上述行为储存该授权品种的繁殖材料，不得为商业目的将该授权品种的繁殖材料重复使用于生产另一品种的繁殖材料。与原种子法相比，品种权保护环节由原来的三个扩展为八个，增加了“为繁殖而进行处理、许诺销售、进口、出口、储存”五个环节，为品种权人提供了更多主张权利的机会，减少维权举证难度，对侵权行为构成全链条打击。

（三）建立实质性派生品种制度（EDV），实施延伸保护。

实质性派生品种是指由原始品种实质性派生，或者由该原始品种的实质性派生品种派生出来的品种，与原始品种有明显区别，并且除派生引起的性状差异外，在表达由原始品种基因型或者基因型组合产生的基本性状方面与原始品种相同。新种子法第二十八条第四款规定，对实质性派生品种实施第二款、第三款规定行为的（即上述（一）、（二）所述内容），应当征得原始品种的植物新品种权所有人的同意。实质性派生品种制度的要义是，实质性派生品种可以申请植物新品种权并可以获得授权，但对其进行商业化利用时，应当征得原始品种的植物新品种权所有人的同意。1991 年，国际植物新品种保护联盟针对利用生物技术修饰性改造他人授权品种的情况，建立了实质性派生品种（EDV）制度，明晰了原始品种的品种权人与派生品种的品种权人的利益分享机制，以鼓励育种原始创新，减少修饰模仿。目前，UPOV 78 个成员中，有 61 个成员施行

UPOV 公约 1991 年文本，有 8 个成员施行 UPOV 公约 1978 年文本但建立了实质性派生品种制度，就是说，共有 69 个成员已经施行实质性派生品种制度。我国是 UPOV 成员中第 70 个施行实质性派生品种制度的成员。

新种子法规定，实质性派生品种制度的实施步骤和办法由国务院规定。实施实质性派生品种制度，需要种子 DNA 身份鉴定等技术支持。在农业领域，农业农村部已建立植物新品种测试中心及 27 个分中心，建立了水稻、玉米、小麦等作物 1 万多个品种的 DNA 指纹数据库，制定了 35 种作物的分子鉴定技术标准。在林业领域，国家林草局已建立 1 个测试中心、5 个区域测试分中心，收集了 69 个树种 427 个品种的 DNA 标准样品，编制了油茶、杨树等树种 SSR 分子鉴定技术标准。按照积极稳妥的思路，实质性派生品种制度可以分作物、分阶段施行。

（四）明确植物新品种权人的惠益分享途径。

新种子法规定，植物新品种权所有人可以将植物新品种权许可他人实施，并按照合同约定收取许可使用费；许可使用费可以采取固定价款、从推广收益中提成等方式收取。这个规定是原则性的，具体需要依据平等互利、协商一致、等价有偿等原则，由当事各方通过协议明确权利义务。

（五）健全侵权损害赔偿制度。

新种子法从五个方面提高对侵害植物新品种权行为的

威慑力：明确将故意作为惩罚性赔偿的构成要件；加大了惩罚性赔偿数额，对权利人的损失或侵权人获得的利益或品种权许可使用费可以确定数额的，将赔偿数额的上限由三倍提高到五倍，难以确定数额的，将赔偿限额由三百万元提高到五百万元；明确赔偿数额应当包括权利人为制止侵权行为所支付的合理开支；提高对生产经营假种子违法行为的罚款额度，生产经营假种子货值金额不足二万元的，处二万元以上二十万元以下罚款，货值金额二万元以上的，处货值金额十倍以上二十倍以下罚款；提高对生产经营劣种子违法行为的罚款额度，生产经营劣种子货值金额不足二万元的，处一万元以上十万元以下罚款，货值金额二万元以上的，处货值金额五倍以上十倍以下罚款。

新种子法关于植物新品种保护的规定，是我国植物新品种保护的支架性法律制度，比较好地衔接了 UPOV 公约 1991 年文本，全面强化了植物新品种保护力度，将保护水平推向新的高度。

（六）种子法修改中讨论的其他相关问题。

植物新品种权的保护环节、保护范围和 EDV 制度，共同构成了植物新品种权的支架性法律制度，在行使权利过程中，还需要遵守权利用尽原则、合法来源抗辩规则和品种权例外规定。虽然新种子法没有直接规定权利用尽原则和合法来源抗辩规则，但为司法实践留出了空间。

一是关于权利用尽原则。权利用尽是知识产权领域的一个重要原则，又称首次销售权利用尽原则。这个原则通常是指，含有知识产权的产品由知识产权权利人或经其许可的经营主体售出后，知识产权权利人对该批产品享有的权利即行用尽，不得干预购买者对该批产品的后续处理，如使用、许诺销售、销售、进口等。不同类型的知识产权，其权利用尽的情形会有不同。如专利法第七十五条规定，专利产品或者依照专利方法直接获得的产品，由专利权人或者经其许可的单位、个人售出后，使用、许诺销售、销售、进口该产品的，不视为侵犯专利权。权利用尽原则是平衡知识产权权利人与其他当事方利益的机制，既体现知识产权的专有性，又体现特定条件下专利产品的自由流通性。

为了适应日益活跃的农产品国际贸易，UPOV 公约 1991 年文本第十六条规定了品种权权利用尽的情形：“受保护品种的材料或第十四条五款所指品种的材料，已由育种者本人或经其同意在有关缔约方领土内出售或在市场销售，或任何从所述材料派生的材料，育种者权利均不适用，除非这类活动涉及该品种的进一步繁殖，或涉及能使该品种繁殖的材料出口到一个不保护该品种所属植物属或种的国家，但出口材料用于最终消费的情况不在此例。”其含义是，经品种权人或经其许可的人同意生产的授权品种的材料（包括繁殖材料和收获材料）在首次进入商品流通领域后，品种权人对该批授权品种的材料享有的法律赋予的权利即行用尽。权利用尽原则的适用有两个前提条件：一是，进入流通领域的是经品种权人许可生产的授权品种材料；二是，对授权品种材料的使用不涉及“进一步繁殖”和“特定条件下出口”的行为。倘若被控授权品种材料未经品种权人许可生产，则为侵权材料，不适用权利用尽原则，品种权人在法律规定的诉讼时效内仍然可以主张权利。例如：品种权人 A 许可 B 公司繁殖销售 15 万公斤玉米种子，但 B 公司违反合同繁殖销售 20 万公斤玉米种子，对超出许可范围的 5 万公斤侵权玉米种子，品种权人 A 可以向 B 公司主张权利。又如，某土豆出口商将经品种权人许可生产的土豆出口，一部分出口到已经对土豆实施品种权保护的日本，属于合法行为，适用权利用尽原则；另一部分出口到尚未建立植物品种保护制度的缅甸，如果土豆直接用于最终消费，则适用权利用尽原则，如果未经品种权人许可用于种植，则构成侵权，不适用权利用尽原则，品种权人可以提起诉讼并要求赔偿。2021 年最高人民法院颁布的《最高人民法院关于审理侵害植物新品种权纠纷案件具体应用法律问题的若干规定（二）》，对权利用尽原则作了规定。

二是关于合法来源抗辩规则。最高人民法院颁布的

《最高人民法院关于审理侵害植物新品种权纠纷案件具体应用法律问题的若干规定（二）》，规定了当事人合法来源抗辩及适用条件："销售不知道也不应当知道是未经品种权人许可而售出的被诉侵权品种繁殖材料，且举证证明具有合法来源的，人民法院可以不判令销售者承担赔偿责任，但应当判令其停止销售并承担权利人为制止侵权行为所支付的合理开支。对于前款所称合法来源，销售者一般应当举证证明购货渠道合法、价格合理、存在实际的具体供货方、销售行为符合相关生产经营许可制度等。"这个规定，对于统一司法案件审理适用标准、体现权利平衡原则、保护正常合法交易是有积极意义的。对合法来源抗辩规则是否在新种子法中体现，存在认识上的分歧：一种意见认为，合法来源抗辩是植物新品种知识产权保护制度的重要组成部分，不入法，对非故意侵权主体有失公允，不利于保护正常的交易行为。另一种意见则认为，销售者对其所销售种子的品种、来源和授权情况等负有法定注意义务，规定合法来源抗辩将会减轻相关当事人的侵权责任，增加了品种权人的维权成本，削弱了品种权保护力度，且UPOV公约1978年文本、1991年文本均未规定该内容，不主张在新种子法中体现。鉴于此，新种子法对合法来源抗辩规则未作规定，留与司法实践继续探索。

三是关于权利例外情形。原种子法关于保护农民利益有两处规定：一是农民自繁自用授权品种的繁殖材料，可以不经植物新品种权所有人许可，不向其支付使用费，但不得侵犯植物新品种权所有人依照本法、有关法律、行政法规享有的其他权利。二是农民个人自繁自用的常规种子有剩余的，可以在当地集贸市场上出售、串换，不需要办理种子生产经营许可证。这两处规定中，前者属于权利例外情形，后者属于生产经营许可情形。如果农民大量销售远超出自用需要的种子，则属于种子生产经营行为，需要办理种子生产经营证。有意见认为，随着种植大户、家庭农场和农民专业合作社等新型经营主体发展，农村承包地流转和托管服务面积不断扩大，农民自繁自用难以准确界定，有些经营主体借农民自繁自用之名行经营性销售之实，侵犯了植物新品种权人的合法权益，为杜绝漏洞，建议删除上述规定。

新种子法对上述两处规定未作修改，主要考虑是：第一，我国是大国小农，家庭承包经营仍然是生产经营主体，保留农民对种子自繁自育自用的权利在一定时期是必要的，有些豆科类、无性繁殖类作物及部分常规种子，离不开农民的自繁自育；第二，农民自留种对于保存传统的农作物种质资源，保持农作物品种多样化，维护生物多样性仍具有重要作用；第三，农民是弱势群体，农业是弱质产业，国家不断提高对农业、农民的支持保护水平，在农民用种上给予倾斜，有利于农民降低生产成本，符合政策趋向；第四，最高人民法院颁布的《最高人民法院关于审理侵害植物新品种权纠纷案件具体应用法律问题的若干规定（二）》，对农民自繁自用行为已作出界定，农民在其家庭农村土地承包经营合同约定的土地范围内自繁自用授权品种的繁殖材料，不构成侵权。承包大户、家庭农场以及农民专业合作社等新型经营主体，不属于享有自繁自用权利的农民范围，防止滥用“农民权利”实施侵权行为。这样处理，既将法律赋予农民的权利保障到位，又避免其他经营主体假借农民权利侵犯品种权人的合法权益。

新种子法修改决定共十九条，上述是主要内容，也是重点内容，其他修改恕不一一赘述。

三、种业知识产权保护的其他法律规定

种业知识产权保护还涉及专利法、商标法、反不正当竞争法、公司法、刑法等相关法律。

（一）专利法

我国现行专利法没有对植物新品种提供专利保护，但对其产品的生产方法授予专利权。这里的生产方法指非生物学方法，即人的技术介入对该方法所要达到的目的或者效果起了主要的控制作用或者决定性作用。按照专利法规定，在育种创新过程中发现的相关功能基因、编码蛋白以

及载体等，属于生物技术领域涉及遗传工程的发明，只要符合专利法规定的申请条件，即具备新颖性、创造性和实用性，可以通过申请专利权保护。

按照《专利审查指南》的规定，可以借助光合作用，以水、二氧化碳和无机盐等无机物合成碳水化合物、蛋白质来维系生存的植物的单个植株及其繁殖材料（如种子等），属于“植物品种”的范畴，不能被授予专利权。但植物的细胞、组织和器官，如果不具有上述特性，则不能被认为是“植物品种”，可以授予专利保护。

（二）反不正当竞争法

商业秘密是指不为公众所知悉、具有商业价值并经权利人采取相应保密措施的技术信息、经营信息等商业信息。《中华人民共和国反不正当竞争法》规定，经营者不得实施下列侵犯商业秘密的行为：（一）以盗窃、贿赂、欺诈、胁迫、电子侵入或者其他不正当手段获取权利人的商业秘密；（二）披露、使用或者允许他人使用以前项手段获取的权利人的商业秘密；（三）违反保密义务或者违反权利人有关保守商业秘密的要求，披露、使用或者允许他人使用其所掌握的商业秘密；（四）教唆、引诱、帮助他人违反保密义务或者违反权利人有关保守商业秘密的要求，获取、披露、使用或者允许他人使用权利人的商业秘密。经营者以外的其他自然人、法人和非法人组织实施前款所列违法行为的，视为侵犯商业秘密。第三人明知或者应知商业秘密权利人的员工、前员工或者其他单位、个人实施本条第一款所列违法行为，仍获取、披露、使用或者允许他人使用该商业秘密的，视为侵犯商业秘密。

商业秘密是民事主体对其智力成果享有的专有性财产权。育种创新过程中形成的品种资源、育种材料、中间材料、制种亲本（自交系）、制种技术等技术信息和经营信息，如果具备商业秘密的保护条件，可作为商业秘密获得法律保护。

（三）商标法

地理标志和商标是知识产权法律制度的重要内容，在农业领域尤为重要。根据商标法规定，可以将地理标志注册为证明商标或集体商标。《中华人民共和国商标法》规定，地理标志是指标示某商品来源于某地区，该商品的特定质量、信誉或者其他特征，主要由该地区的自然因素或者人文因素所决定的标志。商标中有商品的地理标志，而该商品并非来源于该标志所标示的地区，误导公众的，不予注册并禁止使用；但是，已经善意取得注册的继续有效。种子生产经营中，相关商业主体可以充分利用地理标志和商标来保护自己的商业声誉。

（四）公司法等

公司法规定，股东可以用知识产权出资，合伙企业法、农民专业合作社法中也有类似规定。民法典规定，知识产权中的财产权可以出质。

（五）植物新品种保护的程序性规定

2014 年，全国人大常委会决定在北京、上海、广州设立知识产权法院，2020 年决定在海南自由贸易港设立知识产权法院。2018 年，全国人大常委会通过关于专利等知识产权诉讼程序若干问题的决定，优化了知识产权诉讼程序。

（六）刑法

刑法对植物新品种保护提供依据。刑法第一百四十条、第二百二十五条、第二百一十三条、第二百一十四条、第二百一十五条、第二百一十六条、第二百一十九条等，分别设定生产、销售伪劣产品罪，非法经营罪，假冒注册商标罪，销售假冒注册商标的商品罪，非法制造，销售非法制造的注册商标标识罪，假冒专利罪，侵犯商业秘密罪等多个罪名，对伪劣种子等农资制假售假犯罪以及侵犯商标权、专利权、商业秘密等知识产权犯罪行为作出规定。

四、关于国际植物新品种保护公约及主要制度

20 世纪以来，随着种子植物育种活动和贸易的发展，植物新品种保护的重要性越来越突出，一些国家开始探索

对植物新品种进行有效保护的制度。20 世纪 30 年代，美国出台了植物专利法，将无性繁殖的植物品种纳入专利保护范围。同时期，法国、德国、比利时、荷兰等国家探索用工业专利等方式保护育种者权利，经过近三十年实践，比利时、法国、德国、荷兰、意大利、丹麦、英国、瑞典等欧洲国家于 1961 年签署 UPOV 公约，在专利制度以外创建植物新品种保护制度。1968 年 UPOV 公约生效，国际植物新品种保护联盟正式成立，这是植物新品种保护史上具有重大影响的事件。

UPOV 公约是保护育种者权益的国际公约，通过协调各成员国之间在植物新品种保护方面的法律、政策和技术，确保各成员国以一整套清晰、明确的原则为基础，对符合新颖性、特异性、一致性和稳定性要求的植物新品种的育种者授予知识产权，保护其合法权益。该公约自制定以来，先后于 1972 年、1978 年和 1991 年进行了三次修订。1972 年修订主要针对财务、会费及理事会投票规则等程序性事项，没有涉及实体性规定；1978 年修订主要围绕完善以杂交为主的传统育种技术条件下的植物新品种保护制度，对植物新品种的判断是以植物表型特征作为基础，没有深入到分子育种层面；1991 年修订主要应对现代生物技术发展和农产品贸易全球化对植物新品种保护的需求，深入到利用分子生物学技术育种的层面，涉及植物表型特征与特定基因型或基因型组合特征的关联，为实质性派生品种制度的引入奠定了基础。UPOV 公约 1991 年文本与 UPOV 公约 1978 年文本相比，在保护方式、植物品种界定、保护植物属种的数量、保护范围、保护期限及权利例外与限制等方面，都有修改，重要的修改涉及以下五个方面：

一是扩大品种权保护范围和保护环节。UPOV 公约 1991 年文本明确将品种权保护范围由授权品种繁殖材料扩大到未经许可利用授权品种繁殖材料获得的收获材料，并且授权成员自行决定是否将品种权保护范围扩大到由未经许可利用授权品种繁殖材料获得的收获材料直接制成的产品。同时将品种权保护环节由生产、销售扩大到生产或繁殖、为繁殖进行的处理、许诺销售、销售、进口、出口环节。

二是强化对原始创新品种的保护力度。UPOV 公约 1978 年文本奉行品种权独立原则，所有符合授权条件的植物新品种都可以获得同样的品种权保护，不因品种之间的派生关系而有所区别。UPOV 公约 1991 年文本建立实质性派生品种制度，规定实质性派生品种可以申请并获得品种权保护，但实质性派生品种的商业化利用，需要经过该实质性派生品种的原始品种的品种权人许可。同时，明晰“植物品种”定义，强调三个要素：品种指植物最低分类单元中单一的植物群；该植物群以某一特定基因型或基因型组合的特征来确定；该特征区别于任何其他植物群并且其适用性经过繁殖不发生变化。

三是拓展保护植物的属种数量。UPOV 公约 1978 年文本规定，成员在加入公约后的 5 年内，其保护的属或种至少要达到 24 个。UPOV 公约 1991 年文本则要求原公约 1978 年文本成员最迟在加入 1991 年文本之日起 5 年内对所有植物属种提供保护，新加入成员可在加入 1991 年文本之日起 10 年内，对所有植物属种提供保护。

四是规范育种者权利例外。UPOV 公约 1978 年文本规定，以商业化为目的的生产、许诺销售、销售授权品种的繁殖材料，需经育种者许可，为培育其他品种利用授权品种以及销售所培育的品种，不需要获得育种者权许可。因农民留种种植行为不属于商业销售的生产，不需要获得育种者许可。UPOV 公约 1991 年文本将育种者权利例外分为强制性例外与非强制性例外，其中“私人的非商业性活动”、“试验性活动”和“为培育其他品种的活动”属于强制性例外；“农民自繁自用”属于非强制性例外，由各成员在国内法中自主规定是否保留，照应各成员的国情差异。

五是延长保护期限。UPOV 公约 1978 年文本规定，一般植物的品种权保护期限不少于 15 年，木本和藤本植物不少于 18 年。UPOV 公约 1991 年文本规定，一般植物的品种权保护期限不少于20年，木本和藤本植物的品种权保护期限不少于25年。

此外，UPOV公约1991年文本还废除了对植物品种双重保护的禁止性规定，使保护方式更加灵活。

目前，国际上植物新品种保护主要有两种模式：一种是美国实行的植物专利、植物新品种保护和发明专利“三位一体”的保护模式，育种者可以根据需要选择其中一种或者多种组合的保护方式。另一种是以欧盟为代表的保护模式，由植物品种保护制度对植物新品种提供保护，其他不属于植物品种的植物发明由专利制度提供保护，这也是多数国家采用的保护模式。我国根据种业发展的实际需要及国情，创造出以种子法为主体，以民事、刑事基本法为基本保护框架，其他法律相关规定为补充，行政法规、部门规章、司法解释相配套的植物新品种保护法治体系，集成了前两种模式的优势。

2021年修改种子法，是我国植物新品种保护法律制度演变发展史上的重大标志性事件。2015年修订种子法为我国种业更好地融入市场经济提供了坚实的法治保障，2021年修改种子法，则为我国种业保护原始创新、种业科技自强自立、种源自主可控提供了坚实的法治保障。

（作者为种子法修改领导小组组长）

第一章

植物新品种保护法律制度概述

植物新品种权或者育种家权利简称品种权，它是知识产权的一种，如同用专利保护工业领域的发明创造一样，植物新品种保护是用专门的法律制度保护农业领域的育种创新成果。党中央、国务院高度重视种业知识产权保护工作。2020年5月28日，十三届全国人大三次会议表决通过《中华人民共和国民法典》，规定民事主体依法就植物新品种享有知识产权。2021年12月24日，第十三届全国人民代表大会常务委员会第三十二次会议全票通过了《关于修改〈中华人民共和国种子法〉的决定》，对我国种业发展具有十分重要的意义。

植物新品种保护是维护植物新品种权人合法权益、促进育种创新、提高创新能力的根本保障。2015年种子法修订前，我国植物新品种保护的主要法律依据是1997年颁布实施的《中华人民共和国植物新品种保护条例》，随着种业快速发展，仅靠该条例进行保护已经难以满足现实需要，侵权套牌等违法现象日益增多，侵害了植物新品种权人的合法权益，挫伤了植物新品种权人的创新积极性，扰乱了公平竞争的市场秩序，阻碍了种业的健康发展。出现这些问题的原因，一是植物新品种保护的立法层级相对较低。在我国的知识产权法律体系中，专利权、商标权、著作权等均有相关的法律进行保护，唯有植物新品种权是通过法规来规范。二是植物新品种保护水平偏低。保护的力度和强度、保护的范围和内容远不能适应推动现代种业持续健康发展的需要。三是鼓励品种创新不足，企业维权存在周期长、举证难、成本高、赔偿低、效果差，以及侵权现象严重等问题。党的十八大提出实施创新驱动发展战略，此后有关中央文件也多次要求完善知识产权保护制度。在尚未将植物新品种保护单独立法纳入立法计划或者规划的情况下，2015 年修订种子法时，根据实际需要，在种子法中增加“新品种保护”专章，对植物新品种保护与种业发展密切相关的关键性制度进行规范，对植物新品种的授权条件、授权原则、品种命名、保护范围及例外、强制许可等作出原则性规定。这样规定，节约立法资源，提高立法效率，既有利于衔接行政保护和民事保护手段，又为将来植物新品种保护单独立法留出了空间。2021 年修改种子法，扩大植物新品种权的保护范围、扩展保护环节、建立实质性派生品种制度、健全侵权损害赔偿制度、完善法律责任，进一步加大植物新品种的保护力度。

一、植物新品种权授权条件

种子法第二十五条规定："国家实行植物新品种保护制度。对国家植物品种保护名录内经过人工选育或者发现的野生植物加以改良，具备新颖性、特异性、一致性、稳定性和适当命名的植物品种，由国务院农业农村、林业草原主管部门授予植物新品种权，保护植物新品种权所有人的合法权益。植物新品种权的内容和归属、授予条件、申请和受理、审查与批准，以及期限、终止和无效等依照本法、有关法律和行政法规规定执行。国家鼓励和支持种业科技创新、植物新品种培育及成果转化。取得植物新品种权的品种得到推广应用的，育种者依法获得相应的经济利益。"本条明确了可以授予植物新品种权的条件，对涉及植物新品种权的具体程序，与植物新品种保护条例等法律法规作出衔接，鼓励新品种成果转化，并对保护植物新品种育种者权益作出规范。

按照上述规定，申请植物新品种权的品种要在国家植物品种保护名录范围内，经过人工选育或者对发现的野生植物加以改良，并且具备新颖性、特异性、一致性、稳定性和适当命名等必要条件，才能授予植物新品种权。

1. 经过人工选育或者改良。

植物新品种是人们在一定自然生态和经济条件下，根据生产和生活需要培育创造出的某种植物的群体，即品种培育过程中一定要有创造性的智力劳动，不能把一个地方品种或在生产上用了多年且没有任何改良创新的公知公用品种或从野外获得的一个植物资源直接用于申请新品种保护。

2. 在国家植物品种保护名录范围内。

目前，我国的新品种保护制度是按照国际植物新品种保护联盟（UPOV）公约1978年文本框架设计的，只有列入保护名录的植物种类才予以保护，育种者才能申请保护，保护名录一般是由成员国根据其种业发展和育种水平能力公布并逐步扩大。我国农业农村部已公布了191个农业植物属或种，国家林草局公布了293个植物属或种，只有列入名录的植物种类才能申请保护。要申请品种保护，首先要确认育成品种在国家植物品种保护名录范围内，否则审批机关不予受理。

3. 具有新颖性。

这里的“新颖性”，是为了满足品种的“新”而在法律上规定的一个品种没有进入商业化销售或推广应用的期限。我国规定的期限与国际植物新品种保护联盟公约中的规定是一致的。种子法第九十条第六项规定：“新颖性是指申请植物新品种权的品种在申请日前，经申请权人自行或者同意销售、推广其种子，在中国境内未超过一年；在境外，木本或者藤本植物未超过六年，其他植物未超过四年。”考虑到受保护的植物是按照保护名录逐步增加的，法律设定了新颖性的宽限期，“本法施行后新列入国家植物品种保护名录的植物的属或者种，从名录公布之日起一年内提出植物新品种权申请的，在境内销售、推广该品种种子未超过四年的，具备新颖性。”对种子法施行后列入国家植物品种保护名录的植物种类，申请植物新品种权时对新颖性的要求，应当按照宽限期的规定执行。但是，对于适用宽限期的情形也有前提条件，即名录公布之日起一年内提交申请，所以申请品种权还是越早越好。

种子法还规定了视同丧失新颖性的情形：“除销售、推广行为丧失新颖性外，下列情形视为已丧失新颖性：1. 品种经省、自治区、直辖市人民政府农业农村、林业草原主管部门依据播种面积确认已经形成事实扩散的；2. 农作物品种已审定或者登记两年以上未申请植物新品种权的。”这是根据我国品种管理和植物新品种保护的实践，对品种的新颖性作出的完善性规定。如果一个品种的繁殖材料已经形成事实扩散，即使能够被授予植物新品种权，品种权人以授权品种未经许可为由诉讼他人，实际上难以维权，且难以得到保护。从另一个角度看，育种者还应当提高知识产权保护意识，一方面要保存好育种材料，防止形成事实扩散，另一方面要及时申请品种权保护，要注意申请保护的时机，一旦育成品种在性状一致和稳定后，应当立即申请植物新品种保护。这将有利于维护品种权人或利害关系人的合法权益，延长品种的商业寿命。依照种子法规定，申请审定的品种应当符合特异性、一致性、稳定性（DUS）要求，登记品种的申请文件中包括该品种的特异性、一致性、稳定性报告。按照品种审定办法，区试的第二年开始做品种特异性、一致性和稳定性的测试。也就是说，申请植物新品种保护和申请品种审定或者登记，可以同步进行，如果品种已有 DUS 测试数据也可以直接用于申请品种权，提高效率。

在受理品种权的申请工作中，如果对不符合新颖性要求的申请品种授予了品种权，自审批机关公告授予品种权之日起，植物新品种复审委员会可以主动依据职权宣告该品种权无效；也可以由公众特别是利害关系人按照规定程序书面请求植物新品种复审委员会宣告该品种权无效。

4. 具有特异性。

种子法第九十条第七项规定："特异性是指一个植物品种有一个以上性状明显区别于已知品种。" UPOV 公约 1991 年文本规定：一个品种是已知最低一级植物分类单元中的一个植物群体，无论是否充分满足植物新品种权的授权条件，该群体应该是"可以通过特定的基因型或基因型组合决定的性状表达特征来定义"，而且"至少在一个性状表达状态上能够明显区别于任何其他同类植物群体”。即这个特异性的明显区别是指申请品种至少应当有一个特征特别是外观形态特征明显区别于申请日前已知的所有其他相同植物种类里的品种的特征。在品种测试中该植物品种应当明显区别于在申请日以前已知的植物品种。例如，一个玉米申请品种（自交系或杂交种）的第一叶鞘花青甙显色为黑紫色，而最近似品种的第一叶鞘花青甙显色为浅紫色，就该性状而言，申请品种具有特异性。这个最近似品种是已知品种中选出来的一个或一组品种，依照种子法规定，已知品种是指已受理申请或者已通过品种审定、品种登记、新品种保护，或者已经销售、推广的植物品种。

5. 具有一致性。

一个植物新品种，其不仅具有遗传上的特定形态特征、生物学特性和经济性状，而且在这个群体内个体间这些性状的表达状态都应是相对稳定一致的，这样才能对不同品种加以区分。种子法第九十条第八项规定：“一致性是指一个植物品种的特性除可预期的自然变异外，群体内个体间相关的特征或者特性表现一致。”按照上述规定，植物品种经过繁殖，除可以预见的变异外，其相关特性应一致。在品种测试中，可通过判断该品种的非典型植株即异型株的允许数量，或比较该品种与近似品种的平均方差来判定申请品种的一致性。判定申请品种一致性还需要考虑下列因素：一是繁殖方式，该品种是有性繁殖还是无性繁殖，有性繁殖还要考虑该品种是自花授粉还是异花授粉；二是育种方式，该品种是通过何种育种方法选育而成，是通过有性杂交、亲本亲缘关系远近、因偶然混杂、突变或者其他原因所产生的变异等。

6. 具有稳定性。

种子法第九十条第九项规定："稳定性是指一个植物品种经过反复繁殖后或者在特定繁殖周期结束时，其主要性状保持不变。"如果一个植物品种经过 2—3 个繁殖周期，表现出了很好的一致性，即相关性状的表达状态保持相对不变，这时可以认定它具有稳定性。

除了上述要求，还应当注意，植物新品种权是依申请授予。只有提出申请植物新品种保护才有可能被国务院农业农村、林业草原主管部门授予新品种权，不是培育出一个新品种就自然地具有了新品种权。因此，不能理解为育种者新培育出一个品种通过了审定或登记就自然具有了新品种权，品种审定和登记是新的品种种子准备大面积生产推广进入市场前的准入审查，并不是授予新品种权。

种子法第二十五条还规定，植物新品种权的内容和归属、授予条件、申请和受理、审查与批准，以及期限、终止和无效等依照本法、有关法律和行政法规规定执行。除本法规定的内容外，植物新品种保护条例、植物新品种保护条例实施细则等还规定和细化了植物新品种权的内容和归属、授予条件、申请和受理、审查与批准，以及期限、终止和无效等内容。应当遵守其他与本法规定不冲突的有关法律和行政法规的规定。

二、植物新品种权授权原则

种子法第二十六条规定："一个植物新品种只能授予一项植物新品种权。两个以上的申请人分别就同一个品种申请植物新品种权的，植物新品种权授予最先申请的人；同时申请的，植物新品种权授予最先完成该品种育种的人。对违反法律，危害社会公共利益、生态环境的植物新品种，不授予植物新品种权。"

一个植物新品种只能授予一项植物新品种权，包括两个方面的含义，即一次性和唯一性。一次性，是指一个植物新品种只能被授予一次植物新品种权，品种权的保护期满后品种权自然终止，该品种成为社会公知公用品种。对同一个品种，品种权不存在续展，不能再次授予。国际植物新品种保护联盟（UPOV）公约中对品种权保护期有一个基本要求，各成员在这个基础上确定自己的品种权保护期限。UPOV 公约 1978 年文本规定，一般植物的保护期限为 15 年，木本和藤本植物的保护期限为 18 年。UPOV 公约 1991 年文本规定，将木本和藤本植物的保护期限延至

25 年以上，其他植物的保护期限延至 20 年以上。我国植物新品种保护条例对木本和藤本植物的保护期限是 20 年，对其他植物的保护期限是 15 年。品种权人可以尽可能地用足保护期，当然也要看品种的商业寿命长短，品种权人出于多种原因，如对品种开发前景和效益的综合分析评估后，认为没有必要再继续保护，愿意放弃品种权的，可主动向审批机关提交书面声明放弃品种权，经公告后生效，品种即成为社会公知公用品种。

唯一性，是指一个植物新品种只能授予一个申请人（申请人可以是单位或者个人）。一个植物新品种由两个以上申请人分别申请植物新品种权的，在满足其他实质性条件和法定程序的情况下，如果申请人提出申请的时间不同，则植物新品种权授予最先提出申请的人。如果申请人是在同一日内提出品种权申请的，则由申请人自行协商确定申请权的归属，协商不能达成一致意见的，植物新品种保护办公室可以要求申请人在指定期限内提供证据，证明自己完成该新品种育种的时间，植物新品种权将授予最先完成该品种育种的申请人。逾期未提供证据的，视为撤回申请；所提供证据不足以作为判定依据的，植物新品种保护办公室驳回申请。

为维护社会公共利益和正确的价值导向，法律对于植物新品种权授予作出了禁止性规定，即对于违反法律，危害社会公共利益、生态环境的植物新品种，即使符合申请植物新品种权的实质性条件，并按法定程序申请，仍不授予植物新品种权。

三、植物新品种命名

种子法第二十七条规定："授予植物新品种权的植物新品种名称，应当与相同或者相近的植物属或者种中已知品种的名称相区别。该名称经授权后即为该植物新品种的通用名称。下列名称不得用于授权品种的命名：（一）仅以数字表示的；（二）违反社会公德的；（三）对植物新品种的特征、特性或者育种者身份等容易引起误解的。同一植物品种在申请新品种保护、品种审定、品种登记、推广、销售时只能使用同一个名称。生产推广、销售的种子应当与申请植物新品种保护、品种审定、品种登记时提供的样品相符。"近年来，种子市场"一品多名、一名多品"现象已成为假冒侵权套牌等品种权侵权行为泛滥的直接根源，在明确植物新品种命名原则的同时，统一规范同一植物品种在品种审定、品种登记、植物新品种保护、推广、销售等不同阶段的名称使用原则，对净化种子市场同样有利。

农业农村部为规范农业植物品种命名，公布了《农业植物品种命名规定》并建立了品种名称检索查询系统，为保证一个品种只能使用一个品种名称提供了技术支撑。育种者在品种定型以后就要对所培育的品种选取一个合适的名称，品种名称应当使用规范的汉字、英文字母、阿拉伯数字、罗马数字或其组合。名称不能超过15个字符，在相同或者相近的农业植物属内的品种名称不得相同。

在品种的名称审查时，品种命名不得存在下列情形：（一）仅以数字或者英文字母组成的；（二）仅以一个汉字组成的；（三）含有国家名称的全称、简称或者缩写的，但存在其他含义且不易误导公众的除外；（四）含有县级以上行政区划的地名或者公众知晓的其他国内外地名的，但地名简称、地名具有其他含义的除外；（五）与政府间国际组织或者其他国际国内知名组织名称相同或者近似的，但经该组织同意或者不易误导公众的除外；（六）容易对植物品种的特征、特性或者育种者身份等引起误解的，但惯用的杂交水稻品种命名除外；（七）夸大宣传的；（八）与他人驰名商标、同类注册商标的名称相同或者近似，未经商标权人书面同意的；（九）含有杂交、回交、突变、芽变、花培等植物遗传育种术语的；（十）含有植物分类学种属名称的，但简称的除外；（十一）违反国家法律法规、社会公德或者带有歧视性的；（十二）不适宜作为品种名称的或者容易引起误解的其他情形。

育种者在对自己育成的品种命名时，还应避免使用容易对植物新品种的特征、特性或者育种者身份等引起误解的名称。容易对植物品种的特征、特性引起误解的情形包括：一是易使公众误认为该品种具有某种特性或特征，但该品种并不具备该特性或特征的；二是易使公众误认为只有该品种具有某种特性或特征，但同属或者同种内的其他品种同样具有该特性或特征的；三是易使公众误认为该品种来源于另一品种或者与另一品种有关，实际并不具有联系的；四是品种名称中含有知名人物名称的，但经该知名人物同意的除外；五是其他容易对植物品种的特征、特性引起误解的情形。容易对育种者身份等引起误解的情形包括：一是品种名称中含有另一知名育种者名称的，但经该知名育种者同意的除外；二是品种名称与另一已经使用的知名系列品种名称近似的；三是其他容易对育种者身份引起误解的情形。

品种命名在不同品种间强调唯一性，而对于同一植物品种而言，强调同一性，即同一植物品种在申请新品种保护、品种审定、品种登记、推广、销售时，只能使用同一个名称，在不同阶段用不同名称的属于违法行为，依法承担相应责任。

种子法第十六条规定，品种审定委员会应当建立包括种子样品等内容的审定档案；种子法第二十二条规定，申请者申请品种登记应当提交种子样品等；植物新品种保护条例第三十条规定，申请人应当根据审批机关的要求提供该植物新品种的繁殖材料。为维护种子使用者的合法权益，维护种子市场的繁荣稳定和健康发展，法律明确种子生产经营者负有保证种子产品与种子样品一致的义务，即保证生产推广、销售的种子应当与申请植物新品种保护、品种审定、品种登记时提供的样品相符。上述规定，从法律上保证了品种名称和品种样品的关联，并使得相关样本成为最终确定相关品种的重要依据。

四、植物新品种权的实施

种子法第二十八条第一款规定："植物新品种权所有人对其授权品种享有排他的独占权。植物新品种权所有人可以将植物新品种权许可他人实施，并按照合同约定收取许可使用费；许可使用费可以采取固定价款、从推广收益中提成等方式收取。"培育新品种的目的是为了服务于农业生产，关键还在于实施，实施才会出效益。只有品种权人积极实施品种权，才能收回培育新品种的投入，才有资金继续育种。植物新品种权的实施有多种形式，可以由品种权人自己实施，可以转让，也可以许可他人使用。

品种权转让。按照植物新品种保护条例规定，植物新品种的申请权和品种权可以依法转让。这就是说，转让品种权，可以在获得授权后转让，也可以在申请时转让，按照品种权依申请授予的原则，在申请时转让的受让人就成为品种权人。转让申请权或者品种权的，由农业农村部公告，并自公告之日起生效。品种权转让给他人，就像不动产过户一样，自己不再拥有权利。转让品种权时应注意以下几点：一是品种权转让可以是当事人之间的自愿转让与受让，也可以是依法在当事人之间的转移。品种权在有效期限内，如果品种权人是自然人，则该品种权按照继承法由继承人继承。如果品种权人是一个公司，公司在合并重组时，就自然由合并后的公司取得。二是转让的品种权必须是受让一方驻在国颁发的品种权。比如，一个德国的公司购买一个中国政府授予的品种权在德国实施是无意义的。想在什么地方实施，就必须拥有这个国家授予的品种权。三是应当以书面合同方式实现品种权转让。四是应当依法履行相应的品种权变更登记手续，把双方签署的转让协议提交原品种权的授权机关进行变更，公告后生效，避免发生纠纷时无据可查。

品种权许可使用。是指品种权人允许他人在一定的时间、空间条件下使用其品种权，实际上就是对品种权的客体即繁殖材料的利用，这种方式主要是通过签署许可使用合同，允许他人有条件地为商业目的开展包括种子生产、销售和重复使用其授权品种的繁殖材料进行制种等。许可他人实施其授权品种，只是使用权的有偿出让，而不是所有权的转让，所有权仍归品种权人，而被许可人只能在合同约定的范围内（时间和空间）利用其授权品种的繁殖材料（生产或销售），并应按合同约定履行相应义务（付使用费、保密)。付给品种权人使用费的支付方式可以有多种，可一次性支付，也可先支付一定额度的入门费，再按每年销售额提一定比例，具体由双方协商。使用权的许可不是所有权的转让，合同到期自动终止。

同专利等知识产权的许可一样，品种权许可有三种形式：一是独占许可，即许可一家独占使用，在合同约定期内，即使是品种权人自己也无权实施；二是排他许可，即只能许可一家，品种权人自己可以实施，但不能再许可第二家；三是普通许可，即许可二家或二家以上的多家。至于一个品种权以何种形式许可，可以根据品种的市场潜力和当事人的开发能力由双方商定。

五、植物新品种权的保护环节

种子法第二十八条第二款规定："任何单位或者个人未经植物新品种权所有人许可，不得生产、繁殖和为繁殖而进行处理、许诺销售、销售、进口、出口以及为实施上述行为储存该授权品种的繁殖材料，不得为商业目的将该授权品种的繁殖材料重复使用于生产另一品种的繁殖材料。本法、有关法律、行政法规另有规定的除外。"

保护环节是指品种权人行使独占权利涉及的各项活动，包括生产、繁殖和为繁殖而进行处理、许诺销售、销售、进口、出口以及为实施上述行为储存的活动。这些活动不仅涉及繁殖材料，也会涉及收获材料。植物新品种保护制度在遵循发明创新类知识产权（如专利权和著作权）保护一般规则的同时，根据植物品种创新活动的特殊性，专门为有生命的植物品种提供了专门法律保护。只有获得该品种的繁殖材料活体，其他人才能真正生产、繁殖，并且这些繁殖材料在生产流通过程中，如果保护不力容易转化为收获材料。因此，植物新品种权在权利结构上比其他知识产权更为复杂。

按照原种子法规定，任何单位或者个人未经植物新品种权所有人许可，生产、繁殖或者销售该授权品种的繁殖材料，或者为商业目的将该授权品种的繁殖材料重复使用于生产另一品种的繁殖材料，就是侵权。品种权人可以在生产、繁殖或者销售环节，针对授权品种的繁殖材料主张权利，而不能在生产、繁殖或者销售的环节之外主张权利。应注意的是，上述所指的生产，并不是单纯指田间的商品种子生产，扩繁授权亲本材料也是侵权。2021 年修改种子法，增加了“为繁殖而进行处理、许诺销售、进口、出口、储存”五个环节。

关于为繁殖而进行处理环节。为繁殖而进行处理是指种子从收获后到播种前所进行的处理全过程。包括干燥、预加工、清选、分级、选后处理、定量包装、贮存等。种子法规定品种权人可以在种子处理环节主张权利，为品种权人提供关键环节的权利行使机会。

关于许诺销售环节。许诺销售是指在销售行为实施前的特定阶段的特定行为，包括发布广告、展览、公开演示、寄送价目表、拍卖公告、招标公告以及达成销售协议等表明销售产品的行为。《最高人民法院关于审理专利纠纷案件适用法律问题的若干规定》中规定："许诺销售，是指以做广告、在商店橱窗中陈列或者在展销会上展出等方式作出销售商品的意思表示。"专利法赋予专利权人对许诺销售行为的制止权，实际上增加了专利权人制止侵权行为的机会，扩充了其权利范围。种子法规定品种权人可以在种子许诺销售环节主张权利，参照了专利法对许诺销售的规定，将繁殖材料从广告、材料准备、展示到实际销售整个环节都纳入品种权的控制范围，便于品种权人及时维护自身合法权益，提高品种权人制止侵权效率，降低制止侵权成本。

关于进口和出口环节。种子法将保护环节延伸至进口、出口环节，可以有效遏制出入境环节侵权行为发生，既避免境内授权品种出口后导致科研成果流失，又避免了境外品种、侵权产品进口后扰乱国内市场。以我国具有研发优势的杂交水稻品种为例，如果该品种在国内已经授权保护，未经品种权人许可，其繁殖材料非法出境到一些没有保护制度的国家，在当地大量制种繁种、大规模销售生产，将严重损害我国品种权人的合法权益。我国是全球第二大种子市场，种子进出口贸易日益频繁，增加海关环节对品种权的监管，将有效加大保护力度，更有利于保护杂交水稻、中草药、特色果树等国内优势作物种业。种子法赋予品种权人控制授权品种繁殖材料的出口权利，主要目的是通过海关管控，防止授权品种繁殖材料境外流失，打击侵权人境外大规模低成本生产行为，维护国家利益。

关于为实施上述行为储存环节。相较于其他知识产权而言，繁殖材料与收获材料的存储，要求较高的存储条件，技术性和专业性更强，在种业产业链条中具有重要位置。品种权人拥有对储存环节主张权利的机会，可以强化被控侵权物的举证。储存是种子加工、许诺销售、销售、进口与出口等环节的重要连接点。种子法将保护环节延伸到为实施上述行为储存环节，品种权人可以通过行政执法途径较便捷维护自身权利，同时还规定了储存人应当给予的适当注意义务。

将上述环节纳入品种权保护环节，是 UPOV 公约 1991 年文本规定的基本内容，这些规定促进了全产业链和全球化保护，可更有效激励育种创新，已被 60 多个 UPOV 公约成员接受。扩大保护环节是落实习近平总书记全面加强知识产权保护重要指示精神的具体体现。一是为品种权人提供更多主张权利的机会，保障品种权有效行使；二是减少品种权人维权举证的难度，赋予商业主体保护品种权的注意义务；三是激励育种者从事育种创新活动，培育更多更有价值的新品种；四是有利于引入境外优异育种资源和创新要素，助推国内品种研发。

六、植物新品种权的保护范围

种子法第二十八条第三款规定："实施前款规定的行为，涉及由未经许可使用授权品种的繁殖材料而获得的收获材料的，应当得到植物新品种权所有人的许可；但是，植物新品种权所有人对繁殖材料已有合理机会行使其权利的除外。"这是2021年修改种子法的重要内容。

品种权保护范围，是指品种权人行使权利的对象，包括繁殖材料、收获材料及其直接制成品，2021年修改种子法不涉及直接制成品。在实践中，保护范围的界定因植物种类和用途会有所不同。例如：对大田作物常规水稻品种来说，留种的稻谷是繁殖材料，用于加工的稻谷和稻草是收获材料，加工后的大米或草帘等是直接制成品。对杂交水稻品种来说，杂交种子是繁殖材料，生产出的稻谷和稻草是收获材料，加工后的大米或草帘等是直接制成品。对园艺作物品种来说，种苗或枝条是繁殖材料，果实是收获材料，鲜榨果汁是直接制成品。

2015 年修改的种子法，我国品种权保护范围没有延伸到收获材料，存在权利缺失，特别是无性繁殖作物、常规作物品种维权难度增加。将保护范围由繁殖材料延伸到收获材料，事关品种权权利内容，不仅仅是举证责任分配问题，更重要的是解决权利人对收获材料主张权利的问题。只有赋予权利人对收获材料可以主张权利，才有可能使收获材料成为被控侵权行为的载体，促使其经营主体承担举证责任，查明侵权来源。从维权实践看，我国植物新品种权侵权假冒交织，侵权方式和形态多样，侵权对象难以界定。如花卉和观赏植物等无性繁殖作物，其本身既是繁殖材料，也是收获材料，很难区分。侵权人多利用其植株部分进行快速扩繁，成本低、获利高，对品种权人权益损害极大。将收获材料纳入保护范围，可有效解决侵权责任难追溯、受损赔偿难证明等突出问题，极大减少举证成本，提高维权效率，增强相关主体的知识产权保护意识和责任。从国际经验看，目前国际植物新品种保护联盟（UP-OV）78 个成员中，有 71 个由繁殖材料延伸到了收获材料。扩大保护范围，有利于促进我国优势农作物出口，维护权利人利益，保护国内优势产业。在具体实施上，可以通过合法来源抗辩，适时转移举证责任，侵权赔偿责任最终由生产侵权繁殖材料的主体承担，遵循权利一次用尽原则，不存在层层付费、层层加码问题。

七、实质性派生品种制度（EDV）

种子法第九十条第十项规定："实质性派生品种是指由原始品种实质性派生，或者由该原始品种的实质性派生品种派生出来的品种，与原始品种有明显区别，并且除派生引起的性状差异外，在表达由原始品种基因型或者基因型组合产生的基本性状方面与原始品种相同。"种子法第二十八条第四款、第五款规定："对实质性派生品种实施第二款、第三款规定行为的，应当征得原始品种的植物新品种权所有人的同意。实质性派生品种制度的实施步骤和办法由国务院规定。"

种子法建立实质性派生品种制度，明确实质性派生品种可以申请植物新品种权，并可以获得授权，但对其以商业为目的利用时，应当征得原始品种的植物新品种权所有人的同意。鉴于实施这一制度是循序渐进的过程，种子法作出授权性规定，实质性派生品种制度的实施步骤和办法由国务院规定。

实质性派生品种这一概念起源于国外 20 世纪 80 年代，我国种业界 90 年代开始引用。1991 年，国际植物新品种保护联盟（UPOV）针对利用生物技术改造他人授权品种的情况，建立了实质性派生品种制度，目的是建立原始品种权人与派生品种权人的利益分享机制，鼓励育种原始创新，减少修饰育种。派生品种可以申请并获得品种权，但在生产销售时应征得原始品种权人同意，并按合同约定给予商业回报。在国际植物新品种保护联盟 78 个成员中，绝大多数已经实行了这一制度。UPOV 从遗传相似度、育种方法、外观性状及其重要程度等角度，规定了 EDV 基本判定原则，但具体操作中的技术判定标准比较复杂，发生争议或纠纷多是通过利益双方协商解决，协商不成的，由法院判决。从国外实践看，这一制度更多是起到警示震慑作用，纠纷案例较少，主要是因为有一套严格的知识产权保护制度和成熟的诚信体系，育种者对材料权属及边界的要求清晰，不愿意因此被诉诸法庭，付出高昂代价。

2015 年修改种子法时，曾考虑纳入实质性派生品种制度，但因部门间未达成共识而搁置。2021 年修改种子法，将实质性派生品种制度入法，是基于当前国内外形势和我国种业发展实际作出的重大制度改革，时机成熟，条件具备，意义重大。一是夯实国家粮食安全种业根基的制度安排。当前，我国粮食供需仍处于紧平衡状态，保障种源自主可控比过去任何时候都更加紧迫，粮食安全这根弦比过去任何时候都要绷得更紧。关键的一条就是要加快推进种业原始创新，激发育种创新动力，促进品种更新换代，迫切需要从战略上对种业知识产权保护作出制度性安排，加快建立 EDV 制度，用法律制度保障国家粮食安全。二是推动建立种业科技自立自强核心动力机制的需要。当前我国种业科技取得很大进步，但种业创新发展的基础仍不牢固，创新水平不高，关键核心技术创新不足，种业企业的竞争力不强。业界强烈呼吁建立EDV制度，大幅提高保护水平，有效激发原始创新活力，为种业持续健康发展提供源头活水和不竭动力。2019年农业农村部科技发展中心对企业、科研机构、管理部门等近千人开展问卷调查，93%赞成建立EDV制度，54%认为建立EDV制度迫在眉睫，应立即实施。三是严厉打击侵权套牌等违法行为的迫切需要。近年来，种业侵权纠纷案件占比明显增多，业界对假冒套牌、仿冒仿制等现象反映强烈。据统计，从2016年到2020年，全国法院审结涉植物新品种纠纷案件从66件增加到252件，其中侵权纠纷案件占比超过80%。建立EDV制度，将从体制机制上增强保护手段，加大警示、震慑和惩治力度。四是实施EDV制度的基础条件已经具备。

实施EDV制度将有力促进种业原始创新、优势企业做强做大、产业格局盘整优化，从整体上提升我国种业发展质量和水平。2020年12月，农业农村部组织水稻良种联合攻关组内36家单位开始试点EDV制度，约定遗传相似度阈值为92%（大于92%即为实质性派生品种，如有争议，农业农村部科技发展中心将采用分子鉴定专项技术判定）。考虑到实施这一制度是循序渐进的过程，在具体推进实施上，按照“积极稳妥、有利有序”的原则，科学设置缓冲期，分类别、分作物、分步实施，先从有育种优势的作物品种探索建立适合我国国情的EDV制度模式及实现途径。对于EDV实施前申请的新品种，不溯及既往，不在调整范围，对于以实质性派生品种为基础再次派生的品种，仅与原始品种权人有权益关系，不存在层层付费、层层加码问题。

八、植物新品种权的强制例外

植物新品种权不是绝对意义上的“排他性独占权”，而是一种法定权利，具有法定的保护范围，还有明确的权利例外。为维护社会公共利益，保障社会多方面利益的有效实现，对于植物新品种权人独占权的行使，种子法也明确作出了例外规定。种子法第二十九条规定：“在下列情况下使用授权品种的，可以不经植物新品种权所有人许可，不向其支付使用费，但不得侵犯植物新品种权所有人依照本法、有关法律、行政法规享有的其他权利：（一）利用授权品种进行育种及其他科研活动；（二）农民自繁自用授权品种的繁殖材料。”这是关于品种权权利例外的规定。

品种权人的权利不是无限的而是有限制的，法律规定利用授权品种进行育种及其他科研活动和农民自繁自用授权品种的繁殖材料的行为不需要品种权人的许可，也称科研豁免、农民权利。

科研豁免，是为了避免保护育种创新的法律制度限制利用授权品种进行育种创新而设计的，这是一种强制性的品种权行使的例外。虽然利用授权品种进行育种及其他科研活动不属于侵权，但对授权品种的繁殖材料特别是杂交亲本材料应是合理的取得，不能采取不正当手段获取，否则可能涉嫌侵犯商业秘密而被诉讼。

农民权利，是指农民自繁自用授权品种的繁殖材料不属于侵权，仅限于自用，不得进行销售。农业遗传资源是植物育种产业不可或缺的材料和赖以存在的物质基础，农民留种、选种和用种的传统种子系统无论过去、现在和将来，在保存、改良和提供农业遗传资源、保持世界生物多样性方面，具有不可替代的功能。在通过知识产权制度保护商品种子合理交易的同时，保留农民传统种子系统的存续空间，成为国际国内规则制定中重点考量的焦点。我国作为传统农业大国和生物多样性最为丰富的国家之一，拥有世界上最多的农民，农业生产主要以小规模家庭经营为主，耕地面积相对较少。尤其在现阶段，仍然要根据国情，继续执行 UPOV 条约 1978 年文本对农民留种权利的强制性例外规定。这里的农民应是家庭承包经营土地的农户，通过土地流转大面积经营土地的承包大户等，不在此列。

九、植物新品种权的强制许可实施

种子法第三十条规定："为了国家利益或者社会公共利益，国务院农业农村、林业草原主管部门可以作出实施植物新品种权强制许可的决定，并予以登记和公告。取得实施强制许可的单位或者个人不享有独占的实施权，并且无权允许他人实施。"

品种权的强制许可是指国务院农业农村、林业草原主管部门为了国家利益或公众利益，针对品种权人在规定的期限内未实施或者未充分实施其品种权时所作出的许可他人实施其品种的强制性决定。根据新品种保护的实践要求，国务院农业农村、林业草原主管部门可以依据职权或者应有关当事人的请求，对下列情形作出强制许可的决定：一是为了国家利益或者公共利益的需要；二是品种权人无正当理由自己不实施，又不许可他人以合理条件实施的；三是对重要农作物品种，品种权人虽已实施，但明显不能满足国内市场需求，又不许可他人以合理条件实施的。

国务院农业农村、林业草原主管部门作出强制许可的决定后，取得实施强制许可的单位和个人，应该按照相关部门的要求，生产、销售该授权品种的繁殖材料，满足国内生产需要，维护国家利益和公众利益。该强制许可的实施权不具有独占性，也不能再授权他人实施。

十、违反植物新品种保护制度的法律责任

法律责任，是指违反法律的规定而必须承担的法律后果。法律责任内容由法律作出规定，由法律规定的机构依法追究。法律责任按违法行为的性质不同，可以分为民事法律责任、行政法律责任和刑事法律责任三大类。

民事法律责任是指公民或法人因侵权、违约或者因法律规定的其他事由而依法承担的不利后果。民事法律责任主要是由违法行为或违约行为引起的，这种违法行为、违约行为除了民事违法行为和违约行为外，还包括部分刑事违法行为和行政违法行为。民事法律责任具有以下特征：第一，在追究行为人的民事法律责任时，原则上应当由受害人主张，农业农村、林业草原主管部门和人民法院一般不主动追究。第二，民事法律责任尽管也有处罚违法行为人的目的，但主要的还是为了弥补受害人的损失。这与主要侧重于处罚违法犯罪的刑事法律责任和行政法律责任不同。第三，民事法律责任是通过协商、调解、仲裁、诉讼等民事法律程序追究的。

行政法律责任是指因违反行政法律或行政法规规定的事由而应当承担的法定的不利后果。行政法律责任既包括行政机关及其工作人员、授权或委托的社会组织及其工作人员在行政管理中因违法失职、滥用职权或行政不当而产

生的行政法律责任，也包括公民、社会组织等行政相对人违反行政法律而产生的行政法律责任。行政法律责任分为处分和行政处罚。处分是行政机关对公务员或者国家机关工作人员违法失职行为的惩戒措施。公务员法第六十一条规定，公务员因违法违纪应当承担纪律责任的依法给予处分。公务员法第六十二条规定，处分分为：警告、记过、记大过、降级、撤职、开除。行政处罚是国家行政机关对违反行政法律规范尚未构成犯罪的行为（违反行政管理秩序的行为）所给予的法律制裁。行政处罚法第九条规定了行政处罚的种类：（1）警告、通报批评；（2）罚款、没收违法所得、没收非法财物；（3）暂扣许可证件、降低资质等级、吊销许可证件；（4）限制开展生产经营活动、责令停产停业、责令关闭、限制从业；（5）行政拘留；（6）法律、行政法规规定的其他行政处罚。

刑事法律责任是指因违反刑事法律而应当承担的法定的不利后果。行为人违反刑事法律的行为必须具备犯罪的构成要件才承担刑事法律责任。刑事法律责任的主体，不仅包括公民，也包括法人和其他社会组织。刑事法律责任的方式为刑罚，刑罚分为主刑和附加刑。主刑的种类如下：（1）管制；（2）拘役；（3）有期徒刑；（4）无期徒刑；（5）死刑。附加刑的种类如下：（1）罚金；（2）剥夺政治权利；（3）没收财产。附加刑也可以独立适用。

同一违法行为，可能同时承担民事法律责任，并被追究行政法律责任和刑事法律责任。具体采取哪一种法律责任形式，应当根据调整违法行为人所侵害的社会关系的性质、特点及侵害的程度等多种因素来确定。

种子法第七十二条，针对违反本法植物新品种保护的规定，侵犯品种权人植物新品种权的行为，明确了法律责任。

（一）侵犯植物新品种权行为的解决途径

种子法第七十二条第一款规定："违反本法第二十八条规定，有侵犯植物新品种权行为的，由当事人协商解决，不愿协商或者协商不成的，植物新品种权所有人或者利害关系人可以请求县级以上人民政府农业农村、林业草原主管部门进行处理，也可以直接向人民法院提起诉讼。"此类违法行为针对的是种子法第二十八条的规定。本款规定了三种纠纷解决途径：一是当事人协商解决；二是请求县级以上人民政府农业农村、林业草原主管部门进行处理；三是可以向人民法院起诉。这三种解决途径，关系是并列的，品种权人可以根据纠纷的具体情况，选择适合自己的救济方式来保护自己的合法权益。

第一，协商解决。协商解决是指发生植物新品种权侵权案件以后，双方当事人可以直接进行磋商，以达成解决争议办法的处理方式。

第二，行政处理。发生侵犯植物新品种权案件以后，植物新品种权所有人或者利害关系人如果不愿意协商或者协商不成的，可以请求有关行政主管部门进行处理。在此对这一规定作几点说明：（1）品种权侵权纠纷，性质上属于民事纠纷，当事人协商解决不成的，通常应通过司法程序加以解决，而不应由行政机关处理。但植物新品种保护条例和种子法从我国实际情况出发，规定当事人也可以请求农业农村、林业草原主管部门进行处理。这对于发挥农业农村、林业草原主管部门熟悉业务、处理程序简便的优势，减少植物新品种权诉讼案件，方便当事人，是有利的。但是，究竟是直接向人民法院起诉，还是请求农业农村、林业草原主管部门处理，采用哪种方式对自己比较有利，要由当事人自己来判断，选择权在当事人，或者说是在植物新品种权所有人或者利害关系人。农业农村、林业草原主管部门只能根据有关当事人的请求进行处理，当事人没有请求农业农村、林业草原主管部门处理的，农业农村、林业草原主管部门不能主动进行处理。（2）可以作出本款规定的处理机关，应当是县级以上人民政府农业农村、林业草原主管部门。考虑到品种权侵权纠纷一般发生在基层，赋予县级以上人民政府农业农村、林业草原主管部门有权处理，有利于纠纷迅速、便捷地解决。（3）农业农村、林业草原主管部门对品种权侵权纠纷进行处理的依据，是法律法规的有关规定；进行处理的内容，主要是对是否构成侵权进行认定，并对认定为侵权的行为进行处理，即按照种子法第七十二条第六款的规定进行行政处罚。

第三，向人民法院起诉。发生侵犯植物新品种权案件以后，植物新品种权所有人或者利害关系人如果不愿意协商或者协商不成的，也可以以侵权人为被告，依照民事诉讼法的规定，提起民事诉讼。2001 年和 2007 年最高人民法院分别发布《最高人民法院关于审理植物新品种纠纷案件若干问题的解释》和《最高人民法院关于审理侵害植物新品种权纠纷案件具体应用法律问题的若干规定》，2021 年发布《最高人民法院关于审理侵害植物新品种权纠纷案件具体应用法律问题的若干规定（二)》，为法院审理品种权纠纷案件提供了依据。依照最高人民法院《关于审理植物新品种纠纷案件若干问题的解释》，人民法院受理的植物新品种权纠纷案件中包括了侵害植物新品种权案件。依照《最高人民法院关于审理侵害植物新品种权纠纷案件具体应用法律问题的若干规定》，植物新品种权所有人或者利害关系人认为植物新品种权受到侵害的，可以依法向人民法院提起诉讼。人民法院在依法审查当事人涉及植物新品种权的起诉时，只要符合民事诉讼法规定的民事案件起诉条件，均应当依法予以受理。

（二）侵犯植物新品种权行为的行政调解

种子法第七十二条第二款规定："县级以上人民政府农业农村、林业草原主管部门，根据当事人自愿的原则，对侵犯植物新品种权所造成的损害赔偿可以进行调解。调解达成协议的，当事人应当履行；当事人不履行协议或者调解未达成协议的，植物新品种权所有人或者利害关系人可以依法向人民法院提起诉讼。"本款规定了行政调解。进行调解的机关，应是对品种权侵权纠纷作出行政处理的同一个农业农村、林业草原行政主管部门；调解的内容，是侵犯品种权的赔偿数额；调解只能应当事人的请求进行；这种调解属于行政机关对当事人之间的民事纠纷作出的民事调解，不是行政处理，应由当事人自愿履行，调解不成或者达成调解协议后又反悔的，植物新品种权所有人或者利害关系人可以依照民事诉讼法的规定，以对方当事人为被告向人民法院提起民事诉讼。

（三）侵犯植物新品种权行为的赔偿数额

依据种子法第七十二条第三款规定："侵犯植物新品种权的赔偿数额按照权利人因被侵权所受到的实际损失确定；实际损失难以确定的，可以按照侵权人因侵权所获得的利益确定。权利人的损失或者侵权人获得的利益难以确定的，可以参照该植物新品种权许可使用费的倍数合理确定。对故意侵犯植物新品种权，情节严重的，可以在按照上述方法确定数额的一倍以上五倍以下确定赔偿数额。”本款是关于侵犯植物新品种权的赔偿数额的确定方式及顺序的规定。此次修改就侵犯植物新品种权的主观意愿作出明确规定。侵犯品种权的赔偿数额按法定顺序有以下几种方式：第一，按照权利人因被侵权所受到的实际损失来确定。简单地说，因侵权人的侵权产品在市场上销售，使品种权人的产品销售量下降，其销量减少的总数乘以每件繁殖材料的利润所得之积，即为被侵权人因被侵权所受到的实际损失。第二，实际损失难以确定的，可以按照侵权人因侵权所获得的利益确定。侵权人在侵权期间从每件侵权繁殖材料获得的利润，乘以在市场上销售的繁殖材料数额，所得之积，为侵权人在侵权期间所得利润，即侵权人在侵权期间因侵权所获得的利益。第三，权利人的损失或者侵权人获得的利益难以确定的，参照该植物新品种权许可使用费的倍数合理确定。第四，种子法还设定惩罚性赔偿制度，明确故意对侵犯植物新品种权且情节严重的，可以在权利人因侵权受到的损失、侵权人因侵权获得的利益或者植物新品种权许可使用费的一倍至五倍的范围内确定赔偿数额。此款侵犯植物新品种权的侵权加重处罚主观要件明确为故意。

种子法第七十二条第四款规定：“权利人的损失、侵权人获得的利益和植物新品种权许可使用费均难以确定的，人民法院可以根据植物新品种权的类型、侵权行为的性质和情节等因素，确定给予五百万元以下的赔偿。”本款是对难以取证情况下人民法院如何确定赔偿数额的规定。实践中，有很多侵犯植物新品种权的案件，难以取得充分的证据以确定被侵权人所受到的实际损失、侵权人因侵权所获得的利益或者植物新品种权许可使用费。在这种情况下，人民法院可以根据侵权行为所侵犯的植物新品种权的类型、侵权行为的性质和情节等因素判决给予被侵权人法定的侵权赔偿。为了有效保护植物新品种权所有人的合法权益，加大对品种权侵权行为的打击力度，这次修改种子法，将法定的侵权赔偿数额的上限规定为五百万元。

种子法第七十二条第五款规定：“赔偿数额应当包括权利人为制止侵权行为所支付的合理开支。”这里所说的合理开支，包括权利人所支付的用于制止侵权行为的交通费、调查费、鉴定费、适当的律师费及其他合理费用。

（四）侵犯植物新品种权行为的行政处罚

种子法第七十二条第六款规定：“县级以上人民政府农业农村、林业草原主管部门处理侵犯植物新品种权案件时，为了维护社会公共利益，责令侵权人停止侵权行为，没收违法所得和种子；货值金额不足五万元的，并处一万元以上二十五万元以下罚款；货值金额五万元以上的，并处货值金额五倍以上十倍以下罚款。本款是对品种权侵权行为的行政处罚的规定。”本款明确，第一，处理侵犯植物新品种权案件的处罚主体为“县级以上人民政府农业农村、林业草原主管部门”。第二，明确侵犯植物新品种的行政处罚为责令停止侵权并没收违法所得和种子。第三，罚款金额以货值金额五万元作为界限，货值金额不足五万元的，并处一万元以上二十五万元以下罚款；货值金额五万元以上的，并处货值金额五倍以上十倍以下罚款。

种子法第七十二条第七款规定：“假冒授权品种的，由县级以上人民政府农业农村、林业草原主管部门责令停止假冒行为，没收违法所得和种子；货值金额不足五万元的，并处一万元以上二十五万元以下罚款；货值金额五万元以上的，并处货值金额五倍以上十倍以下罚款。”本款是对假冒授权品种行为的行政处罚的规定。根据《植物新品种保护条例实施细则（农业部分）》第五十七条规定：“《条例》第四十条、第四十一条所称的假冒授权品种行为是指下列情形之一：（一）印制或者使用伪造的品种权证书、品种权申请号、品种权号或者其他品种权申请标记、品种权标记；（二）印制或者使用已经被驳回、视为撤回或者撤回的品种权申请的申请号或者其他品种权申请标记；（三）印制或者使用已经被终止或者被宣告无效的品种权的品种权证书、品种权号或者其他品种权标记；（四）生产或者销售本条第（一）项、第（二）项和第（三）

项所标记的品种；（五）生产或销售冒充品种权申请或者授权品种名称的品种；（六）其他足以使他人将非品种权申请或者非授权品种误认为品种权申请或者授权品种的行为。”根据《植物新品种保护条例实施细则（林业部分）》第六十四条规定：“《条例》所称的假冒授权品种，是指：（一）使用伪造的品种权证书、品种权号的；（二）使用已经被终止或者被宣告无效品种权的品种权证书、品种权号的；（三）以非授权品种冒充授权品种的；（四）以此种授权品种冒充他种授权品种的；（五）其他足以使他人将非授权品种误认为授权品种的。”本款与《植物新品种保护条例》第四十条是对同一种违法行为应承担行政责任的规定。比较二者，有两处变动。第一，罚款金额的计算方式下限由“没有货值金额或者货值金额五万元以下的，根据情节轻重，处二十五万元以下的罚款”修改为“货值金额不足五万元的，并处一万元以上二十五万元以下罚款”，上限由“货值金额五万元以上的，处货值金额一倍以上五倍以下的罚款”修改为“货值金额五万元以上的，并处货值金额五倍以上十倍以下罚款”；第二，本款针对罚款的下限，删除了“根据情节轻重”这一表述。

此外，种子法第八十九条规定：“违反本法规定，构成犯罪的，依法追究刑事责任。”农业农村、林业草原主管部门及有关部门的工作人员或者种子生产、经营和使用的当事人如果有种子法规定的违法行为，且其行为符合我国刑法所规定的犯罪构成要件的，就要依据刑法有关条款承担相应的刑事法律责任。

（五）植物新品种的申请权及植物新品种权的权属争议

种子法第七十三条规定：“当事人就植物新品种的申请权和植物新品种权的权属发生争议的，可以向人民法院提起诉讼。”本条为2015年种子法修订新增加的内容，是关于植物新品种的申请权和植物新品种权的权属发生争议的纠纷解决途径的规定。依照《最高人民法院关于审理植物新品种纠纷案件若干问题的解释》，人民法院受理的植物新品种纠纷案件包括是否应当授予植物新品种权纠纷案件、植物新品种申请权纠纷案件、植物新品种权权利归属纠纷案件、转让植物新品种申请权和转让植物新品种权的纠纷案件等。上述涉及植物新品种权纠纷可以分为民事案件和行政案件，人民法院在依法审查当事人涉及植物新品种权的起诉时，只要符合民事诉讼法、行政诉讼法规定的民事案件或者行政案件的起诉条件，均应当依法予以受理。

此外，《全国人民代表大会常务委员会关于在北京、上海、广州设立知识产权法院的决定》规定，在北京、上海、广州设立知识产权法院，知识产权法院管辖植物新品种第一审知识产权民事和行政案件，不服国务院行政部门裁定或者决定而提起的第一审知识产权授权确权行政案件，由北京知识产权法院管辖。《全国人民代表大会常务委员会关于设立海南自由贸易港知识产权法院的决定》规定，海南自由贸易港知识产权法院管辖海南省有关植物新品种第一审知识产权民事、行政案件。

第二章

国际植物新品种保护联盟及公约

生物遗传资源的多样性是人类赖以生存和农、林、牧、渔业得以持续发展的物质基础。植物育种是选择利用各种种质资源中符合人类需求的一些遗传类型或少数特殊基因，经过若干育种环节，重新组成新的基因型，育成新品种。因此，植物新品种，作为人类植物育种活动的直接结果，其本质就是经人工改良的植物遗传资源。这些经人工改造的植物遗传资源，由于凝聚了育种者的智力创造活动，需要将其纳入知识产权的保护范围。

一、植物新品种保护的起源

纵观植物新品种保护制度产生与发展的历史，育种技术的发展和农业的商业化进程是决定植物育种创新保护的制度设计与变革的重要因素。植物育种是一门古老的学问，在早期人们主要根据经验进行选择育种，“选种过程是在自然决定的基础上再进行人为选择"①。在这一阶段，"选择育种只能停留在根据植物现有的自然变异来选择优株，改良现有品种，而不能创造出新的基因型"②。也就是说，尽管育种者在特定植物品种的形成中付出了劳动，推动了作物的进化过程，但通过选择育种形成的新的植物品种主要是"自然产物"，不是人为干预育种过程所形成的智力活动成果，无法授予专利保护。孟德尔遗传规律的发现、接受与普遍认可，是植物育种家"创造"植物新品种的开始。

在美国，19 世纪 70 年代以后出现的私人种子公司，逐渐取代政府成为种子创新和分配的主要源泉。到了 20 世纪，美国农业基本完成从自给自足到市场生产的转变。随着农业商业化水平的不断提高，为了增加特定农作物品种的价值和利润，人们既需要通过植物品种的知识来控制和预测相关的生产要素，又需要控制各品种之间的差异，这就为种子产业和苗圃产业的发展提供了机遇。但是，在当时的育种技术条件和法律环境下，由于处理植物材料的类型不同，苗圃产业与种子产业的利益诉求不同。在种子产业，随着杂交育种技术的出现，使得通过不同品种间杂交

① 刘兴凤、刘娜、张晓茹、田庆河：《现代作物育种科学的发展趋势》，载《吉林农业·下半月》2017 年第 10 期。

② 刘珊：《植物育种技术》，军事医学科学出版社 2012 年版，第 2 页。

创造新的变异，并对杂交的后代进行培育、选择，培育出新的植物品种成为可能。但是，当时美国种子产业面临最大的挑战是，政府每年向农民发放大量免费种子以及不诚实种子销售行为。这两个问题极大地影响了美国种子产业的发展，加上杂交育种技术为种子公司的育种成果提供了一种生物形式的保护，只要种子公司以适当的方式控制亲本，就可以阻止其他人对杂交种子的利用。因此，当时种子产业关注更多的是种子贸易的自由化和种子销售行为的有序化，而不是种子的知识产权保护。在苗圃产业，苗圃产业的发展与植物的无性繁殖方式密切相关，通过无性繁殖就可以非常方便而有效地克隆果树与许多木本园艺植物。因此，苗圃产业十分依赖对其发现并栽培的品种获得一种排他控制权，以阻止他人未经允许繁殖和销售，并进行了相关的立法实践。经过美国苗圃协会的多年努力，美国议会于 1930 年通过《植物专利法》，为无性繁殖植物培育提供法律保护。

在欧洲，相关国家为植物育种提供法律保护的历程，最早可以追溯到 1883 年制定的《保护工业产权巴黎公约》。在 1883 年，法国曾打算制定《专科植物保护法》，为植物材料提供保护。1904 年，法国果树栽培协会在一次国际大会上提出应为植物产品提供保护，要求对植物新品种进行检测和登记，并颁发证书授予育种者对该植物新品种的繁殖以一定期限的排他权。德国的育种者在1914年也试图寻求类似保护。上述立法行动均没有成功。其原因在于，这一阶段的植物育种在技术上无法实现对传统育种技术的实质性突破，主要依赖外部观察来实现孟德尔遗传规则在育种活动中应用，使得普遍的植物育种活动无法达到专利法上有关“发明专利”的“新颖性”和“发明步骤”等要件。此外，在当时，尽管在园艺和观赏领域的私人植物育种有所发展，但农业育种活动主要依靠公共资助实现，不需要知识产权保护。到20世纪20年代之后，欧洲国家对植物育种的保护情形发生了重大变化。1922年法国在一项法令中承认应为植物提供私人财产权的保护，并规定了品种登记与控制种子流通的机构。1932年，法国建立植物培育品种名录，并规定进行商业种植的植物首先应进入该名录。但是，这些登记没有赋予育种者以控制品种的权利。1934年，德国制定了专门的植物保护法，在理论上允许对植物给予专利保护。1953年，德国颁布《植物品种及种子保护法》，为育种者提供保护，但不包括观赏植物的育种者。荷兰在1941年颁布《植物育种及种子材料法令》，为生产具有新颖性和一致性的品种培育人提供保护，并且农作物品种必须进入官方名录才能销售。西班牙也为那些进入官方名录的品种提供某种形式的保护。比利时和丹麦只是简单地允许育种者可与品种的最终使用人进行许可安排，但这基本上是一种合同权利，允许育种者处理没有授予任何财产权的品种及品种材料。英国在 20 世纪 50 年代后期也开始讨论为植物品种提供法律保护的问题。欧洲国家的上述讨论和实践，没有形成具有明确的统一的植物新品种保护制度体系，直到部分欧洲国家在 1961 年通过《国际植物新品种保护联盟公约》（UPOV 公约），明确选择独立于专利权的育种者权为植物新品种的创新提供保护。

二、UPOV 公约及其修订

1961 年的《国际植物新品种保护联盟公约》是植物新品种保护制度的起源。

（一）UPOV 公约

1957 年，由法国等 12 个国家和 3 个政府间国际组织——保护知识产权联合国际局（BIRPI）、联合国粮农组织（FAO）、欧洲经济合作组织（OECE），在法国召开第一次植物新品种保护外交大会，讨论推动植物新品种保护国际化以及相关准备工作。1957 年至 1961 年期间，经过几轮专家会议，拟定了国际植物新品种保护公约草案。1961 年，在巴黎举行的第二次植物新品种保护外交大会，对国际植物新品种保护公约草案进行修改并通过了具有 41 条内容的文本，比利时、法国、德国、意大利和荷兰等 5 个国家的全权代表签署公约。根据大会决议，公约须由 3

个国家批准才能生效。UPOV 公约 1961 年文本在 3 个国家（1965 年英国，1967 年荷兰，1968 年联邦德国）批准加入后，于 1968 年 8 月 10 日正式生效，标志着国际植物新品种保护联盟（UPOV）这一政府间国际组织的成立。

（二）UPOV 公约的修订

UPOV 公约自 1961 年制定以来，随着国际社会经济与科技环境的变化，以及各国植物品种保护实践的影响，至今已经进行了三次修订，分别形成 UPOV 公约 1961/1972 年文本、UPOV 公约 1978 年文本和 UPOV 公约 1991 年文本。

1972 年 11 月，UPOV 召开修改植物新品种保护国际公约的外交会议，就理事会的投票规则、财务、会费等级等程序性事项进行了修订，此次修订对育种者权的实质内容未进行修改。

1978 年修订的主要内容是：（1）扩大成员国必须给予保护的植物属或种的最低数量；（2）增加新颖性和稳定性的要件要求；（3）增加双重保护禁止的例外规则；（4）增加前后文本国家之间的权利义务关系；（5）删除前文本中关于“品种”的定义等规定。UPOV 公约 1978 年文本的出台，一方面促进了更多国家的加入，另一方面也系统地完善了植物新品种保护制度的基本内容。UPOV 公约 1978 年文本增加了双重保护禁止的例外规则，增加了植物新品种保护的新颖性和稳定性要求，明确以植物表型特征作为申请品种是否具备特异性、一致性和稳定性的判断要素，确定 DUS 测试在植物新品种保护中的基础性地位，删除了 UPOV 公约与《巴黎公约》间的制度安排，使 UPOV 成为一个独立的国际组织。UPOV 公约 1978 年文本所进行的上述修订，都是以当时对育种技术和育种成果（品种）的科学认识为前提的，对植物新品种的判断是以植物表型特征作为基础，尚未深入到基因层面，制度设计主要针对一国范围内的统一市场。总的来说，UPOV 公约 1961/1972 年文本和 UPOV 公约 1978 年文本都属于以选择和杂交为主的传统育种技术下的植物新品种保护阶段，其中 UPOV 公约 1961/1972 年文本代表的是植物新品种保护制度的初步形成阶段，UPOV 公约 1978 年文本代表的是植物新品种保护制度在全球范围得到普遍认同的相对完善阶段。

随着生物技术的发展与产业化，以及农产品国际贸易的普遍化，UPOV 公约 1978 年文本下的植物新品种保护制度面临前所未有的挑战。首先是专利保护客体的不断拓展，挤压着植物新品种保护制度的生存空间。欧洲专利局先后于 1983 年和 1988 年确认繁殖材料和杂交植物可以获得专利保护。美国专利商标局专利上诉与干涉委员会在 1985 年确认包含高色氨酸的玉米植株可以获得专利保护。其次，UPOV 公约 1978 年文本难以为农产品的全球贸易提供有效保护。UPOV 公约 1978 年文本实行植物新品种保护名录并且品种权保护力度弱。植物品种保护名录的设置和品种权行使环节过少，某种程度上为跨国性的植物新品种侵权行为留下空间。再次，UPOV 公约 1978 年文本无法有效激励生物技术背景下的原始育种创新。UPOV 公约 1978 年文本奉行品种权独立原则，难以阻止修饰性育种对原始品种的免费利用，潜在地使植物新品种保护制度丧失了激励原始育种创新的制度功能。UPOV 公约 1978 年文本唯有实现突破性变革，才能应对生物技术发展以及农产品全球贸易日益普遍所带来的挑战。

UPOV 理事会于 1987 年着手公约修订，1991 年出台 UPOV 公约 1991 年文本。首先，UPOV 公约 1991 年文本废除植物品种保护名录，要求成员为所有植物种或属提供保护，避免不同国家不同保护名录为跨国品种权侵权行为留下空间。其次，UPOV 公约 1991 年文本进一步从分子生物学角度明确品种权保护的客体“植物品种”的含义，以及植物表型特征与特定基因型或基因型组合间的关联，强调植物品种所应具备的特异性、一致性和稳定性是基于某一特定基因型或基因型组合表达的特性而言的，这为实质性派生品种制度的引入奠定基础。再次，改革 UPOV 公约 1978 年文本下的品种权（育种者权）权利结构，形成环环相扣充分覆盖并保持开放的权利束。其中实质性派生品种制度是UPOV公约1991年文本改革品种权的核心内容，是生物技术应用于植物育种对植物新品种保护制度的实质性影响。此外，UPOV公约1991年文本还延长了品种权的保护期限，弱化了农民留种权利的保护。UPOV公约1991年文本出台后，欧盟以UPOV公约1991年文本为蓝本制定《欧盟植物品种保护条例》，使UPOV公约1991年文本下的植物新品种保护制度在欧盟范围内得到统一实施。UPOV公约国际影响力不断增强，成员不断增加，截至2021年达到78个，其中61个已加入UPOV公约1991年文本。至此，由欧洲国家创建的UPOV公约几经修订，适应了生物技术和农产品全球贸易发展的要求，成为植物育种领域不可缺少的知识产权保护形式。

（三）UPOV公约文本比较

1. 保护方式。

UPOV公约1961/1972年文本和UPOV公约1978年文本规定，可以通过专门保护或专利保护获得育种者权利。UPOV公约1991年文本对保护方式没有要求，只要求每个缔约方授予和保护育种者的权利即可。同时，还规定已是UPOV公约1978年文本的缔约方，对其无性繁殖的品种是通过工业产权所有权而不是品种权加以保护的国家，在成为本公约的缔约方时，应有权继续实施其原有保护而无须实施本公约对这些品种进行保护。应该说，UPOV公约

1991 年文本为植物创新提供专利保护打开了豁口，为育种者权制度与专利制度的协调与配合，铺平了道路。

2. 植物品种界定。

UPOV 公约 1961/1972 年文本规定任何用于繁殖并满足特异性、一致性以及适当命名的栽培品种，无性系，品系，类或杂交种，即为“品种”。UPOV 公约 1978 年文本没有为“品种”规定定义。UPOV 公约 1991 年文本规定，“品种”是指已知植物最低分类单元中单一的植物群，不论授予品种权的条件是否充分满足，该植物群可以是：以某一特定基因型或基因型组合表达的特性来确定；至少表现出上述的一种特性，以区别于任何其他植物群，并且作为一个分类单元，其适用性经过繁殖不发生变化。与前一定义相比，该定义明显强调了作为品种所应具有的特定基因型或基因型组合表达的特性，从概念的外延来看，也明显小于 UPOV 公约 1961/1972 年文本中的“品种”。

3. 授权条件。

UPOV 公约 1961/1972 年文本中规定，要获得本公约保护的植物品种，需要具备（1）特异性：即应具有一个或数个重要特性有别于现存的任何其他已知品种，相关特征包括形态特征或生理特征，并能进行精确描述和认知；（2）新颖性：向联盟成员国注册保护申请时，育种者及其继承者未同意该品种在该国领土内提供出售或进行市场销售，或者在其他国家提供销售或市场销售不得超过 4 年；(3) 一致性：就该品种的有性或无性繁殖特性而言，必须充分一致；(4) 适当命名。

UPOV 公约 1978 年文本规定，受保护条件包括 (1) 特异性：基本与 UPOV 公约 1961/1972 年文本的规定相同；(2) 新颖性：申请国未销售，如法律规定宽限期，则不得超过 1 年，在其他国家藤本、林木、果树和观赏树木的品种，包括其根茎，提供出售或市场销售不超过 6 年，或所有其他植物不超过 4 年，试种不影响申请保护；(3) 一致性：基本与 UPOV 公约 1961/1972 年文本的规定相同；(4) 稳定性：品种基本特性必须稳定，即经过重复繁殖，或在育种者规定的特定繁殖周期中的各个周期结束时，品种基本特性仍与原来所描述的一致；(5) 适当命名。

UPOV 公约 1991 年文本规定，受保护条件包括 (1) 特异性：申请时明显区别于已知的任何其他品种；(2) 新颖性：基本与 UPOV 公约 1978 年文本规定相同，增加“新培育的品种”，即缔约方先前未对某一植物属或种实施保护，应将申请日已有的相关品种看作新培育品种，即使其销售或转让他人早于该款规定的期限；(3) 一致性：在繁殖特性中预期可能出现变异的情况下，有关性状表现的足够整齐一致；(4) 稳定性：经反复繁殖相关性状保持不变，或者在每次特定繁殖周期末，有关性状保持不变；(5) 适当命名。

总的来说，UPOV 公约关于受保护条件的规定基本是从技术角度对品种提出要求的，UPOV1978 年文本增加了稳定性要件。从各要件的具体内容看，随着生物科技的发展以及文本的修订，相关的规定愈加系统和科学。

4. 受保护品种范围。

UPOV 公约 1961/1972 年文本规定，联盟各成员自本公约在其地域内生效时，应将本公约规定至少适应于所附清单中的 5 个属，8 年内适用清单中所有属（13 个）。UPOV 公约 1978 年文本规定，每个联盟成员自本公约在其领土生效之日起，应对公约附件中所列的至少 5 个属或种实施育种者权保护，之后逐步增加，8 年内至少 24 个属或种。UPOV 公约 1991 年文本规定，已是联盟成员的自受本公约约束之日起五年期满时，适用于所有植物属和种；联盟的新成员自受本公约约束之日起，至少适用于 15 个植物属和种，10 年期满时，适用于所有植物属和种。公约最终要为所有的植物属和种提供育种者权保护，即将保护的植物范围扩大到所有植物。

5. 权利范围。

UPOV 公约 1961/1972 年文本规定，商业性生产或销售受保护植物品种的有性或无性繁殖材料，以及为另一品种的商业生产重复使用受保护品种的，应事先征得育种者同意。育种者及其继承人可以根据自己指定的条件来授权。无性繁殖材料包括整株植物，在观赏植物或切花生产中，当观赏植物或其植株部分作为繁殖材料用于商业目的时，育种者的权利可扩大到以一般销售为目的而不是繁殖用的观赏植物或其植株部分。利用品种作为变异来源而产生的其他品种或这些品种的销售，均无须征得育种者同意。UPOV 公约 1978 年文本规定的育种者权范围基本与 UPOV 公约 1961/1972 年文本相同。

与公约的前两个文本相比，UPOV 公约 1991 年文本规定的育种者权利范围扩大并强化：

（1）繁殖材料：涉及受保护品种繁殖材料的下列活动需要育种者授权[①]：①生产或繁殖；②为繁殖而进行的种子处理；③为销售而提供；④售出或其他市场销售；⑤出口；⑥进口；⑦用于上述目的①至⑥的存储。

（2）收获材料：从事上述①至⑦各项活动时，未经授权使用受保护品种繁殖材料而获得的收获材料，包括整株和植株部分时，应得到育种者授权，但育种者对繁殖材料已有合理机会行使其权力的情况例外。

（3）直接制成的产品：从事上述①至⑦各项活动时，未经授权使用受保护品种的收获材料直接制作的产品，应

① 可对照 UPOV 公约 1991 年文本阅读。

得到育种者授权，但育种者对该收获材料已有合理机会行使其权利的情况例外。

（4）可追加的活动：除公约规定的育种者权例外和权利用尽情况，各缔约方可作出规定，除（1）款中①至⑦各项外，从事其他活动也应得到育种者授权。

（5）实质性派生品种和某些其他品种：上述（1）至（4）款的规定也适用于下列品种：

①受保护品种的实质性派生品种，而受保护品种本身不是实质性派生品种；

②与受保护品种没有 UPOV 公约 1991 年文本第 7 条所规定的有明显区别的品种；

③需要反复利用受保护品种进行生产的品种。

此外，UPOV 公约 1991 年文本规定原始品种权持有人可以控制实质性派生品种，未经原始品种权持有人的许可，相关的实质性派生品种不得进行商业性利用。UPOV 公约 1991 年文本为育种者权利提供了全方位的系统保护，这种保护的强度不亚于专利权对相关发明所能提供的保护。

6. 保护期限。

UPOV 公约 1961/1972 年文本与 UPOV 公约 1978 年文本规定，相关品种的保护期限不少于 15 年。对于藤本植物、果树及其根茎，林木和观赏树木，保护期最少为 18

年。UPOV 公约 1991 年文本规定，品种权的最短期限应自授予品种权之日起不少于 20 年，对于树木和藤本植物，该期限应自所述之日起不少于 25 年。

7. 育种者权的限制与例外。

关于育种者权的限制与例外。UPOV 公约 1961/1972 年文本与 UPOV 公约 1978 年文本没有明确规定所谓的育种者权的限制和例外，而只是规定涉及利用受保护品种时，需要经育种者许可的行为必须是商业性目的。这一规定意味着所有对受保护品种的非商业性利用均为合法，从而为“农民特权”、“私人的非商业性活动”、“育种者豁免”、“科研豁免”以及“试验性活动”等提供正当性。UPOV 公约 1978 年文本专门增加了一条“受保护权利行使的限制”，规定各成员可以出于公共利益考虑，或者广泛推广品种，可以限制相关育种者权的自由行使，但应给予相应报酬。

与前两个文本不同的是，UPOV 公约 1991 年文本将需要育种者权持有人许可的所有行为没有限于商业性应用，而是扩展到所有目的的相关行为。在此前提下，规定了若干品种权的例外：其中强制性例外有私人的非商业性活动；试验性活动；为培育其他品种的活动，除实质性派生品种外，该其他品种的育种者权独立行使；还有一个非强制性例外，即农民保留种子自己种植的权利。该项规定交由各成员国国内法自由选择是否制定这一规定。从目前各国实践看，美国在其1970年《植物品种保护法》中规定了这一权利，但仅限于有性繁殖的植物，同时在农民保存种子的数量方面，通过判例作了限制。欧盟1994年的《欧盟植物品种保护条例》也有这一规定，限定了农民可以保存种子的作物种类，规定只有“小农民”才有保存的资格，农民可以保存种子作物类别以外的其他作物种子，如果需要保存，可以支付较少的使用费。

UPOV公约1991年文本还明确了“品种权用尽”原则。规定受保护品种的材料或其实质性派生品种的材料，已由育种者本人或经其同意在有关缔约方领土内出售或在市场销售，或任何从所述材料派生的材料，品种权均不适用，除非这类活动：涉及该品种的进一步繁殖，或涉及能使该品种繁殖的材料出口到一个不保护该品种所属植物属或种的国家，但出口材料用于最终消费的情况不在此列。这里的“材料”包括任何种类的繁殖材料；收获材料，包括整株和植株的部分；以及任何直接由收获材料制成的产品。

总体上，与UPOV公约1978年文本相比，UPOV公约1991年文本在有关品种权制度的实体内容方面显得更加系统和规范，并赋予品种权人更大的权利范围和保护客体更强的保护效力。

UPOV 公约 1978 年文本与 UPOV 公约 1991 年文本比较

类别	UPOV 公约 1978 年文本	UPOV 公约 1991 年文本	实际影响
保护方式	禁止植物品种双重保护	废除对植物品种双重保护的禁止规定	保护方式上更加灵活
植物品种界定	没有界定“植物品种”	“植物品种”定义更加明确，强调三个要素：植物最低单元中单一的植物群；该植物群以某一特定基因型或基因型组合的特征区别于其他植物群；其适用性经过繁殖不发生变化。	强调品种的基因型或基因型组合的特征
保护植物属种的数量	至少保护 5 个植物属或种，8 年内至少保护 24 个植物属或种	（1）新成员：至少 15 个植物属和种，10 年后适用所有植物属或种；（2）老成员：加入 UPOV 公约 1991 年文本之日起 5 年内为所有植物属或者种提供保护。	保护植物属种的数量扩大

续表

类别	UPOV 公约 1978 年文本	UPOV 公约 1991 年文本	实际影响
保护范围和保护环节	商业销售目的生产、许诺销售、销售受保护品种的有性或者无性繁殖材料，以及为重复利用受保护品种商业性生产另一品种的情形	（1）生产、繁殖、为繁殖进行的处理、许诺销售、销售、出口、进口以及为上述目的的存储受保护品种的繁殖材料； （2）未经授权使用受保护品种繁殖材料获得的收获材料，但育种者已有合理机会对繁殖材料行使权利的情况例外； （3）未经授权使用受保护品种收获材料直接制成的产品，但育种者已有合理机会对收获材料行使权利的情况例外（非强制性要求）； （4）除公约规定的育种者权例外和权利用尽情况，各成员可追加上述活动之外的其他活动也应得到育种者授权（非强制性要求）； （5）上述规定也适用于下列品种：受保护品种的实质性派生品种、与受保护品种没有明显区别的品种，以及需要反复利用受保护品种进行生产的品种。	品种权保护范围扩大，强化对原始品种的保护力度

续表

类别	UPOV 公约 1978 年文本	UPOV 公约 1991 年文本	实际影响
保护期限	一般植物品种保护期限不少于 15 年；藤本、果树及其根茎，林木和观赏树木保护期限最少为 18 年	一般植物保护期限不少于 20 年；树木和藤本植物不少于 25 年	保护期限延长
权利例外与限制	育种例外 农民留种权例外	农民留种权非强制性例外	农民留种由成员自行决定

三、有关国家和组织植物新品种保护情况

（一）欧盟

1994 年 7 月 27 日，欧盟制定了《欧盟植物品种保护条例》。该条例于 1994 年 9 月 1 日生效，但主要规定到 1995 年 4 月 27 日才正式生效，这是欧盟现行植物品种保护制度的基础。根据规定。欧盟植物品种保护制度是一个自治的保护体系，作为欧盟法律的一部分，独立于相关的国家体系。《欧盟植物品种保护条例》建立了欧盟植物品种保护办公室，是欧盟的一个机构，具有独立的法人资格。目前欧盟 27 个成员中，只有希腊、卢森堡、马耳他和塞浦路斯不是 UPOV 成员。欧盟植物新品种保护制度与成

员国的品种保护制度并存，申请人可以自主选择到欧盟或其成员国申请植物品种保护。欧盟植物新品种保护制度与UPOV公约1991年文本一致，并以政府间区域组织身份成为UPOV成员。在保护期限上，欧盟规定对一般植物至少为25年，对葡萄、马铃薯和树木至少为30年。

根据《欧盟植物品种保护条例》规定，欧盟植物品种保护办公室对申请品种分别进行特异性、一致性、稳定性（DUS测试）、新颖性和品种命名审查，审查标准与UPOV公约要求基本一致。欧盟植物品种保护办公室充分利用欧盟成员国现有设施条件，选择与申请品种生态环境最接近的测试机构，委托其开展DUS测试。根据DUS测试、新颖性及品种命名等审查结果，欧盟植物品种保护办公室最终作出是否给予授权的决定。

（二）日本

日本于1978年开始实施品种保护制度，并分别于1982年、1998年加入UPOV公约1978年文本、1991年文本，保护所有植物属种。

农林水产省下设的植物新品种保护办公室负责政策制定、受理审查、授权以及组织测试指南研制等。日本国家种苗管理中心是种子种苗综合检测机构，隶属于国家农业与食品研究院，为独立法人，下设11个试验农场，业务范围主要是开展植物品种DUS测试、品种保护咨询与技术鉴定、农作物种苗检查等。

日本《种子种苗法》不仅保护以商业目的生产或者销售授权品种的繁殖材料，而且将保护范围扩大到授权品种的进出口、储藏、加工等环节以及收获物及其加工品。为平衡育种者权利和公共利益，农林水产省指定22种观赏植物和1种蘑菇不适用农民特权。

日本品种保护审查方式主要有三种：一是在国家种苗管理中心进行DUS集中测试，主要包括花卉、蔬菜、水稻和大豆等植物。二是现场考查，主要包括牧草、果树和食用菌等植物。三是书面审查，包括公有研究单位提供的详细的品种性状描述数据，以及日本认可的UPOV成员提供的测试报告（已至少与15个成员开展DUS测试合作）。DUS栽培试验主要集中在国家种苗管理中心本部及相关试验农场进行。

（三）澳大利亚

澳大利亚于1987年开始实施《植物育种者权利法》，1989年3月1日成为UPOV公约1978年文本成员国。1987年《植物育种者权利法》与UPOV公约1978年文本一致。为了适应国际植物新品种保护发展的需要，1994年议会对1987年《植物育种者权利法》修订，使之符合UPOV公约1991年文本的基本原则。修订后的《植物育种者权利法》为澳大利亚加入UPOV公约1991年文本提供了法律保障。

2000年1月20日澳大利亚正式成为UPOV公约1991年文本成员，2002年议会再次对《植物育种者权利法》进行修订。为了配合《植物育种者权利法》的实施，澳大利亚还制定了《植物育种者权利法条例》。

澳大利亚《植物育种者权利法》规定，所有植物新品种包括转基因植物、细菌和藻类植物，都可申请植物育种者权利保护。《植物育种者权利法》规定，自授权之日起木本和藤本植物的保护期限25年，其他植物20年，如果需要，植物育种者权利咨询委员会可以制定条例将某些特别植物属种的保护期限延长。

（四）美国

在美国，可以通过植物专利、植物品种保护证书和发明专利三种方式为植物品种创新提供法律保护。1930年植物专利法、1970年植物品种保护法与1952年修订的发明专利法共同构成美国植物品种保护制度。1981年，美国加入国际植物新品种保护联盟（UPOV）公约1978年文本，1999年加入UPOV公约1991年文本。

美国农业部农业市场服务司下设的植物新品种保护办公室（PVPO）负责植物新品种权的日常受理审查工作。美国植物新品种保护主要以书面材料审查为主。申请人自主开展特异性、一致性和稳定性（DUS）测试，并在申请时提交DUS测试数据，PVPO负责对数据进行审查，通常是将申请人的数据与办公室的数据库进行检索，审查员独立做出是否具备特异性的结论。对于新植物种类或没有数据的申请，还可以通过查阅文献、检索 UPOV 及其成员的数据库等方式完成审查。必要时，审查员还可受育种者邀请去现场进行考查。

PVPO 采取如下措施，保证申请人提供数据真实有效：一是申请人在申请书上签字，承诺对提供信息的真实性负责；二是如果任何人发现申请材料不实，在授权之日起五年内提供相关证据，PVPO 可以依法撤销授权证书；三是 PVPO 审查数据库庞大，许多大学对一些主要作物进行独立田间试验，并公布这些品种性状。如果独立试验数据与申请人提供的不一致，办公室在审查时可以向申请人提出质疑。如果育种者存在数据造假，惩罚极其严厉。

PVPO 不安排进行额外的 DUS 测试，而是通过依靠申请人对申请品种的了解以及审查员的专业权威进行审查，这样做可以节省时间和资源，提高审查效率。PVPO 针对不同作物的审查时间不等，如：大豆由于数据库资料相对完整，一般 6 个月即可完成审查；牧草由于数据库信息较少，通常要求申请人提供补充信息，一般审查时间为 2—3 年；如果申请人提出延期请求，则审查时间会更长。目前，PVPO 在大力推广电子申请，已经对至少 55 种作物开展电子申请，加快了审查速度。

在专利保护方面，美国目前通过植物专利、发明专利两种方式进行保护。

（1）植物专利。美国于1930年出台《植物专利法案》，该法案是世界上第一个以专利形式保护植物品种的法案，后作为独立的一章纳入到现行的美国专利法中。通过植物专利保护植物品种是美国独有的制度设计，其保护对象为无性繁殖植物，排除了有性繁殖作物和可食用块茎植物（主要为土豆和洋姜）的专利保护，其主要考虑是当时无性繁殖植物品种在技术上容易被侵犯，应当给予保护；而土豆和洋姜作为当时的主要食用作物，鉴于当时的社会经济发展阶段，不宜被授予排他性垄断权。

植物专利申请的受理、审查、授予和管理由美国专利商标局负责。具体而言，一项植物专利申请只能包含一个权利要求，且权利要求保护的对象只能是植物整体而不能是植物的部分。植物专利的授权标准与普通实用专利中要求的新颖性、非显而易见性较为一致，同时还必须是无性繁殖并在培育状态下发现的植物新品种并提供该植物的名称，但对于该植物可实施性的要求相对较低，对书面描述要件的要求也不如实用专利那样严格。对于通过无性繁殖产生且难以用文字描述清楚的新植物，可以通过申请植物专利获得保护。植物专利保护期限为自申请之日起20年，申请费用比实用专利低，申请方式上目前尚不允许电子申请，且授权后颁发的专利证书在形式上也略有差别。

（2）发明专利。美国《发明专利法》本身并未明确排除对植物品种的保护。但是在1980年以前，审查部门以植物为自然产品这一理由，普遍拒绝要求为植物提供专利保护的申请。直到20世纪80年代，美国联邦最高法院通过判例确定了植物及相关发明创造的可专利性，即一项植物发明如果符合一定的新颖性、非显而易见性、实用性，以及相关的披露要求等，是可以获得实用专利保护的。实用专利在植物领域保护的对象范围非常广泛，既可以包括植物（在实用专利审查中，审查员并不会严格区分植物和植物品种）、植物的器官或组织，还可以包括改良的植物基因、蛋白质，以及生产或使用上述产品的方法等。

植物实用专利申请的受理、审查、授予和管理也由美国专利商标局负责。在一项涉及植物的实用专利申请中可以同时有多个权利要求，但是，仅就某一无性繁殖的特定植物品种来说，不能同时申请实用专利和植物专利两种保护。此外，植物领域的实用专利审查授权标准与其他实用专利标准一样，即新颖性、非显而易见性、书面说明、可实施性等。在涉及植物本身的专利申请中，并不要求提供植物的父母亲本。实用专利保护期限为自申请之日起20年。此外，无论是植物专利还是实用专利，都排除了农民留种的权利和科研豁免权，这使得专利保护的对象比品种权保护范围更大，保护力度也更强。初步估计，美国每年与植物相关的专利申请为2000件左右，且申请主题多与转基因有关。

美国实用专利与新品种保护具有一些共同点，在保护对象上，两种制度都给予植物品种保护；在权利性质上，两种权利都是一种排他性权利，具有独占性；在权利内容上，专利权人和品种权人均有权禁止他人未经许可而对受保护对象进行商业性生产、销售和使用等行为；在权利分类上，专利权和植物新品种权属于知识产权，具备知识产权的法律特征，如专有性、地域性、时间性等。

但是两者在保护力度上仍有较大差别。在保护对象上，实用专利在植物领域保护的对象范围更为广泛，包括植物品种、植物的组成部分以及生产或使用上述产品的方法。新品种保护对象仅为有性繁殖的植物品种本身以及个别无性繁殖的植物品种。在权利例外上，新品种制度中赋予农民留种权，同时规定了育种者豁免及科研豁免，而在实用专利中，既没有规定农民留种权，也不存在育种者豁免。在具体审查上，主要体现在授权条件标准不同。授予专利权所要具备的实质条件为新颖性、非显而易见性、书面说明、可实施性等。其中新颖性为绝对新颖性，即申请前不能为公众所知，包括商业使用在内的各种含义。植物新品种保护制度的授权条件则要求具有新颖性、特异性、一致性和稳定性及适当的命名，这里的新颖性更多强调商业上的，指植物品种的繁殖材料不能是已经被销售过的，或者已销售超过一定时间的。在提交材料上，涉及植物本身的专利申请中，并不要求提供植物的父母亲本；而在新品种的申请中，上述材料是要求提交的。此外，两者在主管部门、权利申请的撰写、具体审查标准、保护期限、具体费用等都还有一定的差异。

（3）其他保护形式。除发明专利、植物品种权外，美国涉及农作物种业的知识产权类型还包括商标、版权（著作权）、地理标识、商业秘密、公司名称等。日常知识产权保护中比较常用的是商业秘密，通过合同形式对相关当事人所涉及公司利益的诸多方面进行约定，覆盖内容广，形式简单。美国种子公司也注重通过标签的形式对种业科技成果进行保护。例如，种子公司通过种子包装标签上的提示来告知用户应当履行何种义务，采取类似合同的形式保护其自身利益。一旦种子外包装被拆开，即视同卖方和买方达成一种合同关系。

与专利法和植物品种权法相比，商业秘密法提供的保护是一种弱保护，只能禁止他人违背保密义务或以其他不正当手段获得、披露和使用有关发明。对于他人以公平、诚实手段获得的相同的发明，商业秘密的所有人无权禁止他人披露和使用。同时，商业秘密随时面临着被他人偷窃、或他人违背保密义务而披露给竞争者的危险，而且难以发现或难以证明。商业秘密必须符合秘密性、实用性、权利人采取合理保密措施等三个基本条件，且只能依据保持秘密的期限获得保护。绝大多数的商业秘密很难维持超过20年的秘密期。一旦有关发明信息失去秘密性或为有关领域的人员普遍所知，就不再受到保护。

第三章

我国植物新品种保护现状

1997 年 3 月 20 日，我国颁布《中华人民共和国植物新品种保护条例》，建立植物新品种保护制度。1999 年 4 月 23 日，我国加入国际植物新品种保护联盟（UPOV），成为国际植物新品种保护联盟（UPOV）的第 39 个成员。2015 年修改种子法，增加“新品种保护”专章。20 多年来植物新品种保护在促进我国种业科技创新和农业农村经济发展，加快建设现代种业强国方面发挥了重要作用。

一、农业植物新品种保护

（一）基本情况

1. 制度体系。一是以种子法为核心，在植物新品种保护条例的基础上，农业农村部相继发布了实施细则（农业部分）、复审规定、命名规定等配套规章制度；二是农业农村部先后发布 11 批保护名录，将保护范围扩大到 191 个植物属种；三是最高人民法院出台了植物新品种权相关的三个司法解释；四是进一步深化“放管服”改革，自2017年4月1日起停止征收植物新品种保护收费，彰显我国政府鼓励育种创新、推动知识产权保护的决心和力度；五是组织开展了实质性派生品种（EDV）制度可行性研究并制定了鉴定方法和标准，在水稻联合攻关组开展EDV制度试点。目前，基本形成了由法律、行政法规、部门规章和司法解释相结合的植物新品种保护制度体系，极大提升了我国农业植物新品种权创造、运用、保护和管理能力，推动我国农业植物新品种保护事业取得了开拓性的进展。

2. 工作体系。一是农业农村部组建了植物新品种保护办公室、植物新品种复审委员会，设立了农业植物新品种测试中心和繁殖材料保藏中心，开展品种权的审查、测试、授权和复审工作；二是县级以上农业农村主管部门均设立了农业植物新品种保护行政执法机构，开展侵权和假冒品种权的行政执法；三是建立了植物新品种权司法保护体系，2014年起在北京、上海、广州、海南设立知识产权法院，2019年最高人民法院设立知识产权法庭，管辖有关植物新品种等知识产权民事和行政案件，新品种保护工作体系进一步加强和完善。

3. 技术支撑体系。一是农业农村部科技发展中心具体承担品种权受理、审查、测试管理等工作，将品种权申请纳入农业农村部政务信息平台，全面升级植物新品种权在线申请和审查办公系统，构建“品种权公告查询系统”和“植物品种名称检索系统”，基本实现品种权申请、审查、测试、授权和信息披露的数字化，提高了工作效率；二是参与品种权国际申请平台（PRISMA）研发和汉化工作，推动中文在该平台的使用，为“走出去”和“引进来”提供了便利途径；三是建立了1个DUS测试总中心、27个分中心和6个专业测试站，拥有一支能力较强的专业测试队伍；四是组织专业技术人员开展DUS测试指南研究和测试工作，发布了232种植物品种DUS测试指南（国家标准或农业行业标准）和23种农作物新品种DNA指纹图谱鉴定技术标准；建成了包含35000多个品种的表型、图像和DNA指纹图谱的品种数据库，翻译317个UPOV国际测试指南，进一步提高审查能力，为品种管理提供强有力的技术支撑，也为科学快速查处品种权侵权案件奠定了基础。

（二）成效

1. 新品种保护意识不断深入人心。通过举办线下培训班和网络培训、制作宣传片和宣传册、举办新品种展示示范、组织新闻媒体宣传报道等方式宣传植物新品种保护知识，使全社会的植物新品种保护意识逐渐增强。在高校开设品种保护和DUS测试的专业硕士选修课，实现品种保护专业进校园。“十三五”期间，多次举办品种权保护与DUS测试技术培训班，学员覆盖种业管理体系人员、种子企业、高校、科研院所，提升全社会的品种权保护意识。各级政府、企业和科研院所逐渐意识到品种权保护的重要性，设立专门的机构和人员负责品种权管理工作。品种权年申请量逐年递增，2020 年度申请量达到 7913 件，连续四年位居 UPOV 成员前列，截至 2020 年底，申请总量达到 41716 件，我国已成为名副其实的植物新品种保护大国。

2. 新品种保护维权工作不断加强。一是推动行政与司法保护相结合。将品种权保护纳入农业综合行政执法体系，农业农村部与最高人民法院签署合作备忘录，就加强品种权执法能力建设，加强行政与司法、部省、省际品种授权信息、案件线索及查处情况的通报与协作机制等形成共识。二是开展打击侵犯植物新品种权和制售假劣种子行动，农业农村部在全国联合开展打击侵权和制售假冒伪劣种子执法现场会，严厉打击假冒侵权行为。自 2016 年以来全国农业行政部门受理各类品种权案件上千件，有力地打击了各类品种权违法侵权行为，整治了种子市场秩序，保障了品种权人和广大农民的利益。三是指导规范维权行为。农业农村部自 2018 年起连续 4 年发布《农业植物新品种保护十大典型案例》，组织制定并发布《农业植物新品种权转让合同范本》和《农业植物新品种维权实务指南（试行稿）》，对增强权益人维权信心，规范和引导维权执法行为，推动种业知识产权保护，营造公平合法有序的市场环境发挥了积极作用。

3. 新品种国际合作与交流富有成效。我国认真履行国际义务，积极开展双多边合作，多次承办 UPOV 技术工作组会议，多次派员赴国际组织任职，我国专家成功当选 UPOV 理事会副主席，参与国际事务的能力逐渐增强。另一方面，主动发挥区域引领作用，组织开展周边国家援外培训，为“一带一路”沿线国家植物新品种保护的建立提供帮助，不断提升国际地位和影响力，参与中日韩、RCEP 自贸区协定相关条款谈判磋商、中欧等双边地理标志和知识产权磋商对话，争取我国国家利益，为植物新品种保护制度在全球范围的建立贡献“中国智慧”、“中国方案”。20 多年来，我国植物新品种保护事业的发展成效和经验做法得到 UPOV 和周边国家的认可，在国际植物新品种保护领域的大国形象逐步确立。

（三）问题

一是品种权保护水平低、力度弱。在制度建立之初，考虑到当时的农情、种情，遵循 UPOV 公约 1978 年文本框架制定植物新品种保护条例，但随着现代种业和农业的快速发展，以及种子法等法律法规颁布实施所带来的内外环境变化，现行的制度体系无法适应植物新品种保护事业的新形势、新发展。受保护的植物种属范围有限，对原始创新品种的保护，对品种全链条、全要素、全过程的保护等方面存在严重不足，对侵权行为的惩罚力度也不够，保护水平低、力度较弱的问题比较突出。

二是支撑保障体系和管理亟待加强。审查、测试、保藏等各个环节标准化、规范化程度较弱，缺少专门的质量控制部门，尚未建立全流程的质量管理体系。信息化建设相对落后，自动化和智能化整体水平不高，难以满足日益增长的工作需求；品种保护信息共享程度低，公共服务能力弱。测试体系需要强化，DUS 测试技术标准、指南等都需要进一步更新和完善，分子检测方法还没有发挥出最大作用。

三是维权执法难度依然较大。侵权现象依然易发多发，缺乏专业的维权团队，执法部门和执法人员素质还有待提升，品种保护“取证难、鉴定难、执行难”，“侵权成本低、维权成本高”，“有法难依、违法难究”等问题依然存在。

四是对外开放程度不足。一方面是对体系外开放程度不足。尚未建立对自主测试单位或第三方检测机构的认证和监督管理制度、机制。另一方面是对国外开放程度不足。与其他 UPOV 成员开展测试方面的合作较少，主要集中在学习、培训，尚未建立测试报告互认制度。国际事务仍处于被动跟跑，尚未进入领跑阶段。

二、农作物种业发展情况

党的十八大以来，特别是2016年中央一号文件明确提出要加快推进现代种业发展，我国种业发展迈出重要步伐。面对世情农情种情深刻变化，在经济增速放缓背景下，中央农村工作重点聚焦继续强化农业基础地位、补齐农业短板、促进农民持续增收、推动乡村全面振兴的奋斗目标，党中央、国务院提出了稳粮增收、提质增效、创新驱动的总要求。种业作为农业的“芯片”，是主动适应社会的转型升级、人民生产和生活方式的转变、引领农业生产和发展方式变革，促进中国特色农业现代化建设的关键一环。各地各部门认真贯彻落实习近平总书记关于“要下决心把民族种业搞上去”的重要指示，紧紧围绕加快现代种业发展、建设种业强国这个目标，不断改革创新，攻坚克难，种业发展取得重大成就。

农业用种保障水平有力提升。2015年种子法修订以来，我国主要农作物制种生产面积稳定在2700万亩以上，年均新产种子75亿公斤以上，年均种子市值1200亿元，稳定保持世界第二大种子市场地位。目前，我国自主选育品种已达95%，其中水稻、小麦、大豆、油菜生产用种均为自主选育，棉花自主品种占比达98%以上，玉米自主选育品种面积占比由85%提高到90%，蔬菜由80%

提高到87%以上，改变过去“洋种子”占领国内市场格局。

种子企业结构持续优化。“十三五”期间，我国育繁推一体化、经营有效区域为全国的企业由81家增至97家，国内上市挂牌种子企业由52家增至69家，投资并购事件累计165起，涉及交易总金额达192.94亿元，种业兼并重组成为我国种子企业结构优化进程的助推器。全国中小企业开始向育种、制繁种、销售专业化分工发展，以制繁种为主的企业由428家增至504家，以销售为主的企业由552家增至787家。大企业向育繁推一体化发展，能够帮助企业更好利用国家的扶持政策，谋求在行业中的领先优势，打造我国种业核心竞争力的中流砥柱。中小企业向专业分工化发展，能使中小企业集中自己的资源投入自己的优势领域，快速形成企业的核心竞争力，从而提升我国种业的基础竞争力。

种业法律法规政策环境明显改善。2015年种子法修订以来，我国种业法律法规基本完善成型，形成了以种子法为核心，以《植物新品种保护条例》《农业转基因生物安全管理条例》《植物检疫条例》为主体，以《农作物种子生产经营许可管理办法》《主要农作物品种审定办法》等17部配套规章为补充的涵盖种子科研、生产经营、质量管理等产前、产中、产后管理全过程的法律法规体系。

三、林业植物新品种保护

（一）基本情况

1997 年，国家成立了林业植物新品种保护领导小组及植物新品种保护办公室，1999 年 4 月开始受理国内外林业植物新品种权申请。

经过多年发展，林草植物新品种权保护体系已初步健全，形成了由国家林草局植物新品种保护办公室、林草植物新品种测试机构（简称测试机构）、国家林草局植物新品种复审委员会（简称复审委员会）、代理机构和地方林草主管部门组成的保护机构体系。国家林草局新品种保护办公室作为政府管理部门，负责林草植物新品种权保护行政管理工作。测试机构作为技术支撑，主要负责林草植物新品种特异性、一致性、稳定性（DUS）的测试工作，目前有 1 个测试中心、5 个区域测试分中心、6 个综合性区域测试站和 2 个分子测定实验室（详见附表）。复审委员会由植物育种专家、栽培专家、法律专家和有关行政管理人员组成，下设林木组、经济林组、观赏植物组、竹藤组 4 个组。地方林草主管部门和代理机构作为保护体系重要组成部分，对林草植物新品种权保护工作有积极推动作用。国家林草局植物新品种保护办公室负责植物新品种权代理机构的业务指导工作，截至 2021 年 10 月底，有 28 家代理机构（包括品种权事务所和专利代理事务所）开展林草植物新品种权代理业务；省、市、县各级林草主管部门是本区域林草植物新品种权保护的管理部门，负责林草植物新品种保护的宣传、执法、运用等工作。

附表　测试机构情况表

分类	测试机构名称	依托单位
测试中心	植物新品种测试中心	国家林草局科技发展中心
区域测试分中心	东北分中心	中国林业科学研究院黑龙江分院 黑龙江省林科院
	西北分中心	中国林科院沙漠林业实验中心 磴口分中心
	华北分中心	中国林业科学研究院 华北林业实验中心
	华东分中心	中国林业科学研究院 亚热带林业实验中心
	华南分中心	中国林业科学研究院 热带林业实验中心
分子测定实验室	国家分子测定实验室	中国林业科学研究院 林业研究所
	南方分子测定实验室	南京林业大学

续表

分类	测试机构名称	依托单位
综合性区域测试站	国家林草植物新品种昆明测试站	云南省花卉技术培训推广中心
	国家林草植物新品种上海测试站	上海市林业总站
	国家林草植物新品种菏泽测试站	菏泽市牡丹产业发展中心
	国家林草植物新品种北京测试站	北京市农林科学院林业果树研究所
	国家林草植物新品种太平测试站	国际竹藤中心
	国家林草植物新品种杭州测试站	中国林业科学研究院亚热带林业研究所

（二）制度建设

《中华人民共和国种子法》《中华人民共和国植物新品种保护条例》《中华人民共和国植物新品种保护条例实施细则（林业部分）》《林业植物新品种保护行政执法办法》及相关规章制度组成了林草植物新品种保护的法律制度体系。根据植物新品种保护发展实际需求，国家林草局不断健全完善林草植物新品种保护的法律制度体系。

1. 法律法规。

种子法于2000年颁布实施，2015年修订将“新品种保护”单列一章，提升了植物新品种保护的立法层级，加大了植物新品种保护处罚力度，强化了县级以上农林主管部门植物新品种保护的职责，有力推动了植物新品种保护事业的发展。2021年种子法修改，将实质性派生品种制度（EDV）、扩大植物新品种保护范围、提升执法处罚和司法赔偿额度等纳入法律体系，加大了植物新品种的保护力度，有效维护了育种者的合法权益，有利于鼓励育种者原始创新，满足了我国植物新品种保护发展的需求。

2. 部门规章。

《中华人民共和国植物新品种保护条例实施细则（林业部分）》（以下简称《实施细则》）于1999年颁布实施，2011年进行修改。《实施细则》详细规定了林业植物新品种权的受理、审查和授权部门，授予品种权的条件、品种权申请、受理、审查和批准程序，品种权终止和无效等内容，为林草植物新品种权受理、审查和授权提供制度遵循。

国家林草局先后发布八批《中华人民共和国植物新品种保护名录（林草部分）》，累计达293个属（种）。

3. 规范性文件。

《林业植物新品种保护行政执法办法》（林技发〔2014〕114号，以下简称《执法办法》）于2014年发布，2015年根据种子法进行修改，2016 年开始施行。《执法办法》明确了林草行政主管部门对侵犯林草植物新品种权行为实施行政执法的依据、适用范围与管辖、假冒表现形式、取证、罚款标准、情节轻重判定、立案、审查程序等内容。根据2021 年种子法修改情况，国家林草局将适时推进《执法办法》修改工作。

4. 政策性文件。

《林草植物新品种权申请审查规则》（以下简称《申请规则》）自 2020 年开始实施。《申请规则》根据相关法律法规，结合植物新品种保护最新要求，对林草植物新品种权的申请、受理、初步审查、实质审查和授权等流程作了详细规定和说明。

《植物新品种 DUS 现场审查组织、工作规则》（以下简称《现场审查规则》）于 2020 年发布，自 2021 年开始施行。《现场审查规则》对 DUS 现场审查流程进行了规范，明确界定审查专家、审查员、申请人等相关方的职责和任务。

《林草植物新品种权申请指南》《申请材料填写导则》于 2020 年开始使用，两项文件为国家林草局新品办内部使用文件，主要用于明确申请环节及时间节点，并指导申请人规范填写申请材料。

2021 年 1 月 1 日，开始实施林草植物新品种权网上申请，为了实现纸质申请和网上申请的顺利衔接，2020 年发布了《林草植物新品种网上申请注意事项》，对网上申请各项流程进行了介绍。

5. 相关技术标准。

截至2021年底，累计研制林草植物新品种测试指南和数据库149项，共发布林草测试指南标准70项，其中国家标准12项，行业标准58项。

（三）成效

1. 申请授权数量。

林草植物新品种权申请量和审查量大幅上升。截至2021年底，累计受理植物新品种权申请7008件，授予植物新品种权3404件，其中境内主体占65%，境外主体占35%。“十三五”期间，林草植物新品种权申请量和授权量分别达到3778件和1640件，同比增长255%和140%。2021年共受理植物新品种权申请1442件，授权761件，同比分别增长38%和73%，连续两年申请量超千件，完成现场审查581件，田间测试217件。

2. 审查能力。

通过信息化手段持续提升审查能力，提高服务质量。开通网上林草植物新品种管理系统，实现在线申请、在线审查、在线通知等管理功能，将初审时间压缩至3个月，提高了受理和初审工作效率。推出智能电话机器人咨询服务，制定配套的管理系统使用指南、网上申请注意事项等规范材料，提升电话咨询质量和效率。推进档案电子化管理，完成了全部在审品种的申请材料电子化，为高效开展日常管理奠定了坚实基础。持续完善测试体系，通过开展培训提升现有测试站测试能力，将根据需求和工作实际，持续布局新建区域测试站。

3. 执法能力。

为强化植物新品种行政执法保护，国家林草局组织开展专项行动，部署全国林草系统开展打击侵犯植物新品种权专项行动，重点监督各类林木种苗、花卉博览会、交易会等，依法打击未经品种权人许可生产或者销售授权品种的繁殖材料、假冒授权品种的行为，以及销售授权品种时未使用其注册登记名称的行为。提高基层执法能力，通过举办培训班、座谈会，促进省级林草主管部门交流经验，提升能力。促进行政司法衔接，加强与公安部门、法院、检察院等部门的沟通协调，配合司法机关审理植物新品种侵权案件。完成行政执法考核打分，按照全国“双打”工作领导小组的统一部署，每年对各省级林草主管部门植物新品种行政执法工作进行“双打”考核评分，激励各省林草主管部门支持品种权人运用法律手段维权，切实维护品种权人的合法权益。

4. 转化运用能力。

通过政策导向和激励机制，推动林草植物新品种转化运用。设立植物新品种转化运用项目，对优良林草植物新品种转化运用给予资金支持，提升转化运用效率，以点带面，形成辐射带动效应。筛选优良林草植物新品种，纳入各级林业科技推广计划和成果库进行转化运用，促进林草植物新品种推广和产业化。利用新品种权拍卖交易会、发布会、推介会等形式，发布和推介新授权植物新品种。开展油茶、茶花、杨树授权新品种转化运用试点，建立一批林业植物新品种生产示范基地。加强政策引导，鼓励地方政府出台激励政策，对获得国家植物新品种权和转化运用成效显著的选育单位给予资金奖励扶持。

（四）国际合作

1. 国际履约工作。

履行成员国义务，积极参加国际植物新品种保护联盟（UPOV）召开的理事会、顾问委员会、行政法律委员会、技术委员会等系列会议，观赏植物与林木技术工作组（TWO）、自动化和计算机程序技术工作组（TWC）等工作组会议，以及实质性派生品种（EDV）、收获材料等专题研讨会。保持与 UPOV 良好交流合作，及时完成 UPOV 数据提交和议案答复工作，组织林草系统人员参加 UPOV 组织的远程线上培训，通过 UPOV 社交媒体宣传中国林草发展进展和典型案例。积极承担国际测试指南编制任务，共研制完成山茶属、丁香属、牡丹和核桃属 UPOV 测试指南

4 项，正在组织编制木兰属和枸杞属 UPOV 测试指南，进一步提高国际规则话语权。

2. 国际交流合作。

承办植物新品种保护国际会议，讨论实质性派生品种（EDV）、农民特权制度等国内外关注的专题，为国内外林草植物新品种保护专家提供交流平台。作为东亚植物新品种保护论坛（EAPVPF）发起成员，积极参加东亚论坛会议及系列活动，推动中、日、韩及东盟 10 国在植物新品种保护方面合作交流。与欧盟新品种保护办公室（CPVO）和韩国林木植物新品种保护部门签署合作协议，加强植物新品种保护区域合作。在中欧知识产权合作项目（IPKey）支持下，通过举办中欧植物新品种保护合作项目，加强中欧植物新品种权保护方面的经验交流。保持与国际无性繁殖园艺植物育种家协会（CIOPORA）等国际组织的交流合作，派员参加 CIOPORA 年会，会上介绍我国林草植物新品种保护新进展、新成效；参与自贸区协议有关知识产权的国际谈判，就植物新品种保护问题达成协议，进一步提升了我国林草植物新品种保护国际影响力。

四、林木种苗发展情况

（一）林木种质资源保护

林木种质资源是国家的重要战略资源，是遗传多样性和物种多样性的基础，关系到国家生态安全和经济社会可持续发展。我国的物种资源丰富，木本植物约 9100 多种，其中金钱松、白豆杉、台湾杉、毛白杨、毛竹等特有种 1100 多种，这些类群中孕育着极为丰富的种质资源。

根据种子法的规定，国家林业局于 2007 年 11 月制定并颁布了《林木种质资源管理办法》，为从事林木种质资源收集、整理、鉴定、登记、保存、交流、利用和管理等活动提供了法律依据。2014 年，国家林业局组织编制了《全国林木种质资源调查收集与保存利用规划（2014—2025 年）》。《规划》主要包括三大工程：一是林木种质资源调查工程，计划用 5—10 年的时间，完成第一次全国林木种质资源普查。二是林木种质资源保存工程，构建起国家、省两级和原地库、异地库、设施库三种方式的保存体系，建设 200 个原地库和异地库、7 个设施库（1 主 6 分）。三是林木种质资源评价利用工程，开展种质资源重要性状鉴定、评价和重要基因发掘，为良种选育提供资源保障。

开展第一次全国林木种质资源普查。2019 年第一次全国林木种质资源普查工作启动。国家林业和草原局负责全国 25 个重点区域野生种质资源普查，各省林业和草原主管部门负责辖区内种质资源普查。目前，国家林业和草原局已启动秦岭区和高黎贡山区两个重点区域调查。在秦岭发现皱叶雀梅藤、毛枝雀梅藤等多个秦岭和陕西省新记录树种，以及大血藤、四照花等树种的多份特异种质，具有十分重要的研究意义和开发利用前景。此外，已完成苏铁科、棕榈科、红豆杉以及原产我国的重点兰科、木兰科等珍稀濒危野生植物种质资源的收集保存。

推进林木种质资源保存库建设。“十三五”期间，建设了99处国家林木种质资源库，共保存240多个树种约5万份资源。各地建成省级林木种质资源库219处，保存约350个树种6.5万份资源。设施保存库方面，完成了4个设施保存分库布局，其中山东、新疆2个分库基本建成，湖南分库今年开始建设，内蒙古分库完成了布局批复。

积极开展种质资源鉴定评价。对油茶、杜仲、石榴、竹、杨树、杉木、云杉、马尾松、海棠、月季等经济林树种、主要用材林树种和观赏树种为主的近9000份资源进行了表型、生理生化等方面的鉴定评价，这个数量不到保存总量的7%。完成了毛竹、杨树、柳树等10余个树种的全基因组测序，林木生长重要性状遗传解析和基因克隆研究工作不断深入，推动了林木分子育种和遗传改良的进程。

（二）林木品种审定

2003年国家林业局公布了《中华人民共和国主要林木目录（第一批）》，2016年公布了《中华人民共和国主要林木目录（第二批）》，两批目录共包含365种主要林木，实行国家和省两级审定；省级林业主管部门还可以确定其他 8 种以下的主要林木实行省级审定。除天津、西藏外，29 个省（区、市）均已建立省级林木品种审定委员会。截至 2020 年，全国共审（认）定林木良种近 9000 个，其中国家林草局林木品种审定委员会累计审（认）定林木良种 511 个，占比约 6%。建立了省级审定林木良种引种备案制度，“十三五”期间，河北、山西、四川、宁夏、浙江、新疆、重庆 7 省区引种备案林木良种 19 个。全国主要造林树种良种使用率由 61% 提高到 65%。

建立了国家审定林木良种标准样本库，截至 2021 年已收集国家级林木品种审定委员会审定通过的 69 个树种 427 个品种的 DNA 标准样品。编制完成枣、油茶、仁用杏、杨树、楸树、刺槐等树种 SSR 分子鉴定技术标准，林木良种鉴定能力和水平不断提升，将逐步解决良种“同物异名”问题。

（三）种苗生产供应

全国分三批建设了 294 处国家级林木良种基地，并针对针叶树种良种生产过剩的问题，对现有林木良种基地开展树种结构调整，调减马尾松、杉木、樟子松、落叶松等明显过剩树种的面积，增加乡土、珍贵、抗逆性强树种的良种生产能力。积极推广种子园树体矮化、人工授粉、测土施肥等技术措施，提高良种生产能力。加强良种基地人员培训，不断提高基地的管理能力和技术水平。健全国家重点林木良种基地考核和动态管理制度，确保基地建设质量和成效。同时，加大生产急需乡土树种采种基地建设力度。

全国共有21个省（区、市）和龙江森工集团建设了保障性苗圃641个，明确了保障的任务和方式，使保障性苗圃切实承担起新品种培育、新技术应用和市场紧缺的乡土、珍贵等特殊树种苗木生产，以及国家投资等公益性造林项目的种苗供应。种子法实施以来，种苗生产能力和水平不断提高，种苗产业得到进一步发展。

（四）种苗市场监管

强化种苗质量监管。以国家重点生态保护修复工程建设使用的种苗为重点对象，开展林草种苗质量监督检查。将抽查对象从苗圃地供苗向造林地用苗转变，增加造林作业设计、招投标中对种苗遗传品种及质量要求的抽查。当前，林木种子样品和苗木苗批的合格率稳定在90%以上。

开展“双随机、一公开”检查。为落实种子法规定的生产经营许可、生产经营备案、标签、档案、广告等管理制度，开展以“双随机、一公开”为主要手段的林木种子生产经营许可事中事后监管。出台了《国家林业局林木种子生产经营许可随机抽查工作细则》，每年组织对“林木种子生产经营许可证核发”、“林木种子苗木（种用）进口审批”被许可人的随机检查，并将检查结果在官方网站上进行公布。2017 年以来，国家林业和草原局对 38 个企业开展了检查。

打击种苗违法行为。成立了“国家林业和草原局打击侵犯知识产权和制售假冒伪劣商品工作领导小组”，强化统筹协调，形成监管合力。组织开展林草系统打击制售假劣种苗和保护植物新品种权工作，各地加强种苗市场监管，强化植物新品种权保护，加大案件查处力度。“十三五”期间，共查处种苗违法案件 289 起，罚没金额 300 多万元。特别是 2021 年，联合全国打击侵犯知识产权和制售假冒伪劣商品工作领导小组办公室及三大电商平台，开展种苗网络交易市场重点治理，下架各类违规商品近 10 万件，取得明显成效。

（五）种苗市场服务

加强政府宏观引导。为解决当前种苗供需信息不对称和种苗供应结构不合理的问题，国家林业和草原局建立并不断完善苗木供需预测预报制度。通过主管部门统计报送、设立信息采集点收集汇总苗木生产情况，结合当前我国国土绿化和生态治理重点任务对苗木的需求进行分析，编制年度全国苗木供需分析报告并向社会发布，为种苗生产者和使用者提供权威指导，逐步解决种苗供需结构性矛盾。

完善社会化服务体系。着力打造各级各类、线上线下种苗交易平台，为种苗现货交易和新品种展示提供场所，累计搭建各级各类线上线下种苗花卉交易市场近百个，初步形成了覆盖全国的种苗交易平台体系，促进了种苗生产者和使用者的有效对接。连续多年举办中国·合肥苗木花卉交易大会，已经成为国家苗木交易信息中心，开通了信息平台和交易平台。2021 年，线上线下参会观展达 1213.7 万人次，交易金额达 1.5 亿元。

（六）法律制度及政策

完善良种补助政策。中央财政每年安排林木良种培育补助资金 5 亿元，对国家重点林木良种基地、国家林木种质资源库和培育良种苗木的生产经营单位给予补助。

完善配套法律法规制度体系。一是在原部门规章《林木种子生产、经营许可证管理办法》的基础上，制定出台了《林木种子生产经营许可证管理办法》，实现林木种子生产、经营许可证“两证合一”；二是修订了部门规章《主要林木品种审定办法》，增加了引种备案相关内容；三是出台了《中华人民共和国主要林木目录（第二批）》，增加主要林木 237 种（属）；四是在原《林木种子生产、经营档案管理办法》的基础上，制定出台了《林木种子生产经营档案管理办法》，进一步规范了档案保存的内容及要求；五是修订了《林木种子包装和标签管理办法》，增加了使用说明有关内容；六是制定出台《国家林木种质资源库管理办法》，加强种质资源库建立和管理；七是制定出台《林木种子生产经营许可随机抽查工作细则》，对抽查对象、抽取程序、检查内容、结果运用等进行详细规定。此外，各地相继根据新种子法出台了本省实施办法或条例。

第四章

特异性、一致性、稳定性（DUS）测试及应用

一、植物品种 DUS 测试概述

植物品种特异性、一致性、稳定性（DUS）测试是指依据相应植物测试技术与标准，通过田间种植试验或室内分析对待测品种的特异性、一致性和稳定性进行评价的过程。它是一门综合性很强，以植物育种学、植物栽培学为主要理论基础的应用技术，涉及植物学、植物分类学、遗传学、分子生物学、生物化学、农业气象学、农业昆虫学、植物病理学、植物生理学、生物统计与实验设计、生物技术等学科的知识与方法。

植物品种 DUS 测试的基本任务：通过研究各类植物育种现状、栽培技术和种质资源情况，制定相应植物种类的特异性、一致性和稳定性测试指南、操作手册、拍摄技术规程及分子技术标准；依据制定的标准，通过性状表达状态详细描述育种者育成的植物类群（群体），并

给予明确定义，判定其是否是品种，是否明显区别于其他品种。

植物品种DUS测试工作的主要内容：已知品种收集、保存和描述；测试技术研究；田间种植试验与管理；性状观测与记录；数据统计与分析；DUS三性判定；假冒、侵权等案件技术性鉴定；品种身份信息平台构建等。

植物品种DUS测试试验基本步骤：接收繁殖材料→筛选近似品种→组织种植试验→开展性状观测→DUS三性判定→编写测试报告。对于大田种植的植物，一般是开展2个生长周期的田间测试，在开展第1个生长周期之前，就要根据申请者提供的待测品种描述信息进行近似品种选择，如果有不能用代码等信息区分的品种一同种植在田间进行比较，第1个生长周期结束后，利用第1个生长周期获得的待测品种全面信息，进一步筛选近似品种，用于开展第2个生长周期。第1个生长周期种植试验的功能是，描述待测品种，初步评价待测品种的一致性，选择近似品种；第2个生长周期种植试验的功能是，评价待测品种的特异性，校正待测品种描述和一致性以及判定稳定性。两个生长周期的田间测试不是必须的，对于一些无性繁殖的植物，郁金香、百合和蝴蝶兰等，尤其是在设施栽培的可控条件下，1个生长周期的种植试验也是允许的。

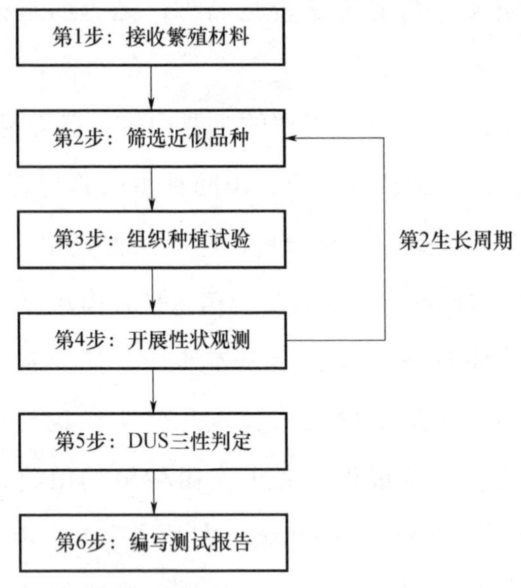

植物品种 DUS 测试试验基本步骤

二、植物品种 DUS 测试的作用

作为国际公认的植物品种测试技术体系，植物品种 DUS 测试具有理论科学、结论可靠、技术过硬等多方面的优点，已经成为主管部门品种管理、品种真实性鉴定、品种纯度鉴定、品种维权执法等方面重要的技术手段。我国自加入国际植物新品种保护联盟（UPOV）实施植物新品种保护制度以来，DUS 测试技术为品种权申请、授权、维护以及品种真实性鉴定、品种纯度鉴定等方面提供了重要技术支撑，使品种权保护制度得到认可，在很大程度上保护了育种原始创新、提高品种选育的积极性、吸引社会资本流向植物品种育种创新领域。

（一）品种的基本属性

1. 品种信息描述。依据相应植物属（种）测试指南对品种的 DUS 测试性状进行系统的观测、描述和记录，构建品种的真实身份信息。

2. 品种身份界定。特异性、一致性和稳定性（DUS）是判定一个待测品种是否真正成为一个品种的基本依据，是品种必备的三个基本属性。

（二）品种管理的技术支撑

通过 DUS 测试对品种进行表型性状描述，确定品种身份信息，为通过 DUS 测试的待测品种发放“身份证”提供技术支持，同时构建品种“身份”信息数据平台，通过该信息平台结合 DUS 测试技术实现对品种的科学管理。

2015 年修改种子法，将新品种保护单列一章，提升了植物新品种保护的法律位阶；规定了保护、审定和登记品种均应当符合特异性、一致性和稳定性（DUS）的要求。DUS 测试在品种管理中扮演着越来越重要的角色，已经成为品种管理的重要技术支撑。DUS 测试在品种保护、品种审定和品种登记中的作用如下图所示：

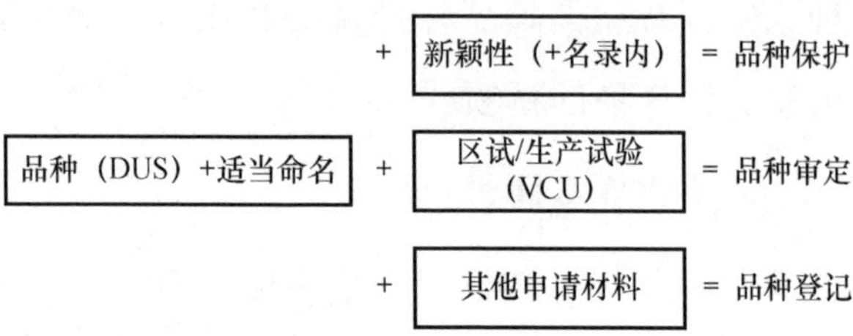

（三）品种鉴定的重要手段

在衡量种子或种苗的纯度、净度、发芽率和水分 4 项指标中，纯度尤为重要，它直接影响到农植物的产量和种植者的收益。

通过对品种的一致性测试（U），依据植物的国家标准或农业行业标准，来判定待测品种内的差异是否明显超出标准中规定的阈值，从而判定该品种是否达到标准中对种子“纯度”的基本要求。

通过品种稳定性测试（S），判断品种世代间的表现有无在重要性状上达到明显差异，为市场执法中对“种性退化”的品种及时发现并使其退出市场提供技术支持。

（四）维权执法的技术保障

长期以来，修饰性、模仿性和低水平重复品种多，品种审定与保护脱节，“一品多名”、“多品一名”等现象时有发生；植物新品种保护力度小，假冒侵权现象时有发生；作为农业和农村经济的支柱产业的蔬菜、果树和花卉等经济植物品种长期处于缺乏有效管理的状态。

品种真实性评价是打击假冒侵权行为，净化种子市场的重要依据。DUS 测试中，特异性测试（D）是根据相应植物属（种）DUS 测试指南或技术标准，在生物学特征特性基础上对品种性状进行测试和描述，并通过与已知最近似品种的性状进行比对，给予品种唯一的身份标识。在品种身份真实性鉴定中，DNA 分子指纹等快速鉴定技术进行初步鉴别，特异性鉴定是最终裁定。

（五）品种选育的行为规范

育种目标性状是人们关注的焦点，长期以来我国多数育种者往往只关注产量、品质、熟期和抗性等目标性状，对非目标性状如叶片花青甙显色、叶鞘蜡粉有无、芒的分布等关注远远不够，导致不少产量高、品质好或抗性强的品种一致性不合格。此类现象在小麦和玉米等主要植物上表现最为突出。此外，有些育种人为了完成课题任务中规定的品种选育指标，将与现有品种差别不明显的品种也作为待测品种保护，经测试机构测试后特异性不合格，此类现象在小麦和水稻等主要农作物上表现最为明显。

叶片花青甙显色、叶鞘蜡粉有无以及芒的分布等性状虽然不是育种目标性状，但性状的表现都是基因型和基因型组合的结果，而且均符合 DUS 测试性状的基本要求。因此，这些性状与目标性状一样都是品种遗传稳定与否的重要指标，是品种描述和定义的重要性状。

国外一些发达国家的品种选育对目标性状和非目标性状均给予了足够的重视，这也是通常国外发达国家选育出的品种一致性好、种子质量高的重要原因之一。经过十多年的品种 DUS 测试严格把关，我国育种人对品种选育的观念有了较大改变，品种一致性和特异性测试中存在的问题也在逐步减少，已有不少育种单位或个人，尤其是一些大型的育繁推一体化企业，在品种选育中将测试指南中列入的 DUS 测试性状用于品种选育评价的全过程，有效提高了品种选育的水平和质量。

三、DUS 测试任务来源及测试方式

（一）测试任务来源

1. 品种保护。

植物新品种保护是品种特异性、一致性和稳定性（DUS）测试任务的主要来源之一，是申请人向农业农村部植物新品种保护办公室提出品种权申请，经保护处初步审查合格后将测试任务转交测试处，进入实质审查（实审）阶段。测试处负责人根据本处人员工作分工，将测试任务分配给相应的审查员进行 DUS 测试工作。品种保护来源的 DUS 测试，每个品种具有唯一的申请号和测试号。为保证测试的公正性，对于有性繁殖品种一般为盲测试，在测试完成前，测试品种申请人信息对测试人员是保密的。

2. 委托测试。

委托测试主要有科研单位、种子企业或个人的委托测试，良种联合攻关的委托测试，植物新品种保护复审委员会的委托测试、司法机关及农业执法部门委托的田间种植对比鉴定。委托测试报告可以用于品种权申请和复审、品种审定和登记、品种鉴定、品种对比等。除植物新品种复审委员会下达的任务外，接收委托的测试机构应与委托人签订相关协议，直接从保藏中心提取繁殖材料进行测试。其他委托测试，一般要求委托人提供一定量的繁殖材料用于测试。

3. 自主测试及监管。

农业农村部科技发展中心对国家级审定作物品种进行自主测试的备案和监督管理。

（二）测试方式

测试方式分为集中测试、现场考察和实验室检测。

1. 集中测试。

集中测试是我国目前采取的最主要的测试方式，是指将待测品种安排在农业农村部指定的测试机构（测试分中心、测试站）集中进行田间种植试验，并由专职测试人员按照植物新品种 DUS 测试指南对待测品种进行 DUS 测试和判定。一般情况下，申请量较大、有性繁殖的作物多采取集中测试；无性繁殖的茶树、花卉、草莓、马铃薯等一年生作物一般也安排集中测试。集中测试由测试机构出具DUS测试报告，测试处负责对测试报告进行审查并出具DUS审查报告。

集中测试的优势在于降低成本，提高测试质量。测试处审查员在确定集中测试的机构时，应考虑作物的类型、任务量、测试能力、区域布局等因素。

2. 现场考察。

现场考察是针对申请人自行进行种植试验，并按照相应植物新品种DUS测试指南对待测品种进行DUS测试和判定，出具测试报告，测试处审查员在品种特异性表现最明显的时期赴申请人试验地进行现场调查与核实的测试方式。原则上申请人自行测试一个周期后，方可进行现场考察。

现场考察多用于果树等生长年限较长、不便于提交繁殖材料或集中种植的无性繁殖作物；对于一些申请量很小，或需要特殊栽培条件，或特异性判别需要特殊条件的有性繁殖作物或花卉，也可以现场考察。申请人申请品种权后，应在审查员同意现场考察后进行自主测试，并确定现场考察时间，现场考察结束后，审查员出具现场考察报告，并指导申请人完成自主自测报告。审查员根据现场考察报告和申请人的自测报告对待测品种进行DUS判定。

现场考察审查员根据任务类型、作物类型及考察时间统筹协调测试处全体同志协助现场考察，具体业务参照《农业植物品种特异性一致性稳定性测试现场考察技术规范》，参加现场考察人员应保持廉洁自律。

3. 实验室检测。

DUS 测试通常以田间种植为主，进行形态特征测试。实验室检测主要是针对品种特性检测。有些实验室检测可以减少田间种植品种的数量，譬如马铃薯的光发芽试验。多数品种仅在必要的情况下进行，如形态特征无法区分品种。实验室常见的特性检测包括抗病、抗虫、品质、化学物质含量等。实验室检测既可以由测试机构进行，也可由测试处或申请人委托权威机构进行。对于未列入测试指南的抗性性状，应审查其是否主要由遗传引起的。

第五章

分子生物技术在新品种鉴定中的应用

一、UPOV 关于分子生物技术应用的有关规定

自 2000 年以来，国际植物新品种保护联盟（UPOV）积极探讨 DNA 分子技术在 DUS 测试和品种权保护领域的应用。除了 UPOV 生化、分子技术与 DNA 指纹采集技术工作组（以下简称 BMT 技术工作组）外，还专门成立了几个临时作物分子技术工作小组，开展分子性状应用于 DUS 测试和品种权保护的专项研究。UPOV 技术委员会、BMT 技术工作组和作物临时小组对分子性状应用于 DUS 测试的可能性进行了整理，共提出了 DNA 分子技术应用的三个选项：（1）利用分子性状预测表型性状；（2）利用最小表型距离校正分子距离阈值；（3）建立新的体系。针对以上 3 个选项，UPOV 组织多个成员开展了研究和应用工作，并授权成立一个由生化与分子技术领域专家和法律专家小组（以下简称 BMT 审查小组）对三个选项在 DUS 测试领域的

研究和应用进行审议，评价各选项的可行性。审议和评价内容主要包括两个方面：（1）这些选项是否符合 UPOV 公约；（2）与现行测试技术相比，这些选项的应用对保护力度的潜在影响。2011 年，在 BMT 审查小组提出建议的基础上，UPOV 法律与行政事务委员会、技术委员会提出了各自的建议和意见，形成了《分子标记在 DUS 测试中的可能应用》文件。

2013 年，UPOV 将《分子标记在 DUS 测试中的可能应用》中得到正面评价的选项列入《在 DUS 测试审查中应用分子技术指南》中，用于规范 DNA 分子技术在 DUS 测试审查中的应用。

模式一：利用分子性状预测传统性状。该模式利用与传统性状紧密连锁的分子标记，对不易在田间进行观测或观测结果不稳定或观测需要特殊条件的传统性状进行测试。如除草剂抗性的测试，转入抗除草剂基因的品种对除草剂产生抗性，传统的除草剂抗性测试方法是向植株喷洒除草剂，引起不含有抗除草剂基因的植株死亡，而含抗除草剂基因的植株仍正常生长。该模式通过检测一个与抗除草剂基因紧密连锁的标记的有无，代替田间喷洒除草剂试验，从而降低测试成本。

模式二：综合利用表型距离和分子距离管理品种库。该模式通过品种间分子距离与表型距离的研究，确定一个分子距离阈值。当品种间分子距离高于该阈值时，品种间表型会有明显差异。另外确定一个最低的表型距离和一个安全的表型距离。在进行近似品种筛选时，综合使用三个阈值，将低于最低表型距离和高于最低表型距离但同时低于最高表型距离和分子距离阈值的品种，作为近似品种进行田间种植试验。与传统的近似品种筛选方法相比，该模式减少了近似品种的数量，降低了测试成本，获得了 BMT 审查小组、UPOV 法律与行政委员会和技术委员会的认可。UPOV 认为，该模式的应用符合 UPOV 公约条款，不会损害 UPOV 体系保护的有效性。在应用该模式前，应对每种作物进行具体研究，确定该作物是否适应该模式。

二、DNA 分子标记类型

（一）SSR（Simple Sequence Repeat）标记

简单重复序列，是一类由几个核苷酸（一般为 2—5 个）为重复单位组成的简单串联重复序列。其原理是：真核生物基因组中存在大量重复频率极高而顺序复杂性极低的串联重复序列，尽管 SSR 分布于整个基因组的不同位置，但其两端序列多是保守的单拷贝序列，根据这两端的序列设计一对特异引物，通过 PCR 技术将期间的 SSR 序列扩增出来，利用电泳分析技术就可以得到其长度的多态性。SSR 标记多态性高，具有较强的品种区分能力，检测平台成本低。在应用方面，法国、韩国、荷兰等众多 UPOV 成员构建了大麦、蔬菜等品种 SSR 指纹数据库，用于已知品种库管理、样品更新验证、杂交公式验证以及辅助品种权维权。

（二）SNP（Single Nucleotide Polymorphisms）标记

单核苷酸多态性标记，是在基因组水平上由单个核苷酸的变异所引起的 DNA 序列多态性。SNP 是基因组中最常见的一种可遗传变异。可采用 DNA 分子杂交、引物延伸、等位基因特异的寡核苷酸连接反应、侧翼探针切割反应以及基于这些方法的变通技术进行 SNP 多态性的检测。相比较于 SSR 标记，SNP 是二态分子标记，缺点是单个位点的多态性较低，但由于其技术易于自动化、规模化，SNP 技术与高通量设备的结合，可以大幅降低基因分型的成本，显著提高基因分型效率。因此，美国、法国、荷兰和韩国等 UPOV 成员逐渐由 SSR 标记转向 SNP 标记。

（三）MNP 标记

MNP 标记指一段包含了多个不连续单核苷酸变异且长度不超过 300bp 的 DNA 序列（图 1A）。MNP 标记中的 n 个单核苷酸变异可以组合出 2^n 种等位基因型。例如，水稻 MNP 标记多态性不仅远高于 SNP 标记，比 SSR 标记还高 17%（图 1B），具有最高的品种区分能力。MNP 标记中不含有简单重复序列，因而避免了扩增 SSR 标记中的简单重复序列时造成的滑脱错误和标记分型误差。

MNP 标记技术指利用超多重 PCR 技术一次扩增品种中成百上千个 MNP 标记；利用高通量测序技术，一次检测上万个标记；利用生物信息学软件，分析高通量测序数据，自动化获得每个标记的基因型；利用品种中所有标记的基因型，构建品种 DNA 指纹；比较不同品种 DNA 指纹，获得品种鉴定结论。由于 MNP 标记技术全程每个步骤均为具有高通量检测的优势，因而标准中规定检测的标记数量达到 317—1042 个，是传统 SSR 品种鉴定标准的 12—38 倍，不仅可以鉴定品种真实性，还可以鉴定原始品种和实质性派生品种。

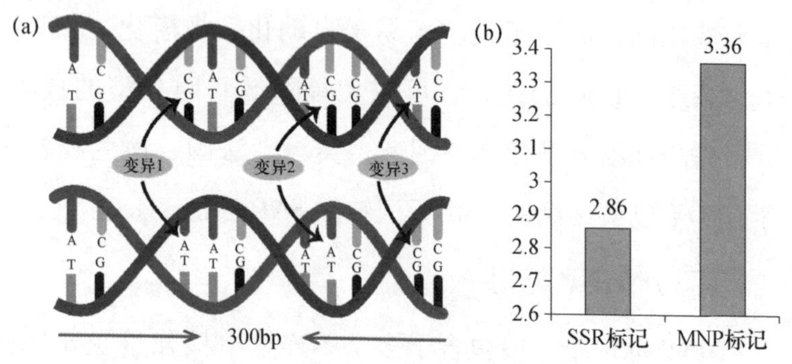

图 1　MNP 标记（A）及其多态性（B）

（四）不同标记技术对比

SSR 标记技术最大优势是多态性较高，其不足主要是：（1）大多需要逐个标记进行扩增和电泳检测，效率较低，不适合同时鉴定大量样本；（2）检测效率限制了检测标记数目。例如，现行 SSR 品种鉴定标准采用的标记数目为22—48 个。ISF（国际种子联盟）认为鉴定实质性派生品种需要 300 以上的 SSR 标记，因此，现行 SSR 标准不适合原始品种鉴定和实质性派生品种鉴定；（3）SSR 标记中的简单重复序列在扩增时存在滑脱错误，精准判定标记电泳位置也较为困难，导致检测分型误差；（4）为降低检测误差，要求检测人员经验丰富，且统一使用美国 ABI 公司的试剂、仪器与软件，影响了标准的数据共享性、自主性和可控性。

传统植物品种 DNA 鉴定标准所采用的另一种方法为SNP 标记技术。目前共有 4 项 SNP 植物品种鉴定标准，适用范围涉及水稻、玉米和小麦的品种真实性鉴定，同样不包括原始品种鉴定和实质性派生品种鉴定。SNP 标记不含有简单重复序列，其最大优势是避免了 SSR 标记的扩增滑脱错误，进而增强了标准的数据共享性，其不足主要体现如下：（1）每个标记仅 2 种多态性，单个标记品种区分能力有限。例如，一般认为，10—20 个 SNP 标记与 1 个 SSR标记的品种区分能力相当，因此需要更大量标记位点才能实现品种的精准区分；（2）现行 SNP 品种鉴定标准大多采用 KASP 分型方法，需要逐个标记进行扩增检测，难以实现大量标记位点的检测，因此现行标准中规定的检测标记数量不足200个，依旧无法实现原始品种和实质性派生品种的鉴定；（3）高密度芯片和高端KASP平台的知识产权与生产工艺均源于国外，影响了标准的自主性和可控性。

相比较SSR和SNP技术，我国自主发明的MNP技术具有以下优点：一是准确性高。检测标记数量增加数十倍，对每个标记测序数百次，准确率超过99.98%。二是检测效率高。可以同时鉴定品种真实性和实质性派生关系，一次检测数十万个标记，效率提升百倍以上，可及时处理批量审定、授权与维权样本。三是通用性高。可以用于棉花、小麦、油菜、莲藕、猕猴桃、香蕉等难以鉴定的多倍体、混杂或无性繁殖植物品种。四是标准化高。该技术成为了植物品种DNA鉴定国家标准，填补了我国实质性派生品种鉴定标准的空白。五是共享性高。操作简便，实现了分析的智能化和DNA指纹数据的共建共享。六是国产化高。知识产权自主，实现了试剂与仪器的高端产品链的全国产化，增强了标准的自主性与可控性。经专家鉴定评价认为，MNP标记技术“填补了国内外实用精准高效植物品种DNA指纹鉴定技术空白，整体达到国际领先水平，有助于加快我国种业原始创新，提升国际竞争力”。该技术的应用被列入农业农村部《2019年推进现代种业发展工作要点》、国家知识产权局《2019年中国知识产权保护状况》

白皮书和《中国·海南国际自贸港种业知识产权保护特区整体规划》。

三、DNA 分子技术在我国新品种鉴定中的实践

早在 2009 年，我国就组织专家开展水稻、小麦等植物品种鉴定分子技术标准，并将其应用于植物新品种保护工作。主要应用在两个方面：一是 DUS 测试近似品种筛选。以小麦为例，2013 年起开始在测试体系内开展，取得了显著的成效。以 2020—2021 年度为例，通过分子筛选近似品种，20% 的小麦品种被判定不具备特异性。二是用于品种授权后的维权。2016 年实施的种子法明确了可以利用快速检测方法进行品种检测。最高人民法院先后发布了一批指导案例，明确了 DNA 分子在维权实践中的原则。

植物新品种保护工作对 DNA 分子检测方法应用提出了新的需求：一是同名品种验证。一方面，当保存的标准样品用完后需要重新补充样品时，需要利用 DNA 分子方法进行快速验证。另一方面，申请人在 DUS 测试中提供相同名称的品种的同一性检测。2020 年，在 1800 份品种中检测出 45 个品种存在同名异种的情况，有效避免了测试风险。二是用于规范委托 DUS 测试。部分申请人委托 DUS 测试开始用于品种审定或者品种登记，后期又申请品种权保

护，并向植物新品种保藏中心提交标准样品，在程序上存在样品更换的漏洞，因此有必要利用DNA分子技术进行快速验证。三是实质性派生品种的鉴定。实施实质性派生品种制度，亟须建立健全基于DNA分子技术的快速鉴定体系，为派生品种鉴定提供技术支撑。四是提升果树品种现场考察质量。目前果树等无性繁殖类作物以现场考察为主，申请人自行测试，自行保存繁殖材料标准样品。建立果树品种DNA指纹库有利于提高果树品种审查质量，同时为果树品种维权提供技术支持。五是收获物的鉴定。新种子法将保护范围由繁殖材料扩展到收获物，由于品种的收获物往往是混合样品，亟须建立针对混合样品快速检测的DNA分子标记技术。

附录一

中华人民共和国种子法

（2000年7月8日第九届全国人民代表大会常务委员会第十六次会议通过　根据2004年8月28日第十届全国人民代表大会常务委员会第十一次会议《关于修改〈中华人民共和国种子法〉的决定》第一次修正　根据2013年6月29日第十二届全国人民代表大会常务委员会第三次会议《关于修改〈中华人民共和国文物保护法〉等十二部法律的决定》第二次修正　2015年11月4日第十二届全国人民代表大会常务委员会第十七次会议修订　根据2021年12月24日第十三届全国人民代表大会常务委员会第三十二次会议《关于修改〈中华人民共和国种子法〉的决定》第三次修正）

目　　录

第一章　总　　则

第一条　为了保护和合理利用种质资源，规范品种选育、种子生产经营和管理行为，加强种业科学技术研究，鼓励育种创新，保护植物新品种权，维护种子生产经营者、使用者的合法权益，提高种子质量，发展现代种业，保障国家粮食安全，促进农业和林业的发展，制定本法。

第二条　在中华人民共和国境内从事品种选育、种子生产经营和管理等活动，适用本法。

本法所称种子，是指农作物和林木的种植材料或者繁殖材料，包括籽粒、果实、根、茎、苗、芽、叶、花等。

第三条　国务院农业农村、林业草原主管部门分别主管全国农作物种子和林木种子工作；县级以上地方人民政府农业农村、林业草原主管部门分别主管本行政区域内农作物种子和林木种子工作。

各级人民政府及其有关部门应当采取措施，加强种子执法和监督，依法惩处侵害农民权益的种子违法行为。

第四条 国家扶持种质资源保护工作和选育、生产、更新、推广使用良种，鼓励品种选育和种子生产经营相结合，奖励在种质资源保护工作和良种选育、推广等工作中成绩显著的单位和个人。

第五条 省级以上人民政府应当根据科教兴农方针和农业、林业发展的需要制定种业发展规划并组织实施。

第六条 省级以上人民政府建立种子储备制度，主要用于发生灾害时的生产需要及余缺调剂，保障农业和林业生产安全。对储备的种子应当定期检验和更新。种子储备的具体办法由国务院规定。

第七条 转基因植物品种的选育、试验、审定和推广应当进行安全性评价，并采取严格的安全控制措施。国务院农业农村、林业草原主管部门应当加强跟踪监管并及时公告有关转基因植物品种审定和推广的信息。具体办法由国务院规定。

第二章　种质资源保护

第八条 国家依法保护种质资源，任何单位和个人不得侵占和破坏种质资源。

禁止采集或者采伐国家重点保护的天然种质资源。因科研等特殊情况需要采集或者采伐的，应当经国务院或者省、自治区、直辖市人民政府的农业农村、林业草原主管部门批准。

第九条 国家有计划地普查、收集、整理、鉴定、登记、保存、交流和利用种质资源，重点收集珍稀、濒危、特有资源和特色地方品种，定期公布可供利用的种质资源目录。具体办法由国务院农业农村、林业草原主管部门规定。

第十条 国务院农业农村、林业草原主管部门应当建立种质资源库、种质资源保护区或者种质资源保护地。省、自治区、直辖市人民政府农业农村、林业草原主管部门可以根据需要建立种质资源库、种质资源保护区、种质资源保护地。种质资源库、种质资源保护区、种质资源保护地的种质资源属公共资源，依法开放利用。

占用种质资源库、种质资源保护区或者种质资源保护地的，需经原设立机关同意。

第十一条 国家对种质资源享有主权。任何单位和个人向境外提供种质资源，或者与境外机构、个人开展合作研究利用种质资源的，应当报国务院农业农村、林业草原主管部门批准，并同时提交国家共享惠益的方案。国务院农业农村、林业草原主管部门可以委托省、自治区、直辖市人民政府农业农村、林业草原主管部门接收申请材料。

国务院农业农村、林业草原主管部门应当将批准情况通报国务院生态环境主管部门。

从境外引进种质资源的，依照国务院农业农村、林业草原主管部门的有关规定办理。

第三章 品种选育、审定与登记

第十二条 国家支持科研院所及高等院校重点开展育种的基础性、前沿性和应用技术研究以及生物育种技术研究，支持常规作物、主要造林树种育种和无性繁殖材料选育等公益性研究。

国家鼓励种子企业充分利用公益性研究成果，培育具有自主知识产权的优良品种；鼓励种子企业与科研院所及高等院校构建技术研发平台，开展主要粮食作物、重要经济作物育种攻关，建立以市场为导向、利益共享、风险共担的产学研相结合的种业技术创新体系。

国家加强种业科技创新能力建设，促进种业科技成果转化，维护种业科技人员的合法权益。

第十三条 由财政资金支持形成的育种发明专利权和植物新品种权，除涉及国家安全、国家利益和重大社会公共利益的外，授权项目承担者依法取得。

由财政资金支持为主形成的育种成果的转让、许可等应当依法公开进行，禁止私自交易。

第十四条 单位和个人因林业草原主管部门为选育林木良种建立测定林、试验林、优树收集区、基因库等而减少经济收入的，批准建立的林业草原主管部门应当按照国家有关规定给予经济补偿。

第十五条 国家对主要农作物和主要林木实行品种审定制度。主要农作物品种和主要林木品种在推广前应当通过国家级或者省级审定。由省、自治区、直辖市人民政府林业草原主管部门确定的主要林木品种实行省级审定。

申请审定的品种应当符合特异性、一致性、稳定性要求。

主要农作物品种和主要林木品种的审定办法由国务院农业农村、林业草原主管部门规定。审定办法应当体现公正、公开、科学、效率的原则，有利于产量、品质、抗性等的提高与协调，有利于适应市场和生活消费需要的品种的推广。在制定、修改审定办法时，应当充分听取育种者、种子使用者、生产经营者和相关行业代表意见。

第十六条 国务院和省、自治区、直辖市人民政府的农业农村、林业草原主管部门分别设立由专业人员组成的农作物品种和林木品种审定委员会。品种审定委员会承担主要农作物品种和主要林木品种的审定工作，建立包括申请文件、品种审定试验数据、种子样品、审定意见和审定结论等内容的审定档案，保证可追溯。在审定通过的品种依法公布的相关信息中应当包括审定意见情况，接受监督。

品种审定实行回避制度。品种审定委员会委员、工作人员及相关测试、试验人员应当忠于职守，公正廉洁。对单位和个人举报或者监督检查发现的上述人员的违法行为，省级以上人民政府农业农村、林业草原主管部门和有关机关应当及时依法处理。

第十七条 实行选育生产经营相结合，符合国务院农业农村、林业草原主管部门规定条件的种子企业，对其自主研发的主要农作物品种、主要林木品种可以按照审定办法自行完成试验，达到审定标准的，品种审定委员会应当颁发审定证书。种子企业对试验数据的真实性负责，保证可追溯，接受省级以上人民政府农业农村、林业草原主管部门和社会的监督。

第十八条 审定未通过的农作物品种和林木品种，申请人有异议的，可以向原审定委员会或者国家级审定委员会申请复审。

第十九条 通过国家级审定的农作物品种和林木良种由国务院农业农村、林业草原主管部门公告，可以在全国适宜的生态区域推广。通过省级审定的农作物品种和林木良种由省、自治区、直辖市人民政府农业农村、林业草原主管部门公告，可以在本行政区域内适宜的生态区域推广；其他省、自治区、直辖市属于同一适宜生态区的地域引种农作物品种、林木良种的，引种者应当将引种的品种和区域报所在省、自治区、直辖市人民政府农业农村、林业草原主管部门备案。

引种本地区没有自然分布的林木品种，应当按照国家引种标准通过试验。

第二十条 省、自治区、直辖市人民政府农业农村、林业草原主管部门应当完善品种选育、审定工作的区域协作机制，促进优良品种的选育和推广。

第二十一条 审定通过的农作物品种和林木良种出现不可克服的严重缺陷等情形不宜继续推广、销售的，经原审定委员会审核确认后，撤销审定，由原公告部门发布公告，停止推广、销售。

第二十二条 国家对部分非主要农作物实行品种登记制度。列入非主要农作物登记目录的品种在推广前应当登记。

实行品种登记的农作物范围应当严格控制，并根据保护生物多样性、保证消费安全和用种安全的原则确定。登记目录由国务院农业农村主管部门制定和调整。

申请者申请品种登记应当向省、自治区、直辖市人民政府农业农村主管部门提交申请文件和种子样品，并对其真实性负责，保证可追溯，接受监督检查。申请文件包括品种的种类、名称、来源、特性、育种过程以及特异性、一致性、稳定性测试报告等。

省、自治区、直辖市人民政府农业农村主管部门自受理品种登记申请之日起二十个工作日内，对申请者提交的申请文件进行书面审查，符合要求的，报国务院农业农村主管部门予以登记公告。

对已登记品种存在申请文件、种子样品不实的，由国务院农业农村主管部门撤销该品种登记，并将该申请者的违法信息记入社会诚信档案，向社会公布；给种子使用者和其他种子生产经营者造成损失的，依法承担赔偿责任。

对已登记品种出现不可克服的严重缺陷等情形的，由国务院农业农村主管部门撤销登记，并发布公告，停止推广。

非主要农作物品种登记办法由国务院农业农村主管部门规定。

第二十三条 应当审定的农作物品种未经审定的，不得发布广告、推广、销售。

应当审定的林木品种未经审定通过的，不得作为良种推广、销售，但生产确需使用的，应当经林木品种审定委员会认定。

应当登记的农作物品种未经登记的，不得发布广告、推广，不得以登记品种的名义销售。

第二十四条 在中国境内没有经常居所或者营业场所

的境外机构、个人在境内申请品种审定或者登记的，应当委托具有法人资格的境内种子企业代理。

第四章　新品种保护

第二十五条　国家实行植物新品种保护制度。对国家植物品种保护名录内经过人工选育或者发现的野生植物加以改良，具备新颖性、特异性、一致性、稳定性和适当命名的植物品种，由国务院农业农村、林业草原主管部门授予植物新品种权，保护植物新品种权所有人的合法权益。植物新品种权的内容和归属、授予条件、申请和受理、审查与批准，以及期限、终止和无效等依照本法、有关法律和行政法规规定执行。

国家鼓励和支持种业科技创新、植物新品种培育及成果转化。取得植物新品种权的品种得到推广应用的，育种者依法获得相应的经济利益。

第二十六条　一个植物新品种只能授予一项植物新品种权。两个以上的申请人分别就同一个品种申请植物新品种权的，植物新品种权授予最先申请的人；同时申请的，植物新品种权授予最先完成该品种育种的人。

对违反法律，危害社会公共利益、生态环境的植物新品种，不授予植物新品种权。

第二十七条　授予植物新品种权的植物新品种名称，

应当与相同或者相近的植物属或者种中已知品种的名称相区别。该名称经授权后即为该植物新品种的通用名称。

下列名称不得用于授权品种的命名：

（一）仅以数字表示的；

（二）违反社会公德的；

（三）对植物新品种的特征、特性或者育种者身份等容易引起误解的。

同一植物品种在申请新品种保护、品种审定、品种登记、推广、销售时只能使用同一个名称。生产推广、销售的种子应当与申请植物新品种保护、品种审定、品种登记时提供的样品相符。

第二十八条 植物新品种权所有人对其授权品种享有排他的独占权。植物新品种权所有人可以将植物新品种权许可他人实施，并按照合同约定收取许可使用费；许可使用费可以采取固定价款、从推广收益中提成等方式收取。

任何单位或者个人未经植物新品种权所有人许可，不得生产、繁殖和为繁殖而进行处理、许诺销售、销售、进口、出口以及为实施上述行为储存该授权品种的繁殖材料，不得为商业目的将该授权品种的繁殖材料重复使用于生产另一品种的繁殖材料。本法、有关法律、行政法规另有规定的除外。

实施前款规定的行为，涉及由未经许可使用授权品种的繁殖材料而获得的收获材料的，应当得到植物新品种权所有人的许可；但是，植物新品种权所有人对繁殖材料已有合理机会行使其权利的除外。

对实质性派生品种实施第二款、第三款规定行为的，应当征得原始品种的植物新品种权所有人的同意。

实质性派生品种制度的实施步骤和办法由国务院规定。

第二十九条 在下列情况下使用授权品种的，可以不经植物新品种权所有人许可，不向其支付使用费，但不得侵犯植物新品种权所有人依照本法、有关法律、行政法规享有的其他权利：

（一）利用授权品种进行育种及其他科研活动；

（二）农民自繁自用授权品种的繁殖材料。

第三十条 为了国家利益或者社会公共利益，国务院农业农村、林业草原主管部门可以作出实施植物新品种权强制许可的决定，并予以登记和公告。

取得实施强制许可的单位或者个人不享有独占的实施权，并且无权允许他人实施。

第五章 种子生产经营

第三十一条 从事种子进出口业务的种子生产经营许可证，由国务院农业农村、林业草原主管部门核发。国务院农业农村、林业草原主管部门可以委托省、自治区、直辖市人民政府农业农村、林业草原主管部门接收申请材料。

从事主要农作物杂交种子及其亲本种子、林木良种繁殖材料生产经营的，以及符合国务院农业农村主管部门规定条件的实行选育生产经营相结合的农作物种子企业的种子生产经营许可证，由省、自治区、直辖市人民政府农业农村、林业草原主管部门核发。

前两款规定以外的其他种子的生产经营许可证，由生产经营者所在地县级以上地方人民政府农业农村、林业草原主管部门核发。

只从事非主要农作物种子和非主要林木种子生产的，不需要办理种子生产经营许可证。

第三十二条　申请取得种子生产经营许可证的，应当具有与种子生产经营相适应的生产经营设施、设备及专业技术人员，以及法规和国务院农业农村、林业草原主管部门规定的其他条件。

从事种子生产的，还应当同时具有繁殖种子的隔离和培育条件，具有无检疫性有害生物的种子生产地点或者县级以上人民政府林业草原主管部门确定的采种林。

申请领取具有植物新品种权的种子生产经营许可证的，应当征得植物新品种权所有人的书面同意。

第三十三条　种子生产经营许可证应当载明生产经营者名称、地址、法定代表人、生产种子的品种、地点和种子经营的范围、有效期限、有效区域等事项。

前款事项发生变更的，应当自变更之日起三十日内，向原核发许可证机关申请变更登记。

除本法另有规定外，禁止任何单位和个人无种子生产经营许可证或者违反种子生产经营许可证的规定生产、经营种子。禁止伪造、变造、买卖、租借种子生产经营许可证。

第三十四条 种子生产应当执行种子生产技术规程和种子检验、检疫规程，保证种子符合净度、纯度、发芽率等质量要求和检疫要求。

县级以上人民政府农业农村、林业草原主管部门应当指导、支持种子生产经营者采用先进的种子生产技术，改进生产工艺，提高种子质量。

第三十五条 在林木种子生产基地内采集种子的，由种子生产基地的经营者组织进行，采集种子应当按照国家有关标准进行。

禁止抢采掠青、损坏母树，禁止在劣质林内、劣质母树上采集种子。

第三十六条 种子生产经营者应当建立和保存包括种子来源、产地、数量、质量、销售去向、销售日期和有关责任人员等内容的生产经营档案，保证可追溯。种子生产经营档案的具体载明事项，种子生产经营档案及种子样品的保存期限由国务院农业农村、林业草原主管部门规定。

第三十七条 农民个人自繁自用的常规种子有剩余的，可以在当地集贸市场上出售、串换，不需要办理种子生产经营许可证。

第三十八条 种子生产经营许可证的有效区域由发证机关在其管辖范围内确定。种子生产经营者在种子生产经营许可证载明的有效区域设立分支机构的，专门经营不再分装的包装种子的，或者受具有种子生产经营许可证的种子生产经营者以书面委托生产、代销其种子的，不需要办理种子生产经营许可证，但应当向当地农业农村、林业草原主管部门备案。

实行选育生产经营相结合，符合国务院农业农村、林业草原主管部门规定条件的种子企业的生产经营许可证的有效区域为全国。

第三十九条 销售的种子应当加工、分级、包装。但是不能加工、包装的除外。

大包装或者进口种子可以分装；实行分装的，应当标注分装单位，并对种子质量负责。

第四十条 销售的种子应当符合国家或者行业标准，附有标签和使用说明。标签和使用说明标注的内容应当与销售的种子相符。种子生产经营者对标注内容的真实性和种子质量负责。

标签应当标注种子类别、品种名称、品种审定或者登记编号、品种适宜种植区域及季节、生产经营者及注册地、质量指标、检疫证明编号、种子生产经营许可证编号和信息代码，以及国务院农业农村、林业草原主管部门规定的其他事项。

销售授权品种种子的，应当标注品种权号。

销售进口种子的，应当附有进口审批文号和中文标签。

销售转基因植物品种种子的，必须用明显的文字标注，并应当提示使用时的安全控制措施。

种子生产经营者应当遵守有关法律、法规的规定，诚实守信，向种子使用者提供种子生产者信息、种子的主要性状、主要栽培措施、适应性等使用条件的说明、风险提示与有关咨询服务，不得作虚假或者引人误解的宣传。

任何单位和个人不得非法干预种子生产经营者的生产经营自主权。

第四十一条 种子广告的内容应当符合本法和有关广告的法律、法规的规定，主要性状描述等应当与审定、登记公告一致。

第四十二条 运输或者邮寄种子应当依照有关法律、行政法规的规定进行检疫。

第四十三条 种子使用者有权按照自己的意愿购买种子，任何单位和个人不得非法干预。

第四十四条 国家对推广使用林木良种造林给予扶持。国家投资或者国家投资为主的造林项目和国有林业单位造林，应当根据林业草原主管部门制定的计划使用林木良种。

第四十五条 种子使用者因种子质量问题或者因种子的标签和使用说明标注的内容不真实，遭受损失的，种子使用者可以向出售种子的经营者要求赔偿，也可以向种子生产者或者其他经营者要求赔偿。赔偿额包括购种价款、可得利益损失和其他损失。属于种子生产者或者其他经营者责任的，出售种子的经营者赔偿后，有权向种子生产者或者其他经营者追偿；属于出售种子的经营者责任的，种子生产者或者其他经营者赔偿后，有权向出售种子的经营者追偿。

第六章 种子监督管理

第四十六条 农业农村、林业草原主管部门应当加强对种子质量的监督检查。种子质量管理办法、行业标准和检验方法，由国务院农业农村、林业草原主管部门制定。

农业农村、林业草原主管部门可以采用国家规定的快速检测方法对生产经营的种子品种进行检测，检测结果可以作为行政处罚依据。被检查人对检测结果有异议的，可以申请复检，复检不得采用同一检测方法。因检测结果错误给当事人造成损失的，依法承担赔偿责任。

第四十七条 农业农村、林业草原主管部门可以委托种子质量检验机构对种子质量进行检验。

承担种子质量检验的机构应当具备相应的检测条件、能力，并经省级以上人民政府有关主管部门考核合格。

种子质量检验机构应当配备种子检验员。种子检验员应当具有中专以上有关专业学历，具备相应的种子检验技术能力和水平。

第四十八条 禁止生产经营假、劣种子。农业农村、林业草原主管部门和有关部门依法打击生产经营假、劣种子的违法行为，保护农民合法权益，维护公平竞争的市场秩序。

下列种子为假种子：

（一）以非种子冒充种子或者以此种品种种子冒充其他品种种子的；

（二）种子种类、品种与标签标注的内容不符或者没有标签的。

下列种子为劣种子：

（一）质量低于国家规定标准的；

（二）质量低于标签标注指标的；

（三）带有国家规定的检疫性有害生物的。

第四十九条 农业农村、林业草原主管部门是种子行政执法机关。种子执法人员依法执行公务时应当出示行政执法证件。农业农村、林业草原主管部门依法履行种子监督检查职责时，有权采取下列措施：

（一）进入生产经营场所进行现场检查；

（二）对种子进行取样测试、试验或者检验；

（三）查阅、复制有关合同、票据、账簿、生产经营档案及其他有关资料；

（四）查封、扣押有证据证明违法生产经营的种子，以及用于违法生产经营的工具、设备及运输工具等；

（五）查封违法从事种子生产经营活动的场所。

农业农村、林业草原主管部门依照本法规定行使职权，当事人应当协助、配合，不得拒绝、阻挠。

农业农村、林业草原主管部门所属的综合执法机构或者受其委托的种子管理机构，可以开展种子执法相关工作。

第五十条 种子生产经营者依法自愿成立种子行业协会，加强行业自律管理，维护成员合法权益，为成员和行业发展提供信息交流、技术培训、信用建设、市场营销和咨询等服务。

第五十一条 种子生产经营者可自愿向具有资质的认证机构申请种子质量认证。经认证合格的，可以在包装上使用认证标识。

第五十二条 由于不可抗力原因，为生产需要必须使用低于国家或者地方规定标准的农作物种子的，应当经用种地县级以上地方人民政府批准。

第五十三条 从事品种选育和种子生产经营以及管理的单位和个人应当遵守有关植物检疫法律、行政法规的规定，防止植物危险性病、虫、杂草及其他有害生物的传播和蔓延。

禁止任何单位和个人在种子生产基地从事检疫性有害生物接种试验。

第五十四条 省级以上人民政府农业农村、林业草原主管部门应当在统一的政府信息发布平台上发布品种审定、品种登记、新品种保护、种子生产经营许可、监督管理等信息。

国务院农业农村、林业草原主管部门建立植物品种标准样品库，为种子监督管理提供依据。

第五十五条 农业农村、林业草原主管部门及其工作人员，不得参与和从事种子生产经营活动。

第七章 种子进出口和对外合作

第五十六条 进口种子和出口种子必须实施检疫，防止植物危险性病、虫、杂草及其他有害生物传入境内和传出境外，具体检疫工作按照有关植物进出境检疫法律、行政法规的规定执行。

第五十七条 从事种子进出口业务的，应当具备种子生产经营许可证；其中，从事农作物种子进出口业务的，还应当按照国家有关规定取得种子进出口许可。

从境外引进农作物、林木种子的审定权限，农作物种子的进口审批办法，引进转基因植物品种的管理办法，由国务院规定。

第五十八条 进口种子的质量，应当达到国家标准或者行业标准。没有国家标准或者行业标准的，可以按照合同约定的标准执行。

第五十九条 为境外制种进口种子的，可以不受本法第五十七条第一款的限制，但应当具有对外制种合同，进口的种子只能用于制种，其产品不得在境内销售。

从境外引进农作物或者林木试验用种，应当隔离栽培，收获物也不得作为种子销售。

第六十条 禁止进出口假、劣种子以及属于国家规定不得进出口的种子。

第六十一条 国家建立种业国家安全审查机制。境外机构、个人投资、并购境内种子企业，或者与境内科研院所、种子企业开展技术合作，从事品种研发、种子生产经营的审批管理依照有关法律、行政法规的规定执行。

第八章 扶持措施

第六十二条 国家加大对种业发展的支持。对品种选育、生产、示范推广、种质资源保护、种子储备以及制种大县给予扶持。

国家鼓励推广使用高效、安全制种采种技术和先进适用的制种采种机械，将先进适用的制种采种机械纳入农机具购置补贴范围。

国家积极引导社会资金投资种业。

第六十三条 国家加强种业公益性基础设施建设，保障育种科研设施用地合理需求。

对优势种子繁育基地内的耕地，划入永久基本农田。优势种子繁育基地由国务院农业农村主管部门商所在省、自治区、直辖市人民政府确定。

第六十四条 对从事农作物和林木品种选育、生产的种子企业，按照国家有关规定给予扶持。

第六十五条 国家鼓励和引导金融机构为种子生产经营和收储提供信贷支持。

第六十六条 国家支持保险机构开展种子生产保险。省级以上人民政府可以采取保险费补贴等措施，支持发展种业生产保险。

第六十七条 国家鼓励科研院所及高等院校与种子企业开展育种科技人员交流，支持本单位的科技人员到种子企业从事育种成果转化活动；鼓励育种科研人才创新创业。

第六十八条 国务院农业农村、林业草原主管部门和异地繁育种子所在地的省、自治区、直辖市人民政府应当加强对异地繁育种子工作的管理和协调，交通运输部门应当优先保证种子的运输。

第九章　法律责任

第六十九条　农业农村、林业草原主管部门不依法作出行政许可决定，发现违法行为或者接到对违法行为的举报不予查处，或者有其他未依照本法规定履行职责的行为的，由本级人民政府或者上级人民政府有关部门责令改正，对负有责任的主管人员和其他直接责任人员依法给予处分。

违反本法第五十五条规定，农业农村、林业草原主管部门工作人员从事种子生产经营活动的，依法给予处分。

第七十条　违反本法第十六条规定，品种审定委员会委员和工作人员不依法履行职责，弄虚作假、徇私舞弊的，依法给予处分；自处分决定作出之日起五年内不得从事品种审定工作。

第七十一条　品种测试、试验和种子质量检验机构伪造测试、试验、检验数据或者出具虚假证明的，由县级以上人民政府农业农村、林业草原主管部门责令改正，对单位处五万元以上十万元以下罚款，对直接负责的主管人员和其他直接责任人员处一万元以上五万元以下罚款；有违法所得的，并处没收违法所得；给种子使用者和其他种子生产经营者造成损失的，与种子生产经营者承担连带责任；情节严重的，由省级以上人民政府有关主管部门取消种子质量检验资格。

第七十二条 违反本法第二十八条规定，有侵犯植物新品种权行为的，由当事人协商解决，不愿协商或者协商不成的，植物新品种权所有人或者利害关系人可以请求县级以上人民政府农业农村、林业草原主管部门进行处理，也可以直接向人民法院提起诉讼。

县级以上人民政府农业农村、林业草原主管部门，根据当事人自愿的原则，对侵犯植物新品种权所造成的损害赔偿可以进行调解。调解达成协议的，当事人应当履行；当事人不履行协议或者调解未达成协议的，植物新品种权所有人或者利害关系人可以依法向人民法院提起诉讼。

侵犯植物新品种权的赔偿数额按照权利人因被侵权所受到的实际损失确定；实际损失难以确定的，可以按照侵权人因侵权所获得的利益确定。权利人的损失或者侵权人获得的利益难以确定的，可以参照该植物新品种权许可使用费的倍数合理确定。故意侵犯植物新品种权，情节严重的，可以在按照上述方法确定数额的一倍以上五倍以下确定赔偿数额。

权利人的损失、侵权人获得的利益和植物新品种权许可使用费均难以确定的，人民法院可以根据植物新品种权的类型、侵权行为的性质和情节等因素，确定给予五百万元以下的赔偿。

赔偿数额应当包括权利人为制止侵权行为所支付的合理开支。

县级以上人民政府农业农村、林业草原主管部门处理侵犯植物新品种权案件时，为了维护社会公共利益，责令侵权人停止侵权行为，没收违法所得和种子；货值金额不足五万元的，并处一万元以上二十五万元以下罚款；货值金额五万元以上的，并处货值金额五倍以上十倍以下罚款。

假冒授权品种的，由县级以上人民政府农业农村、林业草原主管部门责令停止假冒行为，没收违法所得和种子；货值金额不足五万元的，并处一万元以上二十五万元以下罚款；货值金额五万元以上的，并处货值金额五倍以上十倍以下罚款。

第七十三条 当事人就植物新品种的申请权和植物新品种权的权属发生争议的，可以向人民法院提起诉讼。

第七十四条 违反本法第四十八条规定，生产经营假种子的，由县级以上人民政府农业农村、林业草原主管部门责令停止生产经营，没收违法所得和种子，吊销种子生产经营许可证；违法生产经营的货值金额不足二万元的，并处二万元以上二十万元以下罚款；货值金额二万元以上的，并处货值金额十倍以上二十倍以下罚款。

因生产经营假种子犯罪被判处有期徒刑以上刑罚的，种子企业或者其他单位的法定代表人、直接负责的主管人员自刑罚执行完毕之日起五年内不得担任种子企业的法定代表人、高级管理人员。

第七十五条 违反本法第四十八条规定，生产经营劣种子的，由县级以上人民政府农业农村、林业草原主管部门责令停止生产经营，没收违法所得和种子；违法生产经营的货值金额不足二万元的，并处一万元以上十万元以下罚款；货值金额二万元以上的，并处货值金额五倍以上十倍以下罚款；情节严重的，吊销种子生产经营许可证。

因生产经营劣种子犯罪被判处有期徒刑以上刑罚的，种子企业或者其他单位的法定代表人、直接负责的主管人员自刑罚执行完毕之日起五年内不得担任种子企业的法定代表人、高级管理人员。

第七十六条 违反本法第三十二条、第三十三条、第三十四条规定，有下列行为之一的，由县级以上人民政府农业农村、林业草原主管部门责令改正，没收违法所得和种子；违法生产经营的货值金额不足一万元的，并处三千元以上三万元以下罚款；货值金额一万元以上的，并处货值金额三倍以上五倍以下罚款；可以吊销种子生产经营许可证：

（一）未取得种子生产经营许可证生产经营种子的；

（二）以欺骗、贿赂等不正当手段取得种子生产经营许可证的；

（三）未按照种子生产经营许可证的规定生产经营种子的；

（四）伪造、变造、买卖、租借种子生产经营许可证的；

（五）不再具有繁殖种子的隔离和培育条件，或者不再具有无检疫性有害生物的种子生产地点或者县级以上人民政府林业草原主管部门确定的采种林，继续从事种子生产的；

（六）未执行种子检验、检疫规程生产种子的。

被吊销种子生产经营许可证的单位，其法定代表人、直接负责的主管人员自处罚决定作出之日起五年内不得担任种子企业的法定代表人、高级管理人员。

第七十七条 违反本法第二十一条、第二十二条、第二十三条规定，有下列行为之一的，由县级以上人民政府农业农村、林业草原主管部门责令停止违法行为，没收违法所得和种子，并处二万元以上二十万元以下罚款：

（一）对应当审定未经审定的农作物品种进行推广、销售的；

（二）作为良种推广、销售应当审定未经审定的林木品种的；

（三）推广、销售应当停止推广、销售的农作物品种或者林木良种的；

（四）对应当登记未经登记的农作物品种进行推广，或者以登记品种的名义进行销售的；

（五）对已撤销登记的农作物品种进行推广，或者以登记品种的名义进行销售的。

违反本法第二十三条、第四十一条规定，对应当审定未经审定或者应当登记未经登记的农作物品种发布广告，或者广告中有关品种的主要性状描述的内容与审定、登记公告不一致的，依照《中华人民共和国广告法》的有关规定追究法律责任。

第七十八条 违反本法第五十七条、第五十九条、第六十条规定，有下列行为之一的，由县级以上人民政府农业农村、林业草原主管部门责令改正，没收违法所得和种子；违法生产经营的货值金额不足一万元的，并处三千元以上三万元以下罚款；货值金额一万元以上的，并处货值金额三倍以上五倍以下罚款；情节严重的，吊销种子生产经营许可证：

（一）未经许可进出口种子的；

（二）为境外制种的种子在境内销售的；

（三）从境外引进农作物或者林木种子进行引种试验

的收获物作为种子在境内销售的；

（四）进出口假、劣种子或者属于国家规定不得进出口的种子的。

第七十九条 违反本法第三十六条、第三十八条、第三十九条、第四十条规定，有下列行为之一的，由县级以上人民政府农业农村、林业草原主管部门责令改正，处二千元以上二万元以下罚款：

（一）销售的种子应当包装而没有包装的；

（二）销售的种子没有使用说明或者标签内容不符合规定的；

（三）涂改标签的；

（四）未按规定建立、保存种子生产经营档案的；

（五）种子生产经营者在异地设立分支机构、专门经营不再分装的包装种子或者受委托生产、代销种子，未按规定备案的。

第八十条 违反本法第八条规定，侵占、破坏种质资源，私自采集或者采伐国家重点保护的天然种质资源的，由县级以上人民政府农业农村、林业草原主管部门责令停止违法行为，没收种质资源和违法所得，并处五千元以上五万元以下罚款；造成损失的，依法承担赔偿责任。

第八十一条 违反本法第十一条规定，向境外提供或者从境外引进种质资源，或者与境外机构、个人开展合作研究利用种质资源的，由国务院或者省、自治区、直辖市人民政府的农业农村、林业草原主管部门没收种质资源和违法所得，并处二万元以上二十万元以下罚款。

未取得农业农村、林业草原主管部门的批准文件携带、运输种质资源出境的，海关应当将该种质资源扣留，并移送省、自治区、直辖市人民政府农业农村、林业草原主管部门处理。

第八十二条 违反本法第三十五条规定，抢采掠青、损坏母树或者在劣质林内、劣质母树上采种的，由县级以上人民政府林业草原主管部门责令停止采种行为，没收所采种子，并处所采种子货值金额二倍以上五倍以下罚款。

第八十三条 违反本法第十七条规定，种子企业有造假行为的，由省级以上人民政府农业农村、林业草原主管部门处一百万元以上五百万元以下罚款；不得再依照本法第十七条的规定申请品种审定；给种子使用者和其他种子生产经营者造成损失的，依法承担赔偿责任。

第八十四条 违反本法第四十四条规定，未根据林业草原主管部门制定的计划使用林木良种的，由同级人民政府林业草原主管部门责令限期改正；逾期未改正的，处三千元以上三万元以下罚款。

第八十五条 违反本法第五十三条规定，在种子生产基地进行检疫性有害生物接种试验的，由县级以上人民政府农业农村、林业草原主管部门责令停止试验，处五千元以上五万元以下罚款。

第八十六条 违反本法第四十九条规定，拒绝、阻挠农业农村、林业草原主管部门依法实施监督检查的，处二千元以上五万元以下罚款，可以责令停产停业整顿；构成违反治安管理行为的，由公安机关依法给予治安管理处罚。

第八十七条 违反本法第十三条规定，私自交易育种成果，给本单位造成经济损失的，依法承担赔偿责任。

第八十八条 违反本法第四十三条规定，强迫种子使用者违背自己的意愿购买、使用种子，给使用者造成损失的，应当承担赔偿责任。

第八十九条 违反本法规定，构成犯罪的，依法追究刑事责任。

第十章 附 则

第九十条 本法下列用语的含义是：

（一）种质资源是指选育植物新品种的基础材料，包括各种植物的栽培种、野生种的繁殖材料以及利用上述繁殖材料人工创造的各种植物的遗传材料。

（二）品种是指经过人工选育或者发现并经过改良，形态特征和生物学特性一致，遗传性状相对稳定的植物群体。

（三）主要农作物是指稻、小麦、玉米、棉花、大豆。

（四）主要林木由国务院林业草原主管部门确定并公布；省、自治区、直辖市人民政府林业草原主管部门可以在国务院林业草原主管部门确定的主要林木之外确定其他八种以下的主要林木。

（五）林木良种是指通过审定的主要林木品种，在一定的区域内，其产量、适应性、抗性等方面明显优于当前主栽材料的繁殖材料和种植材料。

（六）新颖性是指申请植物新品种权的品种在申请日前，经申请权人自行或者同意销售、推广其种子，在中国境内未超过一年；在境外，木本或者藤本植物未超过六年，其他植物未超过四年。

本法施行后新列入国家植物品种保护名录的植物的属或者种，从名录公布之日起一年内提出植物新品种权申请的，在境内销售、推广该品种种子未超过四年的，具备新颖性。

除销售、推广行为丧失新颖性外，下列情形视为已丧失新颖性：

1．品种经省、自治区、直辖市人民政府农业农村、林业草原主管部门依据播种面积确认已经形成事实扩散的；

2．农作物品种已审定或者登记两年以上未申请植物新品种权的。

（七）特异性是指一个植物品种有一个以上性状明显区别于已知品种。

（八）一致性是指一个植物品种的特性除可预期的自然变异外，群体内个体间相关的特征或者特性表现一致。

（九）稳定性是指一个植物品种经过反复繁殖后或者在特定繁殖周期结束时，其主要性状保持不变。

（十）实质性派生品种是指由原始品种实质性派生，或者由该原始品种的实质性派生品种派生出来的品种，与原始品种有明显区别，并且除派生引起的性状差异外，在表达由原始品种基因型或者基因型组合产生的基本性状方面与原始品种相同。

（十一）已知品种是指已受理申请或者已通过品种审定、品种登记、新品种保护，或者已经销售、推广的植物品种。

（十二）标签是指印制、粘贴、固定或者附着在种子、种子包装物表面的特定图案及文字说明。

第九十一条 国家加强中药材种质资源保护，支持开展中药材育种科学技术研究。

草种、烟草种、中药材种、食用菌菌种的种质资源管理和选育、生产经营、管理等活动，参照本法执行。

第九十二条 本法自2016年1月1日起施行。

全国人民代表大会常务委员会关于修改《中华人民共和国种子法》的决定

（2021 年 12 月 24 日第十三届全国人民代表大会常务委员会第三十二次会议通过）

第十三届全国人民代表大会常务委员会第三十二次会议决定对《中华人民共和国种子法》作如下修改：

一、将第一条修改为："为了保护和合理利用种质资源，规范品种选育、种子生产经营和管理行为，加强种业科学技术研究，鼓励育种创新，保护植物新品种权，维护种子生产经营者、使用者的合法权益，提高种子质量，发展现代种业，保障国家粮食安全，促进农业和林业的发展，制定本法。"

二、在第九条中的"国家有计划地普查、收集、整理、鉴定、登记、保存、交流和利用种质资源"后增加"重点收集珍稀、濒危、特有资源和特色地方品种"。

三、将第十一条第一款修改为："国家对种质资源享有主权。任何单位和个人向境外提供种质资源，或者与境外机构、个人开展合作研究利用种质资源的，应当报国务院农业农村、林业草原主管部门批准，并同时提交国家共享惠益的方案。国务院农业农村、林业草原主管部门可以委托省、自治区、直辖市人民政府农业农村、林业草原主管部门接收申请材料。国务院农业农村、林业草原主管部门应当将批准情况通报国务院生态环境主管部门。”

四、将第十二条第一款、第二款修改为：“国家支持科研院所及高等院校重点开展育种的基础性、前沿性和应用技术研究以及生物育种技术研究，支持常规作物、主要造林树种育种和无性繁殖材料选育等公益性研究。

“国家鼓励种子企业充分利用公益性研究成果，培育具有自主知识产权的优良品种；鼓励种子企业与科研院所及高等院校构建技术研发平台，开展主要粮食作物、重要经济作物育种攻关，建立以市场为导向、利益共享、风险共担的产学研相结合的种业技术创新体系。”

五、将第二十八条修改为：“植物新品种权所有人对其授权品种享有排他的独占权。植物新品种权所有人可以将植物新品种权许可他人实施，并按照合同约定收取许可使用费；许可使用费可以采取固定价款、从推广收益中提成等方式收取。

“任何单位或者个人未经植物新品种权所有人许可，不得生产、繁殖和为繁殖而进行处理、许诺销售、销售、进口、出口以及为实施上述行为储存该授权品种的繁殖材料，不得为商业目的将该授权品种的繁殖材料重复使用于生产另一品种的繁殖材料。本法、有关法律、行政法规另有规定的除外。

“实施前款规定的行为，涉及由未经许可使用授权品种的繁殖材料而获得的收获材料的，应当得到植物新品种权所有人的许可；但是，植物新品种权所有人对繁殖材料已有合理机会行使其权利的除外。

“对实质性派生品种实施第二款、第三款规定行为的，应当征得原始品种的植物新品种权所有人的同意。

“实质性派生品种制度的实施步骤和办法由国务院规定。”

六、将第三十一条第一款、第二款修改为：“从事种子进出口业务的种子生产经营许可证，由国务院农业农村、林业草原主管部门核发。国务院农业农村、林业草原主管部门可以委托省、自治区、直辖市人民政府农业农村、林业草原主管部门接收申请材料。

“从事主要农作物杂交种子及其亲本种子、林木良种繁殖材料生产经营的，以及符合国务院农业农村主管部门规定条件的实行选育生产经营相结合的农作物种子企业的种子生产经营许可证，由省、自治区、直辖市人民政府农业农村、林业草原主管部门核发。”

七、将第三十四条修改为："种子生产应当执行种子生产技术规程和种子检验、检疫规程，保证种子符合净度、纯度、发芽率等质量要求和检疫要求。

"县级以上人民政府农业农村、林业草原主管部门应当指导、支持种子生产经营者采用先进的种子生产技术，改进生产工艺，提高种子质量。"

八、删去第三十九条。

九、将第五十三条改为第五十二条，删去其中的"林木种子应当经用种地省、自治区、直辖市人民政府批准"。

十、将第五十八条改为第五十七条，修改为："从事种子进出口业务的，应当具备种子生产经营许可证；其中，从事农作物种子进出口业务的，还应当按照国家有关规定取得种子进出口许可。

"从境外引进农作物、林木种子的审定权限，农作物种子的进口审批办法，引进转基因植物品种的管理办法，由国务院规定。"

十一、将第六十四条改为第六十三条，修改为："国家加强种业公益性基础设施建设，保障育种科研设施用地合理需求。

"对优势种子繁育基地内的耕地，划入永久基本农田。优势种子繁育基地由国务院农业农村主管部门商所在省、自治区、直辖市人民政府确定。"

十二、将第七十三条改为第七十二条，将第三款修改为："侵犯植物新品种权的赔偿数额按照权利人因被侵权所受到的实际损失确定；实际损失难以确定的，可以按照侵权人因侵权所获得的利益确定。权利人的损失或者侵权人获得的利益难以确定的，可以参照该植物新品种权许可使用费的倍数合理确定。故意侵犯植物新品种权，情节严重的，可以在按照上述方法确定数额的一倍以上五倍以下确定赔偿数额。"

将第四款中的"三百万元"修改为"五百万元"。

增加一款，作为第五款："赔偿数额应当包括权利人为制止侵权行为所支付的合理开支。"

十三、将第七十五条改为第七十四条，将第一款中的"一万元"修改为"二万元"，"十万元"修改为"二十万元"。

十四、将第七十六条改为第七十五条，将第一款中的"一万元"修改为"二万元"，"五千元"修改为"一万元"，"五万元"修改为"十万元"。

十五、将第七十七条改为第七十六条，在第一款中的"第三十三条"后增加"第三十四条"。

第一款增加两项，作为第五项、第六项："（五）不再具有繁殖种子的隔离和培育条件，或者不再具有无检疫性有害生物的种子生产地点或者县级以上人民政府林业草原主管部门确定的采种林，继续从事种子生产的；

“（六）未执行种子检验、检疫规程生产种子的。”

十六、删去第八十四条。

十七、将第九十二条改为第九十条，增加一项，作为第十项：“（十）实质性派生品种是指由原始品种实质性派生，或者由该原始品种的实质性派生品种派生出来的品种，与原始品种有明显区别，并且除派生引起的性状差异外，在表达由原始品种基因型或者基因型组合产生的基本性状方面与原始品种相同。”

十八、将第九十三条改为第九十一条，增加一款，作为第一款：“国家加强中药材种质资源保护，支持开展中药材育种科学技术研究。”

十九、将本法中的“农业主管部门”修改为“农业农村主管部门”，“林业主管部门”修改为“林业草原主管部门”，“农业、林业主管部门”修改为“农业农村、林业草原主管部门”。

本决定自2022年3月1日起施行。

《中华人民共和国种子法》根据本决定作相应修改并对条文顺序作相应调整，重新公布。

《中华人民共和国种子法》修改前后对照表

（条文中**黑体字**为新增或者修改的内容，阴影为删去的内容）

修改前	一审稿	修改后
第一章　总　　则	第一章　总　　则	第一章　总　　则
第一条　为了保护和合理利用种质资源，规范品种选育、种子生产经营和管理行为，保护植物新品种权，维护种子生产经营者、使用者的合法权益，提高种子质量，推动种子产业化，发展现代种业，保障国家粮食安全，促进农业和林业的发展，制定本法。	**第一条**　为了保护和合理利用种质资源，规范品种选育、种子生产经营和管理行为，保护植物新品种权，**激励育种原始创新**，维护种子生产经营者、使用者的合法权益，提高种子质量，推动种子产业化，发展现代种业，保障国家粮食安全，促进农业和林业的发展，制定本法。	**第一条**　为了保护和合理利用种质资源，规范品种选育、种子生产经营和管理行为，**加强种业科学技术研究，鼓**励育种创新，保护植物新品种权，维护种子生产经营者、使用者的合法权益，提高种子质量，发展现代种业，保障国家粮食安全，促进农业和林业的发展，制定本法。
第二条　在中华人民共和国境内从事品种选育、种子生产经营和管理等活动，适用本法。 本法所称种子，是指农作物和林木的种植材料或者繁殖材料，包括籽粒、果实、根、茎、苗、芽、叶、花等。	**第二条**　在中华人民共和国境内从事品种选育、种子生产经营和管理等活动，适用本法。 本法所称种子，是指农作物和林木的种植材料或者繁殖材料，包括籽粒、果实、根、茎、苗、芽、叶、花等。	**第二条**　在中华人民共和国境内从事品种选育、种子生产经营和管理等活动，适用本法。 本法所称种子，是指农作物和林木的种植材料或者繁殖材料，包括籽粒、果实、根、茎、苗、芽、叶、花等。

修改前	一审稿	修改后
第三条 国务院农业、林业主管部门分别主管全国农作物种子和林木种子工作；县级以上地方人民政府农业、林业主管部门分别主管本行政区域内农作物种子和林木种子工作。 各级人民政府及其有关部门应当采取措施，加强种子执法和监督，依法惩处侵害农民权益的种子违法行为。	**第三条** 国务院农业**农村**、林业**草原**主管部门分别主管全国农作物种子和林木种子工作；县级以上地方人民政府农业**农村**、林业**草原**主管部门分别主管本行政区域内农作物种子和林木种子工作。 各级人民政府及其有关部门应当采取措施，加强种子执法和监督，依法惩处侵害农民权益的种子违法行为。	**第三条** 国务院农业农村、林业草原主管部门分别主管全国农作物种子和林木种子工作；县级以上地方人民政府农业农村、林业草原主管部门分别主管本行政区域内农作物种子和林木种子工作。 各级人民政府及其有关部门应当采取措施，加强种子执法和监督，依法惩处侵害农民权益的种子违法行为。
第四条 国家扶持种质资源保护工作和选育、生产、更新、推广使用良种，鼓励品种选育和种子生产经营相结合，奖励在种质资源保护工作和良种选育、推广等工作中成绩显著的单位和个人。	**第四条** 国家扶持种质资源保护工作和选育、生产、更新、推广使用良种，鼓励品种选育和种子生产经营相结合，奖励在种质资源保护工作和良种选育、推广等工作中成绩显著的单位和个人。	**第四条** 国家扶持种质资源保护工作和选育、生产、更新、推广使用良种，鼓励品种选育和种子生产经营相结合，奖励在种质资源保护工作和良种选育、推广等工作中成绩显著的单位和个人。
第五条 省级以上人民政府应当根据科教兴农方针和农业、林业发展的需要制定种业发展规划并组织实施。	**第五条** 省级以上人民政府应当根据科教兴农方针和农业、林业发展的需要制定种业发展规划并组织实施。	**第五条** 省级以上人民政府应当根据科教兴农方针和农业、林业发展的需要制定种业发展规划并组织实施。
第六条 省级以上人民政府建立	**第六条** 省级以上人民政府建立	**第六条** 省级以上人民政府建立

修改前	一审稿	修改后
种子储备制度，主要用于发生灾害时的生产需要及余缺调剂，保障农业和林业生产安全。对储备的种子应当定期检验和更新。种子储备的具体办法由国务院规定。	种子储备制度，主要用于发生灾害时的生产需要及余缺调剂，保障农业和林业生产安全。对储备的种子应当定期检验和更新。种子储备的具体办法由国务院规定。	种子储备制度，主要用于发生灾害时的生产需要及余缺调剂，保障农业和林业生产安全。对储备的种子应当定期检验和更新。种子储备的具体办法由国务院规定。
第七条　转基因植物品种的选育、试验、审定和推广应当进行安全性评价，并采取严格的安全控制措施。国务院农业、林业主管部门应当加强跟踪监管并及时公告有关转基因植物品种审定和推广的信息。具体办法由国务院规定。	**第七条**　转基因植物品种的选育、试验、审定和推广应当进行安全性评价，并采取严格的安全控制措施。国务院农业**农村**、林业**草原**主管部门应当加强跟踪监管并及时公告有关转基因植物品种审定和推广的信息。具体办法由国务院规定。	**第七条**　转基因植物品种的选育、试验、审定和推广应当进行安全性评价，并采取严格的安全控制措施。国务院农业农村、林业草原主管部门应当加强跟踪监管并及时公告有关转基因植物品种审定和推广的信息。具体办法由国务院规定。
第二章　种质资源保护	**第二章　种质资源保护**	**第二章　种质资源保护**
第八条　国家依法保护种质资源，任何单位和个人不得侵占和破坏种质资源。 禁止采集或者采伐国家重点保护的天然种质资源。因科研等特殊情况需要采集或者采伐的，应当经国务院或者省、自治区、直辖市人民政府的农业、林业主管部门批准。	**第八条**　国家依法保护种质资源，任何单位和个人不得侵占和破坏种质资源。 禁止采集或者采伐国家重点保护的天然种质资源。因科研等特殊情况需要采集或者采伐的，应当经国务院或者省、自治区、直辖市人民政府的农业**农村**、林业**草原**主管部门批准。	**第八条**　国家依法保护种质资源，任何单位和个人不得侵占和破坏种质资源。 禁止采集或者采伐国家重点保护的天然种质资源。因科研等特殊情况需要采集或者采伐的，应当经国务院或者省、自治区、直辖市人民政府的农业农村、林业草原主管部门批准。

修改前	一审稿	修改后
第九条 国家有计划地普查、收集、整理、鉴定、登记、保存、交流和利用种质资源，定期公布可供利用的种质资源目录。具体办法由国务院农业、林业主管部门规定。	**第九条** 国家有计划地普查、收集、整理、鉴定、登记、保存、交流和利用种质资源，定期公布可供利用的种质资源目录。具体办法由国务院农业**农村**、林业**草原**主管部门规定。	**第九条** 国家有计划地普查、收集、整理、鉴定、登记、保存、交流和利用种质资源，**重点收集珍稀、濒危、特有资源和特色地方品种，**定期公布可供利用的种质资源目录。具体办法由国务院农业农村、林业草原主管部门规定。
第十条 国务院农业、林业主管部门应当建立种质资源库、种质资源保护区或者种质资源保护地。省、自治区、直辖市人民政府农业、林业主管部门可以根据需要建立种质资源库、种质资源保护区、种质资源保护地。种质资源库、种质资源保护区、种质资源保护地的种质资源属公共资源，依法开放利用。 占用种质资源库、种质资源保护区或者种质资源保护地的，需经原设立机关同意。	**第十条** 国务院农业**农村**、林业**草原**主管部门应当建立种质资源库、种质资源保护区或者种质资源保护地。省、自治区、直辖市人民政府农业**农村**、林业**草原**主管部门可以根据需要建立种质资源库、种质资源保护区、种质资源保护地。种质资源库、种质资源保护区、种质资源保护地的种质资源属公共资源，依法开放利用。 占用种质资源库、种质资源保护区或者种质资源保护地的，需经原设立机关同意。	**第十条** 国务院农业农村、林业草原主管部门应当建立种质资源库、种质资源保护区或者种质资源保护地。省、自治区、直辖市人民政府农业农村、林业草原主管部门可以根据需要建立种质资源库、种质资源保护区、种质资源保护地。种质资源库、种质资源保护区、种质资源保护地的种质资源属公共资源，依法开放利用。 占用种质资源库、种质资源保护区或者种质资源保护地的，需经原设立机关同意。
第十一条 国家对种质资源享有	**第十一条** 国家对种质资源享有	**第十一条** 国家对种质资源享有

修改前	一审稿	修改后
主权，任何单位和个人向境外提供种质资源，或者与境外机构、个人开展合作研究利用种质资源的，应当向省、自治区、直辖市人民政府农业、林业主管部门提出申请，并提交国家共享惠益的方案；受理申请的农业、林业主管部门经审核，报国务院农业、林业主管部门批准。 从境外引进种质资源的，依照国务院农业、林业主管部门的有关规定办理。	主权，任何单位和个人向境外提供种质资源，或者与境外机构、个人开展合作研究利用种质资源的，应当**报国务院农业农村、林业草原主管部门批准**。提出申请**时，需要**提交国家共享惠益的方案**；其中，向境外提供或者与境外机构、个人开展合作研究利用农作物种质资源的，还应当经省、自治区、直辖市人民政府农业农村主管部门审核**。 从境外引进种质资源的，依照国务院农业**农村**、林业**草原**主管部门的有关规定办理。	主权。任何单位和个人向境外提供种质资源，或者与境外机构、个人开展合作研究利用种质资源的，应当报国务院农业农村、林业草原主管部门批准，**并同时**提交国家共享惠益的方案。**国务院农业农村、林业草原主管部门可以委托**省、自治区、直辖市人民政府农业农村、**林业草原**主管部门**接收申请材料。国务院农业农村、林业草原主管部门应当将批准情况通报国务院生态环境主管部门。** 从境外引进种质资源的，依照国务院农业农村、林业草原主管部门的有关规定办理。
第三章　品种选育、审定与登记	**第三章　品种选育、审定与登记**	**第三章　品种选育、审定与登记**
第十二条　国家支持科研院所及高等院校重点开展育种的基础性、前沿性和应用技术研究，以及常规作物、主要造林树种育种和无性繁殖材料选育等公益性研究。 国家鼓励种子企业充分利用公益	**第十二条**　国家支持科研院所及高等院校重点开展育种的基础性、前沿性和应用技术研究，以及常规作物、主要造林树种育种和无性繁殖材料选育等公益性研究。 国家鼓励种子企业充分利用公益	**第十二条**　国家支持科研院所及高等院校重点开展育种的基础性、前沿性和应用技术研究以及**生物育种技术研究，支持**常规作物、主要造林树种育种和无性繁殖材料选育等公益性研究。

修改前	一审稿	修改后
性研究成果，培育具有自主知识产权的优良品种；鼓励种子企业与科研院所及高等院校构建技术研发平台，建立以市场为导向、资本为纽带、利益共享、风险共担的产学研相结合的种业技术创新体系。 国家加强种业科技创新能力建设，促进种业科技成果转化，维护种业科技人员的合法权益。	性研究成果，培育具有自主知识产权的优良品种；鼓励种子企业与科研院所及高等院校构建技术研发平台，建立以市场为导向、资本为纽带、利益共享、风险共担的产学研相结合的种业技术创新体系。 国家加强种业科技创新能力建设，促进种业科技成果转化，维护种业科技人员的合法权益。	国家鼓励种子企业充分利用公益性研究成果，培育具有自主知识产权的优良品种；鼓励种子企业与科研院所及高等院校构建技术研发平台，**开展主要粮食作物、重要经济作物育种攻关，**建立以市场为导向、利益共享、风险共担的产学研相结合的种业技术创新体系。 国家加强种业科技创新能力建设，促进种业科技成果转化，维护种业科技人员的合法权益。
第十三条　由财政资金支持形成的育种发明专利权和植物新品种权，除涉及国家安全、国家利益和重大社会公共利益的外，授权项目承担者依法取得。 由财政资金支持为主形成的育种成果的转让、许可等应当依法公开进行，禁止私自交易。	**第十三条**　由财政资金支持形成的育种发明专利权和植物新品种权，除涉及国家安全、国家利益和重大社会公共利益的外，授权项目承担者依法取得。 由财政资金支持为主形成的育种成果的转让、许可等应当依法公开进行，禁止私自交易。	**第十三条**　由财政资金支持形成的育种发明专利权和植物新品种权，除涉及国家安全、国家利益和重大社会公共利益的外，授权项目承担者依法取得。 由财政资金支持为主形成的育种成果的转让、许可等应当依法公开进行，禁止私自交易。
第十四条　单位和个人因林业主管部门为选育林木良种建立测定林、试	**第十四条**　单位和个人因林业**草原**主管部门为选育林木良种建立测定	**第十四条**　单位和个人因林业草原主管部门为选育林木良种建立测定

修改前	一审稿	修改后
验林、优树收集区、基因库等而减少经济收入的，批准建立的林业主管部门应当按照国家有关规定给予经济补偿。	林、试验林、优树收集区、基因库等而减少经济收入的，批准建立的林业**草原**主管部门应当按照国家有关规定给予经济补偿。	林、试验林、优树收集区、基因库等而减少经济收入的，批准建立的林业草原主管部门应当按照国家有关规定给予经济补偿。
第十五条 国家对主要农作物和主要林木实行品种审定制度。主要农作物品种和主要林木品种在推广前应当通过国家级或者省级审定。由省、自治区、直辖市人民政府林业主管部门确定的主要林木品种实行省级审定。 申请审定的品种应当符合特异性、一致性、稳定性要求。 主要农作物品种和主要林木品种的审定办法由国务院农业、林业主管部门规定。审定办法应当体现公正、公开、科学、效率的原则，有利于产量、品质、抗性等的提高与协调，有利于适应市场和生活消费需要的品种的推广。在制定、修改审定办法时，应当充分听取育种者、种子使用者、生产经营者和相关行业代表意见。	**第十五条** 国家对主要农作物和主要林木实行品种审定制度。主要农作物品种和主要林木品种在推广前应当通过国家级或者省级审定。由省、自治区、直辖市人民政府林业**草原**主管部门确定的主要林木品种实行省级审定。 申请审定的品种应当符合特异性、一致性、稳定性要求。 主要农作物品种和主要林木品种的审定办法由国务院农业**农村**、林业**草原**主管部门规定。审定办法应当体现公正、公开、科学、效率的原则，有利于产量、品质、抗性等的提高与协调，有利于适应市场和生活消费需要的品种的推广。在制定、修改审定办法时，应当充分听取育种者、种子使用者、生产经营者和相关行业代表意见。	**第十五条** 国家对主要农作物和主要林木实行品种审定制度。主要农作物品种和主要林木品种在推广前应当通过国家级或者省级审定。由省、自治区、直辖市人民政府林业草原主管部门确定的主要林木品种实行省级审定。 申请审定的品种应当符合特异性、一致性、稳定性要求。 主要农作物品种和主要林木品种的审定办法由国务院农业农村、林业草原主管部门规定。审定办法应当体现公正、公开、科学、效率的原则，有利于产量、品质、抗性等的提高与协调，有利于适应市场和生活消费需要的品种的推广。在制定、修改审定办法时，应当充分听取育种者、种子使用者、生产经营者和相关行业代表意见。

修改前	一审稿	修改后
第十六条　国务院和省、自治区、直辖市人民政府的农业、林业主管部门分别设立由专业人员组成的农作物品种和林木品种审定委员会。品种审定委员会承担主要农作物品种和主要林木品种的审定工作，建立包括申请文件、品种审定试验数据、种子样品、审定意见和审定结论等内容的审定档案，保证可追溯。在审定通过的品种依法公布的相关信息中应当包括审定意见情况，接受监督。 品种审定实行回避制度。品种审定委员会委员、工作人员及相关测试、试验人员应当忠于职守，公正廉洁。对单位和个人举报或者监督检查发现的上述人员的违法行为，省级以上人民政府农业、林业主管部门和有关机关应当及时依法处理。	**第十六条**　国务院和省、自治区、直辖市人民政府的农业**农村**、林业**草原**主管部门分别设立由专业人员组成的农作物品种和林木品种审定委员会。品种审定委员会承担主要农作物品种和主要林木品种的审定工作，建立包括申请文件、品种审定试验数据、种子样品、审定意见和审定结论等内容的审定档案，保证可追溯。在审定通过的品种依法公布的相关信息中应当包括审定意见情况，接受监督。 品种审定实行回避制度。品种审定委员会委员、工作人员及相关测试、试验人员应当忠于职守，公正廉洁。对单位和个人举报或者监督检查发现的上述人员的违法行为，省级以上人民政府农业**农村**、林业**草原**主管部门和有关机关应当及时依法处理。	**第十六条**　国务院和省、自治区、直辖市人民政府的农业农村、林业草原主管部门分别设立由专业人员组成的农作物品种和林木品种审定委员会。品种审定委员会承担主要农作物品种和主要林木品种的审定工作，建立包括申请文件、品种审定试验数据、种子样品、审定意见和审定结论等内容的审定档案，保证可追溯。在审定通过的品种依法公布的相关信息中应当包括审定意见情况，接受监督。 品种审定实行回避制度。品种审定委员会委员、工作人员及相关测试、试验人员应当忠于职守，公正廉洁。对单位和个人举报或者监督检查发现的上述人员的违法行为，省级以上人民政府农业农村、林业草原主管部门和有关机关应当及时依法处理。
第十七条　实行选育生产经营相结合，符合国务院农业、林业主管部门规定条件的种子企业，对其自主研	**第十七条**　实行选育生产经营相结合，符合国务院农业**农村**、林业**草原**主管部门规定条件的种子企业，对	**第十七条**　实行选育生产经营相结合，符合国务院农业农村、林业草原主管部门规定条件的种子企业，对

修改前	一审稿	修改后
发的主要农作物品种、主要林木品种可以按照审定办法自行完成试验，达到审定标准的，品种审定委员会应当颁发审定证书。种子企业对试验数据的真实性负责，保证可追溯，接受省级以上人民政府农业、林业主管部门和社会的监督。	其自主研发的主要农作物品种、主要林木品种可以按照审定办法自行完成试验，达到审定标准的，品种审定委员会应当颁发审定证书。种子企业对试验数据的真实性负责，保证可追溯，接受省级以上人民政府农业**农村**、林业**草原**主管部门和社会的监督。	其自主研发的主要农作物品种、主要林木品种可以按照审定办法自行完成试验，达到审定标准的，品种审定委员会应当颁发审定证书。种子企业对试验数据的真实性负责，保证可追溯，接受省级以上人民政府农业农村、林业草原主管部门和社会的监督。
第十八条　审定未通过的农作物品种和林木品种，申请人有异议的，可以向原审定委员会或者国家级审定委员会申请复审。	**第十八条**　审定未通过的农作物品种和林木品种，申请人有异议的，可以向原审定委员会或者国家级审定委员会申请复审。	**第十八条**　审定未通过的农作物品种和林木品种，申请人有异议的，可以向原审定委员会或者国家级审定委员会申请复审。
第十九条　通过国家级审定的农作物品种和林木良种由国务院农业、林业主管部门公告，可以在全国适宜的生态区域推广。通过省级审定的农作物品种和林木良种由省、自治区、直辖市人民政府农业、林业主管部门公告，可以在本行政区域内适宜的生态区域推广；其他省、自治区、直辖市属于同一适宜生态区的地域引种农作物品种、林木良种的，引种者应当	**第十九条**　通过国家级审定的农作物品种和林木良种由国务院农业**农村**、林业**草原**主管部门公告，可以在全国适宜的生态区域推广。通过省级审定的农作物品种和林木良种由省、自治区、直辖市人民政府农业**农村**、林业**草原**主管部门公告，可以在本行政区域内适宜的生态区域推广；其他省、自治区、直辖市属于同一适宜生态区的地域引种农作物品种、林木良	**第十九条**　通过国家级审定的农作物品种和林木良种由国务院农业农村、林业草原主管部门公告，可以在全国适宜的生态区域推广。通过省级审定的农作物品种和林木良种由省、自治区、直辖市人民政府农业农村、林业草原主管部门公告，可以在本行政区域内适宜的生态区域推广；其他省、自治区、直辖市属于同一适宜生态区的地域引种农作物品种、林木良

修改前	一审稿	修改后
将引种的品种和区域报所在省、自治区、直辖市人民政府农业、林业主管部门备案。 引种本地区没有自然分布的林木品种，应当按照国家引种标准通过试验。	种的，引种者应当将引种的品种和区域报所在省、自治区、直辖市人民政府农业**农村**、林业**草原**主管部门备案。 引种本地区没有自然分布的林木品种，应当按照国家引种标准通过试验。	种的，引种者应当将引种的品种和区域报所在省、自治区、直辖市人民政府农业农村、林业草原主管部门备案。 引种本地区没有自然分布的林木品种，应当按照国家引种标准通过试验。
第二十条　省、自治区、直辖市人民政府农业、林业主管部门应当完善品种选育、审定工作的区域协作机制，促进优良品种的选育和推广。	**第二十条**　省、自治区、直辖市人民政府农业**农村**、林业**草原**主管部门应当完善品种选育、审定工作的区域协作机制，促进优良品种的选育和推广。	**第二十条**　省、自治区、直辖市人民政府农业农村、林业草原主管部门应当完善品种选育、审定工作的区域协作机制，促进优良品种的选育和推广。
第二十一条　审定通过的农作物品种和林木良种出现不可克服的严重缺陷等情形不宜继续推广、销售的，经原审定委员会审核确认后，撤销审定，由原公告部门发布公告，停止推广、销售。	**第二十一条**　审定通过的农作物品种和林木良种出现不可克服的严重缺陷等情形不宜继续推广、销售的，经原审定委员会审核确认后，撤销审定，由原公告部门发布公告，停止推广、销售。	**第二十一条**　审定通过的农作物品种和林木良种出现不可克服的严重缺陷等情形不宜继续推广、销售的，经原审定委员会审核确认后，撤销审定，由原公告部门发布公告，停止推广、销售。
第二十二条　国家对部分非主要农作物实行品种登记制度。列入非主要农作物登记目录的品种在推广前应当登记。	**第二十二条**　国家对部分非主要农作物实行品种登记制度。列入非主要农作物登记目录的品种在推广前应当登记。	**第二十二条**　国家对部分非主要农作物实行品种登记制度。列入非主要农作物登记目录的品种在推广前应当登记。

修改前	一审稿	修改后
实行品种登记的农作物范围应当严格控制，并根据保护生物多样性、保证消费安全和用种安全的原则确定。登记目录由国务院农业主管部门制定和调整。 申请者申请品种登记应当向省、自治区、直辖市人民政府农业主管部门提交申请文件和种子样品，并对其真实性负责，保证可追溯，接受监督检查。申请文件包括品种的种类、名称、来源、特性、育种过程以及特异性、一致性、稳定性测试报告等。 省、自治区、直辖市人民政府农业主管部门自受理品种登记申请之日起二十个工作日内，对申请者提交的申请文件进行书面审查，符合要求的，报国务院农业主管部门予以登记公告。 对已登记品种存在申请文件、种子样品不实的，由国务院农业主管部门撤销该品种登记，并将该申请者的违法信息记入社会诚信档案，向社会	实行品种登记的农作物范围应当严格控制，并根据保护生物多样性、保证消费安全和用种安全的原则确定。登记目录由国务院农业**农村**主管部门制定和调整。 申请者申请品种登记应当向省、自治区、直辖市人民政府农业**农村**主管部门提交申请文件和种子样品，并对其真实性负责，保证可追溯，接受监督检查。申请文件包括品种的种类、名称、来源、特性、育种过程以及特异性、一致性、稳定性测试报告等。 省、自治区、直辖市人民政府农业**农村**主管部门自受理品种登记申请之日起二十个工作日内，对申请者提交的申请文件进行书面审查，符合要求的，报国务院农业**农村**主管部门予以登记公告。 对已登记品种存在申请文件、种子样品不实的，由国务院农业**农村**主管部门撤销该品种登记，并将该申请	实行品种登记的农作物范围应当严格控制，并根据保护生物多样性、保证消费安全和用种安全的原则确定。登记目录由国务院农业农村主管部门制定和调整。 申请者申请品种登记应当向省、自治区、直辖市人民政府农业农村主管部门提交申请文件和种子样品，并对其真实性负责，保证可追溯，接受监督检查。申请文件包括品种的种类、名称、来源、特性、育种过程以及特异性、一致性、稳定性测试报告等。 省、自治区、直辖市人民政府农业农村主管部门自受理品种登记申请之日起二十个工作日内，对申请者提交的申请文件进行书面审查，符合要求的，报国务院农业农村主管部门予以登记公告。 对已登记品种存在申请文件、种子样品不实的，由国务院农业农村主管部门撤销该品种登记，并将该申请

修改前	一审稿	修改后
公布；给种子使用者和其他种子生产经营者造成损失的，依法承担赔偿责任。 对已登记品种出现不可克服的严重缺陷等情形的，由国务院农业主管部门撤销登记，并发布公告，停止推广。 非主要农作物品种登记办法由国务院农业主管部门规定。	者的违法信息记入社会诚信档案，向社会公布；给种子使用者和其他种子生产经营者造成损失的，依法承担赔偿责任。 对已登记品种出现不可克服的严重缺陷等情形的，由国务院农业**农村**主管部门撤销登记，并发布公告，停止推广。 非主要农作物品种登记办法由国务院农业**农村**主管部门规定。	者的违法信息记入社会诚信档案，向社会公布；给种子使用者和其他种子生产经营者造成损失的，依法承担赔偿责任。 对已登记品种出现不可克服的严重缺陷等情形的，由国务院农业农村主管部门撤销登记，并发布公告，停止推广。 非主要农作物品种登记办法由国务院农业农村主管部门规定。
第二十三条　应当审定的农作物品种未经审定的，不得发布广告、推广、销售。 应当审定的林木品种未经审定通过的，不得作为良种推广、销售，但生产确需使用的，应当经林木品种审定委员会认定。 应当登记的农作物品种未经登记的，不得发布广告、推广，不得以登记品种的名义销售。	**第二十三条**　应当审定的农作物品种未经审定的，不得发布广告、推广、销售。 应当审定的林木品种未经审定通过的，不得作为良种推广、销售，但生产确需使用的，应当经林木品种审定委员会认定。 应当登记的农作物品种未经登记的，不得发布广告、推广，不得以登记品种的名义销售。	**第二十三条**　应当审定的农作物品种未经审定的，不得发布广告、推广、销售。 应当审定的林木品种未经审定通过的，不得作为良种推广、销售，但生产确需使用的，应当经林木品种审定委员会认定。 应当登记的农作物品种未经登记的，不得发布广告、推广，不得以登记品种的名义销售。
第二十四条　在中国境内没有经	**第二十四条**　在中国境内没有经	**第二十四条**　在中国境内没有经

修改前	一审稿	修改后
常居所或者营业场所的境外机构、个人在境内申请品种审定或者登记的，应当委托具有法人资格的境内种子企业代理。	常居所或者营业场所的境外机构、个人在境内申请品种审定或者登记的，应当委托具有法人资格的境内种子企业代理。	常居所或者营业场所的境外机构、个人在境内申请品种审定或者登记的，应当委托具有法人资格的境内种子企业代理。
第四章　新品种保护	**第四章　新品种保护**	**第四章　新品种保护**
第二十五条　国家实行植物新品种保护制度。对国家植物品种保护名录内经过人工选育或者发现的野生植物加以改良，具备新颖性、特异性、一致性、稳定性和适当命名的植物品种，由国务院农业、林业主管部门授予植物新品种权，保护植物新品种权所有人的合法权益。植物新品种权的内容和归属、授予条件、申请和受理、审查与批准，以及期限、终止和无效等依照本法、有关法律和行政法规规定执行。 国家鼓励和支持种业科技创新、植物新品种培育及成果转化。取得植物新品种权的品种得到推广应用的，育种者依法获得相应的经济利益。	**第二十五条**　国家实行植物新品种保护制度。对国家植物品种保护名录内经过人工选育或者发现的野生植物加以改良，具备新颖性、特异性、一致性、稳定性和适当命名的植物品种，由国务院农业**农村**、林业**草原**主管部门授予植物新品种权，保护植物新品种权所有人的合法权益。植物新品种权的内容和归属、授予条件、申请和受理、审查与批准，以及期限、终止和无效等依照本法、有关法律和行政法规规定执行。 国家鼓励和支持种业科技创新、植物新品种培育及成果转化。取得植物新品种权的品种得到推广应用的，育种者依法获得相应的经济利益。	**第二十五条**　国家实行植物新品种保护制度。对国家植物品种保护名录内经过人工选育或者发现的野生植物加以改良，具备新颖性、特异性、一致性、稳定性和适当命名的植物品种，由国务院农业农村、林业草原主管部门授予植物新品种权，保护植物新品种权所有人的合法权益。植物新品种权的内容和归属、授予条件、申请和受理、审查与批准，以及期限、终止和无效等依照本法、有关法律和行政法规规定执行。 国家鼓励和支持种业科技创新、植物新品种培育及成果转化。取得植物新品种权的品种得到推广应用的，育种者依法获得相应的经济利益。

修改前	一审稿	修改后
第二十六条　一个植物新品种只能授予一项植物新品种权。两个以上的申请人分别就同一个品种申请植物新品种权的，植物新品种权授予最先申请的人；同时申请的，植物新品种权授予最先完成该品种育种的人。 对违反法律，危害社会公共利益、生态环境的植物新品种，不授予植物新品种权。	**第二十六条**　一个植物新品种只能授予一项植物新品种权。两个以上的申请人分别就同一个品种申请植物新品种权的，植物新品种权授予最先申请的人；同时申请的，植物新品种权授予最先完成该品种育种的人。 对违反法律，危害社会公共利益、生态环境的植物新品种，不授予植物新品种权。	**第二十六条**　一个植物新品种只能授予一项植物新品种权。两个以上的申请人分别就同一个品种申请植物新品种权的，植物新品种权授予最先申请的人；同时申请的，植物新品种权授予最先完成该品种育种的人。 对违反法律，危害社会公共利益、生态环境的植物新品种，不授予植物新品种权。
第二十七条　授予植物新品种权的植物新品种名称，应当与相同或者相近的植物属或者种中已知品种的名称相区别。该名称经授权后即为该植物新品种的通用名称。 下列名称不得用于授权品种的命名： （一）仅以数字表示的； （二）违反社会公德的； （三）对植物新品种的特征、特性或者育种者身份等容易引起误解的。 同一植物品种在申请新品种保护、品种审定、品种登记、推广、销	**第二十七条**　授予植物新品种权的植物新品种名称，应当与相同或者相近的植物属或者种中已知品种的名称相区别。该名称经授权后即为该植物新品种的通用名称。 下列名称不得用于授权品种的命名： （一）仅以数字表示的； （二）违反社会公德的； （三）对植物新品种的特征、特性或者育种者身份等容易引起误解的。 同一植物品种在申请新品种保护、品种审定、品种登记、推广、销	**第二十七条**　授予植物新品种权的植物新品种名称，应当与相同或者相近的植物属或者种中已知品种的名称相区别。该名称经授权后即为该植物新品种的通用名称。 下列名称不得用于授权品种的命名： （一）仅以数字表示的； （二）违反社会公德的； （三）对植物新品种的特征、特性或者育种者身份等容易引起误解的。 同一植物品种在申请新品种保护、品种审定、品种登记、推广、销

修改前	一审稿	修改后
售时只能使用同一个名称。生产推广、销售的种子应当与申请植物新品种保护、品种审定、品种登记时提供的样品相符。	售时只能使用同一个名称。生产推广、销售的种子应当与申请植物新品种保护、品种审定、品种登记时提供的样品相符。	售时只能使用同一个名称。生产推广、销售的种子应当与申请植物新品种保护、品种审定、品种登记时提供的样品相符。
第二十八条　完成育种的单位或者个人对其授权品种，享有排他的独占权。任何单位或者个人未经植物新品种权所有人许可，不得生产、繁殖或者销售该授权品种的繁殖材料，不得为商业目的将该授权品种的繁殖材料重复使用于生产另一品种的繁殖材料；但是本法、有关法律、行政法规另有规定的除外。	**第二十八条**　完成育种的单位或者个人对其授权品种，享有排他的独占权。任何单位或者个人未经植物新品种权所有人许可，不得生产、繁殖、**加工、许诺销售**、销售、**进口、出口以及为上述行为储存**该授权品种的繁殖材料，不得为商业目的将该授权品种的繁殖材料重复使用于生产另一品种的繁殖材料；但是本法、有关法律、行政法规另有规定的除外。 **从事本条第一款所规定的各项活动，涉及由未经许可使用授权品种繁殖材料而获得的收获材料，应当得到植物新品种权所有人许可，但其对繁殖材料已有合理机会行使其权利的情况**除外。 **实质性派生品种可以申请植物新品种权，并可以获得授权。但对其实**	**第二十八条**　**植物新品种权所有**人对其授权品种享有排他的独占权。**植物新品种权所有人可以将植物新品种权许可他人实施，并按照合同约定收取许可使用费；许可使用费可以采取固定价款、从推广收益中提成等方式收取。** 任何单位或者个人未经植物新品种权所有人许可，不得生产、繁殖**和为繁殖而进行处理、**许诺销售、销售、进口、出口以及为**实施**上述行为储存该授权品种的繁殖材料，不得为商业目的将该授权品种的繁殖材料重复使用于生产另一品种的繁殖材料。本法、有关法律、行政法规另有规定的除外。 **实施前**款规定的**行为**，涉及由未经许可使用授权品种**的**繁殖材料而获

修改前	一审稿	修改后
	施本条第一款、第二款所述行为的，应当征得原始品种的植物新品种权所有人的同意。 实质性派生品种实施名录及判定指南等，由国务院农业农村、林业草原主管部门依照本法及有关法律确定。 自实质性派生品种实施名录发布之日起申请的植物新品种，按照实质性派生品种相关制度管理。	得的收获材料的，应当得到植物新品种权所有人的许可；但是，植物新品种权所有人对繁殖材料已有合理机会行使其权利的除外。 对实质性派生品种实施第二款、第三款规定行为的，应当征得原始品种的植物新品种权所有人的同意。 实质性派生品种制度的实施步骤和办法由国务院规定。
第二十九条　在下列情况下使用授权品种的，可以不经植物新品种权所有人许可，不向其支付使用费，但不得侵犯植物新品种权所有人依照本法、有关法律、行政法规享有的其他权利： （一）利用授权品种进行育种及其他科研活动； （二）农民自繁自用授权品种的繁殖材料。	**第二十九条**　在下列情况下使用授权品种的，可以不经植物新品种权所有人许可，不向其支付使用费，但不得侵犯植物新品种权所有人依照本法、有关法律、行政法规享有的其他权利： （一）利用授权品种进行育种及其他科研活动； （二）农民自繁自用授权品种的繁殖材料。	**第二十九条**　在下列情况下使用授权品种的，可以不经植物新品种权所有人许可，不向其支付使用费，但不得侵犯植物新品种权所有人依照本法、有关法律、行政法规享有的其他权利： （一）利用授权品种进行育种及其他科研活动； （二）农民自繁自用授权品种的繁殖材料。
第三十条　为了国家利益或者社会公共利益，国务院农业、林业主管	**第三十条**　为了国家利益或者社会公共利益，国务院农业**农村**、林业	**第三十条**　为了国家利益或者社会公共利益，国务院农业农村、林业

修改前	一审稿	修改后
部门可以作出实施植物新品种权强制许可的决定，并予以登记和公告。 取得实施强制许可的单位或者个人不享有独占的实施权，并且无权允许他人实施。	**草原**主管部门可以作出实施植物新品种权强制许可的决定，并予以登记和公告。 取得实施强制许可的单位或者个人不享有独占的实施权，并且无权允许他人实施。	草原主管部门可以作出实施植物新品种权强制许可的决定，并予以登记和公告。 取得实施强制许可的单位或者个人不享有独占的实施权，并且无权允许他人实施。
第五章　种子生产经营	**第五章　种子生产经营**	**第五章　种子生产经营**
第三十一条　从事种子进出口业务的种子生产经营许可证，由省、自治区、直辖市人民政府农业、林业主管部门审核，国务院农业、林业主管部门核发。 从事主要农作物杂交种子及其亲本种子、林木良种种子的生产经营以及实行选育生产经营相结合，符合国务院农业、林业主管部门规定条件的种子企业的种子生产经营许可证，由生产经营者所在地县级人民政府农业、林业主管部门审核，省、自治区、直辖市人民政府农业、林业主管部门核发。	**第三十一条**　从事种子进出口业务的种子生产经营许可证，由国务院农业**农村**、林业**草原**主管部门核发；**其中，申请从事农作物种子进出口业务的种子生产经营许可证的，还应当经省、自治区、直辖市人民政府农业农村主管部门审核**。 从事主要农作物杂交种子及其亲本种子、林木良种**繁殖材料**生产经营**的**，以及符合国务院农业**农村**主管部门规定条件的**实行选育生产经营相结合的农作物**种子企业的种子生产经营许可证，由省、自治区、直辖市人民政府农业**农村**、林业**草原**主管部门核发。	**第三十一条**　从事种子进出口业务的种子生产经营许可证，由国务院农业农村、林业草原主管部门核发。**国务院农业农村、林业草原主管部门可以委托**省、自治区、直辖市人民政府农业农村、**林业草原**主管部门**接收申请材料**。 从事主要农作物杂交种子及其亲本种子、林木良种繁殖材料生产经营的，以及符合国务院农业农村主管部门规定条件的实行选育生产经营相结合的农作物种子企业的种子生产经营许可证，由省、自治区、直辖市人民政府农业农村、林业草原主管部门核发。

修改前	一审稿	修改后
前两款规定以外的其他种子的生产经营许可证，由生产经营者所在地县级以上地方人民政府农业、林业主管部门核发。 只从事非主要农作物种子和非主要林木种子生产的，不需要办理种子生产经营许可证。	前两款规定以外的其他种子的生产经营许可证，由生产经营者所在地县级以上地方人民政府农业**农村**、林业**草原**主管部门核发。 只从事非主要农作物种子和非主要林木种子生产的，不需要办理种子生产经营许可证。	前两款规定以外的其他种子的生产经营许可证，由生产经营者所在地县级以上地方人民政府农业农村、林业草原主管部门核发。 只从事非主要农作物种子和非主要林木种子生产的，不需要办理种子生产经营许可证。
第三十二条　申请取得种子生产经营许可证的，应当具有与种子生产经营相适应的生产经营设施、设备及专业技术人员，以及法规和国务院农业、林业主管部门规定的其他条件。 从事种子生产的，还应当同时具有繁殖种子的隔离和培育条件，具有无检疫性有害生物的种子生产地点或者县级以上人民政府林业主管部门确定的采种林。 申请领取具有植物新品种权的种子生产经营许可证的，应当征得植物新品种权所有人的书面同意。	**第三十二条**　申请取得种子生产经营许可证的，应当具有与种子生产经营相适应的生产经营设施、设备及专业技术人员，以及法规和国务院农业**农村**、林业**草原**主管部门规定的其他条件。 从事种子生产的，还应当同时具有繁殖种子的隔离和培育条件，具有无检疫性有害生物的种子生产地点或者县级以上人民政府林业**草原**主管部门确定的采种林。 申请领取具有植物新品种权的种子生产经营许可证的，应当征得植物新品种权所有人的书面同意。	**第三十二条**　申请取得种子生产经营许可证的，应当具有与种子生产经营相适应的生产经营设施、设备及专业技术人员，以及法规和国务院农业农村、林业草原主管部门规定的其他条件。 从事种子生产的，还应当同时具有繁殖种子的隔离和培育条件，具有无检疫性有害生物的种子生产地点或者县级以上人民政府林业草原主管部门确定的采种林。 申请领取具有植物新品种权的种子生产经营许可证的，应当征得植物新品种权所有人的书面同意。

修改前	一审稿	修改后
第三十三条　种子生产经营许可证应当载明生产经营者名称、地址、法定代表人、生产种子的品种、地点和种子经营的范围、有效期限、有效区域等事项。 前款事项发生变更的，应当自变更之日起三十日内，向原核发许可证机关申请变更登记。 除本法另有规定外，禁止任何单位和个人无种子生产经营许可证或者违反种子生产经营许可证的规定生产、经营种子。禁止伪造、变造、买卖、租借种子生产经营许可证。	**第三十三条**　种子生产经营许可证应当载明生产经营者名称、地址、法定代表人、生产种子的品种、地点和种子经营的范围、有效期限、有效区域等事项。 前款事项发生变更的，应当自变更之日起三十日内，向原核发许可证机关申请变更登记。 除本法另有规定外，禁止任何单位和个人无种子生产经营许可证或者违反种子生产经营许可证的规定生产、经营种子。禁止伪造、变造、买卖、租借种子生产经营许可证。	**第三十三条**　种子生产经营许可证应当载明生产经营者名称、地址、法定代表人、生产种子的品种、地点和种子经营的范围、有效期限、有效区域等事项。 前款事项发生变更的，应当自变更之日起三十日内，向原核发许可证机关申请变更登记。 除本法另有规定外，禁止任何单位和个人无种子生产经营许可证或者违反种子生产经营许可证的规定生产、经营种子。禁止伪造、变造、买卖、租借种子生产经营许可证。
第三十四条　种子生产应当执行种子生产技术规程和种子检验、检疫规程。	**第三十四条**　种子生产应当执行种子生产技术规程和种子检验、检疫规程。	**第三十四条**　种子生产应当执行种子生产技术规程和种子检验、检疫规程，**保证种子符合净度、纯度、发芽率等质量要求和检疫要求。** **县级以上人民政府农业农村、林业草原主管部门应当指导、支持种子生产经营者采用先进的种子生产技术，改进生产工艺，提高种子质量。**

修改前	一审稿	修改后
第三十五条 在林木种子生产基地内采集种子的，由种子生产基地的经营者组织进行，采集种子应当按照国家有关标准进行。 禁止抢采掠青、损坏母树，禁止在劣质林内、劣质母树上采集种子。	**第三十五条** 在林木种子生产基地内采集种子的，由种子生产基地的经营者组织进行，采集种子应当按照国家有关标准进行。 禁止抢采掠青、损坏母树，禁止在劣质林内、劣质母树上采集种子。	**第三十五条** 在林木种子生产基地内采集种子的，由种子生产基地的经营者组织进行，采集种子应当按照国家有关标准进行。 禁止抢采掠青、损坏母树，禁止在劣质林内、劣质母树上采集种子。
第三十六条 种子生产经营者应当建立和保存包括种子来源、产地、数量、质量、销售去向、销售日期和有关责任人员等内容的生产经营档案，保证可追溯。种子生产经营档案的具体载明事项，种子生产经营档案及种子样品的保存期限由国务院农业、林业主管部门规定。	**第三十六条** 种子生产经营者应当建立和保存包括种子来源、产地、数量、质量、销售去向、销售日期和有关责任人员等内容的生产经营档案，保证可追溯。种子生产经营档案的具体载明事项，种子生产经营档案及种子样品的保存期限由国务院农业**农村**、林业**草原**主管部门规定。	**第三十六条** 种子生产经营者应当建立和保存包括种子来源、产地、数量、质量、销售去向、销售日期和有关责任人员等内容的生产经营档案，保证可追溯。种子生产经营档案的具体载明事项，种子生产经营档案及种子样品的保存期限由国务院农业农村、林业草原主管部门规定。
第三十七条 农民个人自繁自用的常规种子有剩余的，可以在当地集贸市场上出售、串换，不需要办理种子生产经营许可证。	**第三十七条** 农民个人自繁自用的常规种子有剩余的，可以在当地集贸市场上出售、串换，不需要办理种子生产经营许可证。	**第三十七条** 农民个人自繁自用的常规种子有剩余的，可以在当地集贸市场上出售、串换，不需要办理种子生产经营许可证。
第三十八条 种子生产经营许可证的有效区域由发证机关在其管辖范围内确定。种子生产经营者在种子生	**第三十八条** 种子生产经营许可证的有效区域由发证机关在其管辖范围内确定。种子生产经营者在种子生	**第三十八条** 种子生产经营许可证的有效区域由发证机关在其管辖范围内确定。种子生产经营者在种子生

修改前	一审稿	修改后
产经营许可证载明的有效区域设立分支机构的，专门经营不再分装的包装种子的，或者受具有种子生产经营许可证的种子生产经营者以书面委托生产、代销其种子的，不需要办理种子生产经营许可证，但应当向当地农业、林业主管部门备案。 实行选育生产经营相结合，符合国务院农业、林业主管部门规定条件的种子企业的生产经营许可证的有效区域为全国。	产经营许可证载明的有效区域设立分支机构的，专门经营不再分装的包装种子的，或者受具有种子生产经营许可证的种子生产经营者以书面委托生产、代销其种子的，不需要办理种子生产经营许可证，但应当向当地农业**农村**、林业**草原**主管部门备案。 实行选育生产经营相结合，符合国务院农业**农村**、林业**草原**主管部门规定条件的种子企业的生产经营许可证的有效区域为全国。	产经营许可证载明的有效区域设立分支机构的，专门经营不再分装的包装种子的，或者受具有种子生产经营许可证的种子生产经营者以书面委托生产、代销其种子的，不需要办理种子生产经营许可证，但应当向当地农业农村、林业草原主管部门备案。 实行选育生产经营相结合，符合国务院农业农村、林业草原主管部门规定条件的种子企业的生产经营许可证的有效区域为全国。
第三十九条 未经省、自治区、直辖市人民政府林业主管部门批准，不得收购珍贵树木种子和本级人民政府规定限制收购的林木种子。	**删去**	**删去**
第四十条 销售的种子应当加工、分级、包装。但是不能加工、包装的除外。 大包装或者进口种子可以分装；实行分装的，应当标注分装单位，并对种子质量负责。	**第三十九条** 销售的种子应当加工、分级、包装。但是不能加工、包装的除外。 大包装或者进口种子可以分装；实行分装的，应当标注分装单位，并对种子质量负责。	**第三十九条** 销售的种子应当加工、分级、包装。但是不能加工、包装的除外。 大包装或者进口种子可以分装；实行分装的，应当标注分装单位，并对种子质量负责。

修改前	一审稿	修改后
第四十一条 销售的种子应当符合国家或者行业标准，附有标签和使用说明。标签和使用说明标注的内容应当与销售的种子相符。种子生产经营者对标注内容的真实性和种子质量负责。 标签应当标注种子类别、品种名称、品种审定或者登记编号、品种适宜种植区域及季节、生产经营者及注册地、质量指标、检疫证明编号、种子生产经营许可证编号和信息代码，以及国务院农业、林业主管部门规定的其他事项。 销售授权品种种子的，应当标注品种权号。 销售进口种子的，应当附有进口审批文号和中文标签。 销售转基因植物品种种子的，必须用明显的文字标注，并应当提示使用时的安全控制措施。 种子生产经营者应当遵守有关法律、法规的规定，诚实守信，向种子	**第四十条** 销售的种子应当符合国家或者行业标准，附有标签和使用说明。标签和使用说明标注的内容应当与销售的种子相符。种子生产经营者对标注内容的真实性和种子质量负责。 标签应当标注种子类别、品种名称、品种审定或者登记编号、品种适宜种植区域及季节、生产经营者及注册地、质量指标、检疫证明编号、种子生产经营许可证编号和信息代码，以及国务院农业**农村**、林业**草原**主管部门规定的其他事项。 销售授权品种种子的，应当标注品种权号。 销售进口种子的，应当附有进口审批文号和中文标签。 销售转基因植物品种种子的，必须用明显的文字标注，并应当提示使用时的安全控制措施。 种子生产经营者应当遵守有关法律、法规的规定，诚实守信，向种子	**第四十条** 销售的种子应当符合国家或者行业标准，附有标签和使用说明。标签和使用说明标注的内容应当与销售的种子相符。种子生产经营者对标注内容的真实性和种子质量负责。 标签应当标注种子类别、品种名称、品种审定或者登记编号、品种适宜种植区域及季节、生产经营者及注册地、质量指标、检疫证明编号、种子生产经营许可证编号和信息代码，以及国务院农业农村、林业草原主管部门规定的其他事项。 销售授权品种种子的，应当标注品种权号。 销售进口种子的，应当附有进口审批文号和中文标签。 销售转基因植物品种种子的，必须用明显的文字标注，并应当提示使用时的安全控制措施。 种子生产经营者应当遵守有关法律、法规的规定，诚实守信，向种子

修改前	一审稿	修改后
使用者提供种子生产者信息、种子的主要性状、主要栽培措施、适应性等使用条件的说明、风险提示与有关咨询服务，不得作虚假或者引人误解的宣传。 任何单位和个人不得非法干预种子生产经营者的生产经营自主权。	使用者提供种子生产者信息、种子的主要性状、主要栽培措施、适应性等使用条件的说明、风险提示与有关咨询服务，不得作虚假或者引人误解的宣传。 任何单位和个人不得非法干预种子生产经营者的生产经营自主权。	使用者提供种子生产者信息、种子的主要性状、主要栽培措施、适应性等使用条件的说明、风险提示与有关咨询服务，不得作虚假或者引人误解的宣传。 任何单位和个人不得非法干预种子生产经营者的生产经营自主权。
第四十二条 种子广告的内容应当符合本法和有关广告的法律、法规的规定，主要性状描述等应当与审定、登记公告一致。	**第四十一条** 种子广告的内容应当符合本法和有关广告的法律、法规的规定，主要性状描述等应当与审定、登记公告一致。	**第四十一条** 种子广告的内容应当符合本法和有关广告的法律、法规的规定，主要性状描述等应当与审定、登记公告一致。
第四十三条 运输或者邮寄种子应当依照有关法律、行政法规的规定进行检疫。	**第四十二条** 运输或者邮寄种子应当依照有关法律、行政法规的规定进行检疫。	**第四十二条** 运输或者邮寄种子应当依照有关法律、行政法规的规定进行检疫。
第四十四条 种子使用者有权按照自己的意愿购买种子，任何单位和个人不得非法干预。	**第四十三条** 种子使用者有权按照自己的意愿购买种子，任何单位和个人不得非法干预。	**第四十三条** 种子使用者有权按照自己的意愿购买种子，任何单位和个人不得非法干预。
第四十五条 国家对推广使用林木良种造林给予扶持。国家投资或者国家投资为主的造林项目和国有林业	**第四十四条** 国家对推广使用林木良种造林给予扶持。国家投资或者国家投资为主的造林项目和国有林业	**第四十四条** 国家对推广使用林木良种造林给予扶持。国家投资或者国家投资为主的造林项目和国有林业

修改前	一审稿	修改后
单位造林，应当根据林业主管部门制定的计划使用林木良种。	单位造林，应当根据林业**草原**主管部门制定的计划使用林木良种。	单位造林，应当根据林业草原主管部门制定的计划使用林木良种。
第四十六条　种子使用者因种子质量问题或者因种子的标签和使用说明标注的内容不真实，遭受损失的，种子使用者可以向出售种子的经营者要求赔偿，也可以向种子生产者或者其他经营者要求赔偿。赔偿额包括购种价款、可得利益损失和其他损失。属于种子生产者或者其他经营者责任的，出售种子的经营者赔偿后，有权向种子生产者或者其他经营者追偿；属于出售种子的经营者责任的，种子生产者或者其他经营者赔偿后，有权向出售种子的经营者追偿。	**第四十五条**　种子使用者因种子质量问题或者因种子的标签和使用说明标注的内容不真实，遭受损失的，种子使用者可以向出售种子的经营者要求赔偿，也可以向种子生产者或者其他经营者要求赔偿。赔偿额包括购种价款、可得利益损失和其他损失。属于种子生产者或者其他经营者责任的，出售种子的经营者赔偿后，有权向种子生产者或者其他经营者追偿；属于出售种子的经营者责任的，种子生产者或者其他经营者赔偿后，有权向出售种子的经营者追偿。	**第四十五条**　种子使用者因种子质量问题或者因种子的标签和使用说明标注的内容不真实，遭受损失的，种子使用者可以向出售种子的经营者要求赔偿，也可以向种子生产者或者其他经营者要求赔偿。赔偿额包括购种价款、可得利益损失和其他损失。属于种子生产者或者其他经营者责任的，出售种子的经营者赔偿后，有权向种子生产者或者其他经营者追偿；属于出售种子的经营者责任的，种子生产者或者其他经营者赔偿后，有权向出售种子的经营者追偿。
第六章　种子监督管理	**第六章　种子监督管理**	**第六章　种子监督管理**
第四十七条　农业、林业主管部门应当加强对种子质量的监督检查。种子质量管理办法、行业标准和检验方法，由国务院农业、林业主管部门制定。	**第四十六条**　农业**农村**、林业**草原**主管部门应当加强对种子质量的监督检查。种子质量管理办法、行业标准和检验方法，由国务院农业**农村**、林业**草原**主管部门制定。	**第四十六条**　农业农村、林业草原主管部门应当加强对种子质量的监督检查。种子质量管理办法、行业标准和检验方法，由国务院农业农村、林业草原主管部门制定。

修改前	一审稿	修改后
农业、林业主管部门可以采用国家规定的快速检测方法对生产经营的种子品种进行检测，检测结果可以作为行政处罚依据。被检查人对检测结果有异议的，可以申请复检，复检不得采用同一检测方法。因检测结果错误给当事人造成损失的，依法承担赔偿责任。	农业**农村**、林业**草原**主管部门可以采用国家规定的快速检测方法对生产经营的种子品种进行检测，检测结果可以作为行政处罚依据。被检查人对检测结果有异议的，可以申请复检，复检不得采用同一检测方法。因检测结果错误给当事人造成损失的，依法承担赔偿责任。	农业农村、林业草原主管部门可以采用国家规定的快速检测方法对生产经营的种子品种进行检测，检测结果可以作为行政处罚依据。被检查人对检测结果有异议的，可以申请复检，复检不得采用同一检测方法。因检测结果错误给当事人造成损失的，依法承担赔偿责任。
第四十八条 农业、林业主管部门可以委托种子质量检验机构对种子质量进行检验。 承担种子质量检验的机构应当具备相应的检测条件、能力，并经省级以上人民政府有关主管部门考核合格。 种子质量检验机构应当配备种子检验员。种子检验员应当具有中专以上有关专业学历，具备相应的种子检验技术能力和水平。	**第四十七条** 农业**农村**、林业**草原**主管部门可以委托种子质量检验机构对种子质量进行检验。 承担种子质量检验的机构应当具备相应的检测条件、能力，并经省级以上人民政府有关主管部门考核合格。 种子质量检验机构应当配备种子检验员。种子检验员应当具有中专以上有关专业学历，具备相应的种子检验技术能力和水平。	**第四十七条** 农业农村、林业草原主管部门可以委托种子质量检验机构对种子质量进行检验。 承担种子质量检验的机构应当具备相应的检测条件、能力，并经省级以上人民政府有关主管部门考核合格。 种子质量检验机构应当配备种子检验员。种子检验员应当具有中专以上有关专业学历，具备相应的种子检验技术能力和水平。
第四十九条 禁止生产经营假、劣种子。农业、林业主管部门和有关	**第四十八条** 禁止生产经营假、劣种子。农业**农村**、林业**草原**主管部	**第四十八条** 禁止生产经营假、劣种子。农业农村、林业草原主管部

修改前	一审稿	修改后
部门依法打击生产经营假、劣种子的违法行为，保护农民合法权益，维护公平竞争的市场秩序。 下列种子为假种子： （一）以非种子冒充种子或者以此种品种种子冒充其他品种种子的； （二）种子种类、品种与标签标注的内容不符或者没有标签的。 下列种子为劣种子： （一）质量低于国家规定标准的； （二）质量低于标签标注指标的； （三）带有国家规定的检疫性有害生物的。	门和有关部门依法打击生产经营假、劣种子的违法行为，保护农民合法权益，维护公平竞争的市场秩序。 下列种子为假种子： （一）以非种子冒充种子或者以此种品种种子冒充其他品种种子的； （二）种子种类、品种与标签标注的内容不符或者没有标签的。 下列种子为劣种子： （一）质量低于国家规定标准的； （二）质量低于标签标注指标的； （三）带有国家规定的检疫性有害生物的。	门和有关部门依法打击生产经营假、劣种子的违法行为，保护农民合法权益，维护公平竞争的市场秩序。 下列种子为假种子： （一）以非种子冒充种子或者以此种品种种子冒充其他品种种子的； （二）种子种类、品种与标签标注的内容不符或者没有标签的。 下列种子为劣种子： （一）质量低于国家规定标准的； （二）质量低于标签标注指标的； （三）带有国家规定的检疫性有害生物的。
第五十条　农业、林业主管部门是种子行政执法机关。种子执法人员依法执行公务时应当出示行政执法证件。农业、林业主管部门依法履行种子监督检查职责时，有权采取下列措施： （一）进入生产经营场所进行现场检查； （二）对种子进行取样测试、试验	**第四十九条**　农业**农村**、林业**草原**主管部门是种子行政执法机关。种子执法人员依法执行公务时应当出示行政执法证件。农业**农村**、林业**草原**主管部门依法履行种子监督检查职责时，有权采取下列措施： （一）进入生产经营场所进行现场检查； （二）对种子进行取样测试、试验	**第四十九条**　农业农村、林业草原主管部门是种子行政执法机关。种子执法人员依法执行公务时应当出示行政执法证件。农业农村、林业草原主管部门依法履行种子监督检查职责时，有权采取下列措施： （一）进入生产经营场所进行现场检查； （二）对种子进行取样测试、试验

修改前	一审稿	修改后
或者检验； （三）查阅、复制有关合同、票据、账簿、生产经营档案及其他有关资料； （四）查封、扣押有证据证明违法生产经营的种子，以及用于违法生产经营的工具、设备及运输工具等； （五）查封违法从事种子生产经营活动的场所。 农业、林业主管部门依照本法规定行使职权，当事人应当协助、配合，不得拒绝、阻挠。 农业、林业主管部门所属的综合执法机构或者受其委托的种子管理机构，可以开展种子执法相关工作。	或者检验； （三）查阅、复制有关合同、票据、账簿、生产经营档案及其他有关资料； （四）查封、扣押有证据证明违法生产经营的种子，以及用于违法生产经营的工具、设备及运输工具等； （五）查封违法从事种子生产经营活动的场所。 农业**农村**、林业**草原**主管部门依照本法规定行使职权，当事人应当协助、配合，不得拒绝、阻挠。 农业**农村**、林业**草原**主管部门所属的综合执法机构或者受其委托的种子管理机构，可以开展种子执法相关工作。	或者检验； （三）查阅、复制有关合同、票据、账簿、生产经营档案及其他有关资料； （四）查封、扣押有证据证明违法生产经营的种子，以及用于违法生产经营的工具、设备及运输工具等； （五）查封违法从事种子生产经营活动的场所。 农业农村、林业草原主管部门依照本法规定行使职权，当事人应当协助、配合，不得拒绝、阻挠。 农业农村、林业草原主管部门所属的综合执法机构或者受其委托的种子管理机构，可以开展种子执法相关工作。
第五十一条　种子生产经营者依法自愿成立种子行业协会，加强行业自律管理，维护成员合法权益，为成员和行业发展提供信息交流、技术培训、信用建设、市场营销和咨询等服务。	**第五十条**　种子生产经营者依法自愿成立种子行业协会，加强行业自律管理，维护成员合法权益，为成员和行业发展提供信息交流、技术培训、信用建设、市场营销和咨询等服务。	**第五十条**　种子生产经营者依法自愿成立种子行业协会，加强行业自律管理，维护成员合法权益，为成员和行业发展提供信息交流、技术培训、信用建设、市场营销和咨询等服务。

修改前	一审稿	修改后
第五十二条 种子生产经营者可自愿向具有资质的认证机构申请种子质量认证。经认证合格的，可以在包装上使用认证标识。	**第五十一条** 种子生产经营者可自愿向具有资质的认证机构申请种子质量认证。经认证合格的，可以在包装上使用认证标识。	**第五十一条** 种子生产经营者可自愿向具有资质的认证机构申请种子质量认证。经认证合格的，可以在包装上使用认证标识。
第五十三条 由于不可抗力原因，为生产需要必须使用低于国家或者地方规定标准的农作物种子的，应当经用种地县级以上地方人民政府批准；林木种子应当经用种地省、自治区、直辖市人民政府批准。	**第五十二条** 由于不可抗力原因，为生产需要必须使用低于国家或者地方规定标准的农作物种子的，应当经用种地县级以上地方人民政府批准。	**第五十二条** 由于不可抗力原因，为生产需要必须使用低于国家或者地方规定标准的农作物种子的，应当经用种地县级以上地方人民政府批准。
第五十四条 从事品种选育和种子生产经营以及管理的单位和个人应当遵守有关植物检疫法律、行政法规的规定，防止植物危险性病、虫、杂草及其他有害生物的传播和蔓延。 禁止任何单位和个人在种子生产基地从事检疫性有害生物接种试验。	**第五十三条** 从事品种选育和种子生产经营以及管理的单位和个人应当遵守有关植物检疫法律、行政法规的规定，防止植物危险性病、虫、杂草及其他有害生物的传播和蔓延。 禁止任何单位和个人在种子生产基地从事检疫性有害生物接种试验。	**第五十三条** 从事品种选育和种子生产经营以及管理的单位和个人应当遵守有关植物检疫法律、行政法规的规定，防止植物危险性病、虫、杂草及其他有害生物的传播和蔓延。 禁止任何单位和个人在种子生产基地从事检疫性有害生物接种试验。
第五十五条 省级以上人民政府农业、林业主管部门应当在统一的政府信息发布平台上发布品种审定、品种登记、新品种保护、种子生产经营	**第五十四条** 省级以上人民政府农业**农村**、林业**草原**主管部门应当在统一的政府信息发布平台上发布品种审定、品种登记、新品种保护、种子	**第五十四条** 省级以上人民政府农业农村、林业草原主管部门应当在统一的政府信息发布平台上发布品种审定、品种登记、新品种保护、种子

修改前	一审稿	修改后
许可、监督管理等信息。 国务院农业、林业主管部门建立植物品种标准样品库，为种子监督管理提供依据。	生产经营许可、监督管理等信息。 国务院农业**农村**、林业**草原**主管部门建立植物品种标准样品库，为种子监督管理提供依据。	生产经营许可、监督管理等信息。 国务院农业农村、林业草原主管部门建立植物品种标准样品库，为种子监督管理提供依据。
第五十六条 农业、林业主管部门及其工作人员，不得参与和从事种子生产经营活动。	**第五十五条** 农业**农村**、林业**草原**主管部门及其工作人员，不得参与和从事种子生产经营活动。	**第五十五条** 农业农村、林业草原主管部门及其工作人员，不得参与和从事种子生产经营活动。
第七章 种子进出口和对外合作	**第七章 种子进出口和对外合作**	**第七章 种子进出口和对外合作**
第五十七条 进口种子和出口种子必须实施检疫，防止植物危险性病、虫、杂草及其他有害生物传入境内和传出境外，具体检疫工作按照有关植物进出境检疫法律、行政法规的规定执行。	**第五十六条** 进口种子和出口种子必须实施检疫，防止植物危险性病、虫、杂草及其他有害生物传入境内和传出境外，具体检疫工作按照有关植物进出境检疫法律、行政法规的规定执行。	**第五十六条** 进口种子和出口种子必须实施检疫，防止植物危险性病、虫、杂草及其他有害生物传入境内和传出境外，具体检疫工作按照有关植物进出境检疫法律、行政法规的规定执行。
第五十八条 从事种子进出口业务的，除具备种子生产经营许可证外，还应当依照国家有关规定取得种子进出口许可。 从境外引进农作物、林木种子的审定权限，农作物、林木种子的进口	**第五十七条** 从事种子进出口业务的，**应当**具备种子生产经营许可证；**其中，从事农作物种子进出口业务的**，还应当依照国家有关规定取得种子进出口许可。 从境外引进农作物、林木种子的	**第五十七条** 从事种子进出口业务的，应当具备种子生产经营许可证；其中，从事农作物种子进出口业务的，还应当**按**照国家有关规定取得种子进出口许可。 从境外引进农作物、林木种子的

修改前	一审稿	修改后
审批办法，引进转基因植物品种的管理办法，由国务院规定。	审定权限，农作物种子的进口审批办法，引进转基因植物品种的管理办法，由国务院规定。	审定权限，农作物种子的进口审批办法，引进转基因植物品种的管理办法，由国务院规定。
第五十九条 进口种子的质量，应当达到国家标准或者行业标准。没有国家标准或者行业标准的，可以按照合同约定的标准执行。	**第五十八条** 进口种子的质量，应当达到国家标准或者行业标准。没有国家标准或者行业标准的，可以按照合同约定的标准执行。	**第五十八条** 进口种子的质量，应当达到国家标准或者行业标准。没有国家标准或者行业标准的，可以按照合同约定的标准执行。
第六十条 为境外制种进口种子的，可以不受本法第五十八条第一款的限制，但应当具有对外制种合同，进口的种子只能用于制种，其产品不得在境内销售。 从境外引进农作物或者林木试验用种，应当隔离栽培，收获物也不得作为种子销售。	**第五十九条** 为境外制种进口种子的，可以不受本法第五十七条第一款的限制，但应当具有对外制种合同，进口的种子只能用于制种，其产品不得在境内销售。 从境外引进农作物或者林木试验用种，应当隔离栽培，收获物也不得作为种子销售。	**第五十九条** 为境外制种进口种子的，可以不受本法第五十七条第一款的限制，但应当具有对外制种合同，进口的种子只能用于制种，其产品不得在境内销售。 从境外引进农作物或者林木试验用种，应当隔离栽培，收获物也不得作为种子销售。
第六十一条 禁止进出口假、劣种子以及属于国家规定不得进出口的种子。	**第六十条** 禁止进出口假、劣种子以及属于国家规定不得进出口的种子。	**第六十条** 禁止进出口假、劣种子以及属于国家规定不得进出口的种子。
第六十二条 国家建立种业国家安全审查机制。境外机构、个人投资、	**第六十一条** 国家建立种业国家安全审查机制。境外机构、个人投资、	**第六十一条** 国家建立种业国家安全审查机制。境外机构、个人投资、

修改前	一审稿	修改后
并购境内种子企业，或者与境内科研院所、种子企业开展技术合作，从事品种研发、种子生产经营的审批管理依照有关法律、行政法规的规定执行。	并购境内种子企业，或者与境内科研院所、种子企业开展技术合作，从事品种研发、种子生产经营的审批管理依照有关法律、行政法规的规定执行。	并购境内种子企业，或者与境内科研院所、种子企业开展技术合作，从事品种研发、种子生产经营的审批管理依照有关法律、行政法规的规定执行。
第八章　扶持措施	**第八章　扶持措施**	**第八章　扶持措施**
第六十三条　国家加大对种业发展的支持。对品种选育、生产、示范推广、种质资源保护、种子储备以及制种大县给予扶持。 国家鼓励推广使用高效、安全制种采种技术和先进适用的制种采种机械，将先进适用的制种采种机械纳入农机具购置补贴范围。 国家积极引导社会资金投资种业。	**第六十二条**　国家加大对种业发展的支持。对品种选育、生产、示范推广、种质资源保护、种子储备以及制种大县给予扶持。 国家鼓励推广使用高效、安全制种采种技术和先进适用的制种采种机械，将先进适用的制种采种机械纳入农机具购置补贴范围。 国家积极引导社会资金投资种业。	**第六十二条**　国家加大对种业发展的支持。对品种选育、生产、示范推广、种质资源保护、种子储备以及制种大县给予扶持。 国家鼓励推广使用高效、安全制种采种技术和先进适用的制种采种机械，将先进适用的制种采种机械纳入农机具购置补贴范围。 国家积极引导社会资金投资种业。
第六十四条　国家加强种业公益性基础设施建设。 对优势种子繁育基地内的耕地，划入基本农田保护区，实行永久保护。优势种子繁育基地由国务院农业主管部门商所在省、自治区、直辖市	**第六十三条**　国家加强种业公益性基础设施建设。 对优势种子繁育基地内的耕地，划入基本农田保护区，实行永久保护。优势种子繁育基地由国务院农业**农村**主管部门商所在省、自治区、直辖市	**第六十三条**　国家加强种业公益性基础设施建设，**保障育种科研设施用地合理需求**。 对优势种子繁育基地内的耕地，划入**永久**基本农田。优势种子繁育基地由国务院农业农村主管部门商所在

修改前	一审稿	修改后
人民政府确定。	人民政府确定。	省、自治区、直辖市人民政府确定。
第六十五条 对从事农作物和林木品种选育、生产的种子企业，按照国家有关规定给予扶持。	**第六十四条** 对从事农作物和林木品种选育、生产的种子企业，按照国家有关规定给予扶持。	**第六十四条** 对从事农作物和林木品种选育、生产的种子企业，按照国家有关规定给予扶持。
第六十六条 国家鼓励和引导金融机构为种子生产经营和收储提供信贷支持。	**第六十五条** 国家鼓励和引导金融机构为种子生产经营和收储提供信贷支持。	**第六十五条** 国家鼓励和引导金融机构为种子生产经营和收储提供信贷支持。
第六十七条 国家支持保险机构开展种子生产保险。省级以上人民政府可以采取保险费补贴等措施，支持发展种业生产保险。	**第六十六条** 国家支持保险机构开展种子生产保险。省级以上人民政府可以采取保险费补贴等措施，支持发展种业生产保险。	**第六十六条** 国家支持保险机构开展种子生产保险。省级以上人民政府可以采取保险费补贴等措施，支持发展种业生产保险。
第六十八条 国家鼓励科研院所及高等院校与种子企业开展育种科技人员交流，支持本单位的科技人员到种子企业从事育种成果转化活动；鼓励育种科研人才创新创业。	**第六十七条** 国家鼓励科研院所及高等院校与种子企业开展育种科技人员交流，支持本单位的科技人员到种子企业从事育种成果转化活动；鼓励育种科研人才创新创业。	**第六十七条** 国家鼓励科研院所及高等院校与种子企业开展育种科技人员交流，支持本单位的科技人员到种子企业从事育种成果转化活动；鼓励育种科研人才创新创业。
第六十九条 国务院农业、林业主管部门和异地繁育种子所在地的省、自治区、直辖市人民政府应当加强对异地繁育种子工作的管理和协调，	**第六十八条** 国务院农业**农村**、林业**草原**主管部门和异地繁育种子所在地的省、自治区、直辖市人民政府应当加强对异地繁育种子工作的管理	**第六十八条** 国务院农业农村、林业草原主管部门和异地繁育种子所在地的省、自治区、直辖市人民政府应当加强对异地繁育种子工作的管理

修改前	一审稿	修改后
交通运输部门应当优先保证种子的运输。	和协调，交通运输部门应当优先保证种子的运输。	和协调，交通运输部门应当优先保证种子的运输。
第九章　法律责任	**第九章　法律责任**	**第九章　法律责任**
第七十条　农业、林业主管部门不依法作出行政许可决定，发现违法行为或者接到对违法行为的举报不予查处，或者有其他未依照本法规定履行职责的行为的，由本级人民政府或者上级人民政府有关部门责令改正，对负有责任的主管人员和其他直接责任人员依法给予处分。 违反本法第五十六条规定，农业、林业主管部门工作人员从事种子生产经营活动的，依法给予处分。	**第六十九条**　农业**农村**、林业**草原**主管部门不依法作出行政许可决定，发现违法行为或者接到对违法行为的举报不予查处，或者有其他未依照本法规定履行职责的行为的，由本级人民政府或者上级人民政府有关部门责令改正，对负有责任的主管人员和其他直接责任人员依法给予处分。 违反本法第五十**五**条规定，农业**农村**、林业**草原**主管部门工作人员从事种子生产经营活动的，依法给予处分。	**第六十九条**　农业农村、林业草原主管部门不依法作出行政许可决定，发现违法行为或者接到对违法行为的举报不予查处，或者有其他未依照本法规定履行职责的行为的，由本级人民政府或者上级人民政府有关部门责令改正，对负有责任的主管人员和其他直接责任人员依法给予处分。 违反本法第五十五条规定，农业农村、林业草原主管部门工作人员从事种子生产经营活动的，依法给予处分。
第七十一条　违反本法第十六条规定，品种审定委员会委员和工作人员不依法履行职责，弄虚作假、徇私舞弊的，依法给予处分；自处分决定作出之日起五年内不得从事品种审定工作。	**第七十条**　违反本法第十六条规定，品种审定委员会委员和工作人员不依法履行职责，弄虚作假、徇私舞弊的，依法给予处分；自处分决定作出之日起五年内不得从事品种审定工作。	**第七十条**　违反本法第十六条规定，品种审定委员会委员和工作人员不依法履行职责，弄虚作假、徇私舞弊的，依法给予处分；自处分决定作出之日起五年内不得从事品种审定工作。

修改前	一审稿	修改后
第七十二条 品种测试、试验和种子质量检验机构伪造测试、试验、检验数据或者出具虚假证明的，由县级以上人民政府农业、林业主管部门责令改正，对单位处五万元以上十万元以下罚款，对直接负责的主管人员和其他直接责任人员处一万元以上五万元以下罚款；有违法所得的，并处没收违法所得；给种子使用者和其他种子生产经营者造成损失的，与种子生产经营者承担连带责任；情节严重的，由省级以上人民政府有关主管部门取消种子质量检验资格。	**第七十一条** 品种测试、试验和种子质量检验机构伪造测试、试验、检验数据或者出具虚假证明的，由县级以上人民政府农业**农村**、林业**草原**主管部门责令改正，对单位处五万元以上十万元以下罚款，对直接负责的主管人员和其他直接责任人员处一万元以上五万元以下罚款；有违法所得的，并处没收违法所得；给种子使用者和其他种子生产经营者造成损失的，与种子生产经营者承担连带责任；情节严重的，由省级以上人民政府有关**主**管部门取消种子质量检验资格。	**第七十一条** 品种测试、试验和种子质量检验机构伪造测试、试验、检验数据或者出具虚假证明的，由县级以上人民政府农业**农村**、林业**草原**主管部门责令改正，对单位处五万元以上十万元以下罚款，对直接负责的主管人员和其他直接责任人员处一万元以上五万元以下罚款；有违法所得的，并处没收违法所得；给种子使用者和其他种子生产经营者造成损失的，与种子生产经营者承担连带责任；情节严重的，由省级以上人民政府有关主管部门取消种子质量检验资格。
第七十三条 违反本法第二十八条规定，有侵犯植物新品种权行为的，由当事人协商解决，不愿协商或者协商不成的，植物新品种权所有人或者利害关系人可以请求县级以上人民政府农业、林业主管部门进行处理，也可以直接向人民法院提起诉讼。	**第七十二条** 违反本法第二十八条规定，有侵犯植物新品种权行为的，由当事人协商解决，不愿协商或者协商不成的，植物新品种权所有人或者利害关系人可以请求县级以上人民政府农业**农村**、林业**草原**主管部门进行处理，也可以直接向人民法院提起诉讼。	**第七十二条** 违反本法第二十八条规定，有侵犯植物新品种权行为的，由当事人协商解决，不愿协商或者协商不成的，植物新品种权所有人或者利害关系人可以请求县级以上人民政府农业农村、林业草原主管部门进行处理，也可以直接向人民法院提起诉讼。

修改前	一审稿	修改后
县级以上人民政府农业、林业主管部门，根据当事人自愿的原则，对侵犯植物新品种权所造成的损害赔偿可以进行调解。调解达成协议的，当事人应当履行；当事人不履行协议或者调解未达成协议的，植物新品种权所有人或者利害关系人可以依法向人民法院提起诉讼。 侵犯植物新品种权的赔偿数额按照权利人因被侵权所受到的实际损失确定；实际损失难以确定的，可以按照侵权人因侵权所获得的利益确定。权利人的损失或者侵权人获得的利益难以确定的，可以参照该植物新品种权许可使用费的倍数合理确定。赔偿数额应当包括权利人为制止侵权行为所支付的合理开支。侵犯植物新品种权，情节严重的，可以在按照上述方法确定数额的一倍以上三倍以下确定赔偿数额。 权利人的损失、侵权人获得的利益和植物新品种权许可使用费均难以	县级以上人民政府农业**农村**、林业**草原**主管部门，根据当事人自愿的原则，对侵犯植物新品种权所造成的损害赔偿可以进行调解。调解达成协议的，当事人应当履行；当事人不履行协议或者调解未达成协议的，植物新品种权所有人或者利害关系人可以依法向人民法院提起诉讼。 侵犯植物新品种权的赔偿数额按照权利人因被侵权所受到的实际损失确定；实际损失难以确定的，可以按照侵权人因侵权所获得的利益确定。权利人的损失或者侵权人获得的利益难以确定的，可以参照该植物新品种权许可使用费的倍数合理确定。赔偿数额应当包括权利人为制止侵权行为所支付的合理开支。侵犯植物新品种权，情节严重的，可以在按照上述方法确定数额的一倍以上**五**倍以下确定赔偿数额。 权利人的损失、侵权人获得的利益和植物新品种权许可使用费均难以	县级以上人民政府农业农村、林业草原主管部门，根据当事人自愿的原则，对侵犯植物新品种权所造成的损害赔偿可以进行调解。调解达成协议的，当事人应当履行；当事人不履行协议或者调解未达成协议的，植物新品种权所有人或者利害关系人可以依法向人民法院提起诉讼。 侵犯植物新品种权的赔偿数额按照权利人因被侵权所受到的实际损失确定；实际损失难以确定的，可以按照侵权人因侵权所获得的利益确定。权利人的损失或者侵权人获得的利益难以确定的，可以参照该植物新品种权许可使用费的倍数合理确定。**故意**侵犯植物新品种权，情节严重的，可以在按照上述方法确定数额的一倍以上五倍以下确定赔偿数额。 权利人的损失、侵权人获得的利益和植物新品种权许可使用费均难以确定的，人民法院可以根据植物新品种权的类型、侵权行为的性质和情节

修改前	一审稿	修改后
确定的，人民法院可以根据植物新品种权的类型、侵权行为的性质和情节等因素，确定给予三百万元以下的赔偿。 县级以上人民政府农业、林业主管部门处理侵犯植物新品种权案件时，为了维护社会公共利益，责令侵权人停止侵权行为，没收违法所得和种子；货值金额不足五万元的，并处一万元以上二十五万元以下罚款；货值金额五万元以上的，并处货值金额五倍以上十倍以下罚款。 假冒授权品种的，由县级以上人民政府农业、林业主管部门责令停止假冒行为，没收违法所得和种子；货值金额不足五万元的，并处一万元以上二十五万元以下罚款；货值金额五万元以上的，并处货值金额五倍以上十倍以下罚款。	确定的，人民法院可以根据植物新品种权的类型、侵权行为的性质和情节等因素，确定给予**五**百万元以下的赔偿。 **不知道是未经植物新品种权所有人许可的授权品种的繁殖材料或者收获材料，能证明该繁殖材料或者收获材料具有合法来源的，不承担赔偿责任。** 县级以上人民政府农业**农村**、林业**草原**主管部门处理侵犯植物新品种权案件时，为了维护社会公共利益，责令侵权人停止侵权行为，没收违法所得和种子；货值金额不足五万元的，并处一万元以上二十五万元以下罚款；货值金额五万元以上的，并处货值金额五倍以上十倍以下罚款。 假冒授权品种的，由县级以上人民政府农业**农村**、林业**草原**主管部门责令停止假冒行为，没收违法所得和种子；货值金额不足五万元的，并处一万元以上二十五万元以下罚款；货值金额五万元以上的，并处货值金额五倍以上十倍以下罚款。	等因素，确定给予五百万元以下的赔偿。 赔偿数额应当包括权利人为制止侵权行为所支付的合理开支。 县级以上人民政府农业农村、林业草原主管部门处理侵犯植物新品种权案件时，为了维护社会公共利益，责令侵权人停止侵权行为，没收违法所得和种子；货值金额不足五万元的，并处一万元以上二十五万元以下罚款；货值金额五万元以上的，并处货值金额五倍以上十倍以下罚款。 假冒授权品种的，由县级以上人民政府农业农村、林业草原主管部门责令停止假冒行为，没收违法所得和种子；货值金额不足五万元的，并处一万元以上二十五万元以下罚款；货值金额五万元以上的，并处货值金额五倍以上十倍以下罚款。

修改前	一审稿	修改后
第七十四条 当事人就植物新品种的申请权和植物新品种权的权属发生争议的，可以向人民法院提起诉讼。	**第七十三条** 当事人就植物新品种的申请权和植物新品种权的权属发生争议的，可以向人民法院提起诉讼。	**第七十三条** 当事人就植物新品种的申请权和植物新品种权的权属发生争议的，可以向人民法院提起诉讼。
第七十五条 违反本法第四十九条规定，生产经营假种子的，由县级以上人民政府农业、林业主管部门责令停止生产经营，没收违法所得和种子，吊销种子生产经营许可证；违法生产经营的货值金额不足一万元的，并处一万元以上十万元以下罚款；货值金额一万元以上的，并处货值金额十倍以上二十倍以下罚款。 因生产经营假种子犯罪被判处有期徒刑以上刑罚的，种子企业或者其他单位的法定代表人、直接负责的主管人员自刑罚执行完毕之日起五年内不得担任种子企业的法定代表人、高级管理人员。	**第七十四条** 违反本法第四十八条规定，生产经营假种子的，由县级以上人民政府农业**农村**、林业**草原**主管部门责令停止生产经营，没收违法所得和种子，吊销种子生产经营许可证；违法生产经营的货值金额不足一万元的，并处一万元以上十万元以下罚款；货值金额一万元以上的，并处货值金额十倍以上二十倍以下罚款。 因生产经营假种子犯罪被判处有期徒刑以上刑罚的，种子企业或者其他单位的法定代表人、直接负责的主管人员自刑罚执行完毕之日起五年内不得担任种子企业的法定代表人、高级管理人员。	**第七十四条** 违反本法第四十八条规定，生产经营假种子的，由县级以上人民政府农业农村、林业草原主管部门责令停止生产经营，没收违法所得和种子，吊销种子生产经营许可证；违法生产经营的货值金额不足**二**万元的，并处**二**万元以上**二**十万元以下罚款；货值金额**二**万元以上的，并处货值金额十倍以上二十倍以下罚款。 因生产经营假种子犯罪被判处有期徒刑以上刑罚的，种子企业或者其他单位的法定代表人、直接负责的主管人员自刑罚执行完毕之日起五年内不得担任种子企业的法定代表人、高级管理人员。
第七十六条 违反本法第四十九条规定，生产经营劣种子的，由县级	**第七十五条** 违反本法第四十八条规定，生产经营劣种子的，由县级	**第七十五条** 违反本法第四十八条规定，生产经营劣种子的，由县级

修改前	一审稿	修改后
以上人民政府农业、林业主管部门责令停止生产经营，没收违法所得和种子；违法生产经营的货值金额不足一万元的，并处五千元以上五万元以下罚款；货值金额一万元以上的，并处货值金额五倍以上十倍以下罚款；情节严重的，吊销种子生产经营许可证。 因生产经营劣种子犯罪被判处有期徒刑以上刑罚的，种子企业或者其他单位的法定代表人、直接负责的主管人员自刑罚执行完毕之日起五年内不得担任种子企业的法定代表人、高级管理人员。	以上人民政府农业**农村**、林业**草原**主管部门责令停止生产经营，没收违法所得和种子；违法生产经营的货值金额不足一万元的，并处五千元以上五万元以下罚款；货值金额一万元以上的，并处货值金额五倍以上十倍以下罚款；情节严重的，吊销种子生产经营许可证。 因生产经营劣种子犯罪被判处有期徒刑以上刑罚的，种子企业或者其他单位的法定代表人、直接负责的主管人员自刑罚执行完毕之日起五年内不得担任种子企业的法定代表人、高级管理人员。	以上人民政府农业农村、林业草原主管部门责令停止生产经营，没收违法所得和种子；违法生产经营的货值金额不足**二**万元的，并处**一万**元以上**十**万元以下罚款；货值金额**二**万元以上的，并处货值金额五倍以上十倍以下罚款；情节严重的，吊销种子生产经营许可证。 因生产经营劣种子犯罪被判处有期徒刑以上刑罚的，种子企业或者其他单位的法定代表人、直接负责的主管人员自刑罚执行完毕之日起五年内不得担任种子企业的法定代表人、高级管理人员。
第七十七条　违反本法第三十二条、第三十三条规定，有下列行为之一的，由县级以上人民政府农业、林业主管部门责令改正，没收违法所得和种子；违法生产经营的货值金额不足一万元的，并处三千元以上三万元以下罚款；货值金额一万元以上的，并处货值金额三倍以上五倍以下罚款；	**第七十六条**　违反本法第三十二条、第三十三条、**第三十四条**规定，有下列行为之一的，由县级以上人民政府农业**农村**、林业**草原**主管部门责令改正，没收违法所得和种子；违法生产经营的货值金额不足一万元的，并处三千元以上三万元以下罚款；货值金额一万元以上的，并处货值金额	**第七十六条**　违反本法第三十二条、第三十三条、第三十四条规定，有下列行为之一的，由县级以上人民政府农业农村、林业草原主管部门责令改正，没收违法所得和种子；违法生产经营的货值金额不足一万元的，并处三千元以上三万元以下罚款；货值金额一万元以上的，并处货值金额

修改前	一审稿	修改后
可以吊销种子生产经营许可证： （一）未取得种子生产经营许可证生产经营种子的； （二）以欺骗、贿赂等不正当手段取得种子生产经营许可证的； （三）未按照种子生产经营许可证的规定生产经营种子的； （四）伪造、变造、买卖、租借种子生产经营许可证的。 被吊销种子生产经营许可证的单位，其法定代表人、直接负责的主管人员自处罚决定作出之日起五年内不得担任种子企业的法定代表人、高级管理人员。	三倍以上五倍以下罚款；可以吊销种子生产经营许可证： （一）未取得种子生产经营许可证生产经营种子的； （二）以欺骗、贿赂等不正当手段取得种子生产经营许可证的； （三）未按照种子生产经营许可证的规定生产经营种子的； （四）伪造、变造、买卖、租借种子生产经营许可证的； **（五）不具有繁殖种子的隔离和培育条件，不具有无检疫性有害生物的种子生产地点或者县级以上人民政府林业草原主管部门确定的采种林，从事种子生产的；** **（六）未执行种子检验、检疫规程生产种子的。** 被吊销种子生产经营许可证的单位，其法定代表人、直接负责的主管人员自处罚决定作出之日起五年内不得担任种子企业的法定代表人、高级管理人员。	三倍以上五倍以下罚款；可以吊销种子生产经营许可证： （一）未取得种子生产经营许可证生产经营种子的； （二）以欺骗、贿赂等不正当手段取得种子生产经营许可证的； （三）未按照种子生产经营许可证的规定生产经营种子的； （四）伪造、变造、买卖、租借种子生产经营许可证的； （五）不**再**具有繁殖种子的隔离和培育条件，**或者**不**再**具有无检疫性有害生物的种子生产地点或者县级以上人民政府林业草原主管部门确定的采种林，**继续**从事种子生产的； （六）未执行种子检验、检疫规程生产种子的。 被吊销种子生产经营许可证的单位，其法定代表人、直接负责的主管人员自处罚决定作出之日起五年内不得担任种子企业的法定代表人、高级管理人员。

修改前	一审稿	修改后
第七十八条 违反本法第二十一条、第二十二条、第二十三条 规定，有下列行为之一的，由县级以上人民政府农业、林业主管部门责令停止违法行为，没收违法所得和种子，并处二万元以上二十万元以下罚款： （一）对应当审定未经审定的农作物品种进行推广、销售的； （二）作为良种推广、销售应当审定未经审定的林木品种的； （三）推广、销售应当停止推广、销售的农作物品种或者林木良种的； （四）对应当登记未经登记的农作物品种进行推广，或者以登记品种的名义进行销售的； （五）对已撤销登记的农作物品种进行推广，或者以登记品种的名义进行销售的。 违反本法第二十三条、第四十二条规定，对应当审定未经审定或者应当登记未经登记的农作物品种发布广	**第七十七条** 违反本法第二十一条、第二十二条、第二十三条规定，有下列行为之一的，由县级以上人民政府农业**农村**、林业**草原**主管部门责令停止违法行为，没收违法所得和种子，并处二万元以上二十万元以下罚款： （一）对应当审定未经审定的农作物品种进行推广、销售的； （二）作为良种推广、销售应当审定未经审定的林木品种的； （三）推广、销售应当停止推广、销售的农作物品种或者林木良种的； （四）对应当登记未经登记的农作物品种进行推广，或者以登记品种的名义进行销售的； （五）对已撤销登记的农作物品种进行推广，或者以登记品种的名义进行销售的。 违反本法第二十三条、第四十**一**条规定，对应当审定未经审定或者应	**第七十七条** 违反本法第二十一条、第二十二条、第二十三条规定，有下列行为之一的，由县级以上人民政府农业农村、林业草原主管部门责令停止违法行为，没收违法所得和种子，并处二万元以上二十万元以下罚款： （一）对应当审定未经审定的农作物品种进行推广、销售的； （二）作为良种推广、销售应当审定未经审定的林木品种的； （三）推广、销售应当停止推广、销售的农作物品种或者林木良种的； （四）对应当登记未经登记的农作物品种进行推广，或者以登记品种的名义进行销售的； （五）对已撤销登记的农作物品种进行推广，或者以登记品种的名义进行销售的。 违反本法第二十三条、第四十一条规定，对应当审定未经审定或者应

修改前	一审稿	修改后
告，或者广告中有关品种的主要性状描述的内容与审定、登记公告不一致的，依照《中华人民共和国广告法》的有关规定追究法律责任。	当登记未经登记的农作物品种发布广告，或者广告中有关品种的主要性状描述的内容与审定、登记公告不一致的，依照《中华人民共和国广告法》的有关规定追究法律责任。	当登记未经登记的农作物品种发布广告，或者广告中有关品种的主要性状描述的内容与审定、登记公告不一致的，依照《中华人民共和国广告法》的有关规定追究法律责任。
第七十九条　违反本法第五十八条、第六十条、第六十一条规定，有下列行为之一的，由县级以上人民政府农业、林业主管部门责令改正，没收违法所得和种子；违法生产经营的货值金额不足一万元的，并处三千元以上三万元以下罚款；货值金额一万元以上的，并处货值金额三倍以上五倍以下罚款；情节严重的，吊销种子生产经营许可证： （一）未经许可进出口种子的； （二）为境外制种的种子在境内销售的； （三）从境外引进农作物或者林木种子进行引种试验的收获物作为种子在境内销售的； （四）进出口假、劣种子或者属于	**第七十八条**　违反本法第五十**七**条、第**五十九**条、第六十条规定，有下列行为之一的，由县级以上人民政府农业**农村**、林业**草原**主管部门责令改正，没收违法所得和种子；违法生产经营的货值金额不足一万元的，并处三千元以上三万元以下罚款；货值金额一万元以上的，并处货值金额三倍以上五倍以下罚款；情节严重的，吊销种子生产经营许可证： （一）未经许可进出口种子的； （二）为境外制种的种子在境内销售的； （三）从境外引进农作物或者林木种子进行引种试验的收获物作为种子在境内销售的； （四）进出口假、劣种子或者属于	**第七十八条**　违反本法第五十七条、第五十九条、第六十条规定，有下列行为之一的，由县级以上人民政府农业农村、林业草原主管部门责令改正，没收违法所得和种子；违法生产经营的货值金额不足一万元的，并处三千元以上三万元以下罚款；货值金额一万元以上的，并处货值金额三倍以上五倍以下罚款；情节严重的，吊销种子生产经营许可证： （一）未经许可进出口种子的； （二）为境外制种的种子在境内销售的； （三）从境外引进农作物或者林木种子进行引种试验的收获物作为种子在境内销售的； （四）进出口假、劣种子或者属于

修改前	一审稿	修改后
国家规定不得进出口的种子的。	国家规定不得进出口的种子的。	国家规定不得进出口的种子的。
第八十条 违反本法第三十六条、第三十八条、第四十条、第四十一条规定，有下列行为之一的，由县级以上人民政府农业、林业主管部门责令改正，处二千元以上二万元以下罚款： （一）销售的种子应当包装而没有包装的； （二）销售的种子没有使用说明或者标签内容不符合规定的； （三）涂改标签的； （四）未按规定建立、保存种子生产经营档案的； （五）种子生产经营者在异地设立分支机构、专门经营不再分装的包装种子或者受委托生产、代销种子，未按规定备案的。	**第七十九条** 违反本法第三十六条、第三十八条、**第三十九条**、第四十条规定，有下列行为之一的，由县级以上人民政府农业**农村**、林业**草原**主管部门责令改正，处二千元以上二万元以下罚款： （一）销售的种子应当包装而没有包装的； （二）销售的种子没有使用说明或者标签内容不符合规定的； （三）涂改标签的； （四）未按规定建立、保存种子生产经营档案的； （五）种子生产经营者在异地设立分支机构、专门经营不再分装的包装种子或者受委托生产、代销种子，未按规定备案的。	**第七十九条** 违反本法第三十六条、第三十八条、第三十九条、第四十条规定，有下列行为之一的，由县级以上人民政府农业农村、林业草原主管部门责令改正，处二千元以上二万元以下罚款： （一）销售的种子应当包装而没有包装的； （二）销售的种子没有使用说明或者标签内容不符合规定的； （三）涂改标签的； （四）未按规定建立、保存种子生产经营档案的； （五）种子生产经营者在异地设立分支机构、专门经营不再分装的包装种子或者受委托生产、代销种子，未按规定备案的。
第八十一条 违反本法第八条规定，侵占、破坏种质资源，私自采集或者采伐国家重点保护的天然种质资	**第八十条** 违反本法第八条规定，侵占、破坏种质资源，私自采集或者采伐国家重点保护的天然种质资	**第八十条** 违反本法第八条规定，侵占、破坏种质资源，私自采集或者采伐国家重点保护的天然种质资

修改前	一审稿	修改后
源的，由县级以上人民政府农业、林业主管部门责令停止违法行为，没收种质资源和违法所得，并处五千元以上五万元以下罚款；造成损失的，依法承担赔偿责任。	源的，由县级以上人民政府农业**农村**、林业**草原**主管部门责令停止违法行为，没收种质资源和违法所得，并处五千元以上五万元以下罚款；造成损失的，依法承担赔偿责任。	源的，由县级以上人民政府农业农村、林业草原主管部门责令停止违法行为，没收种质资源和违法所得，并处五千元以上五万元以下罚款；造成损失的，依法承担赔偿责任。
第八十二条　违反本法第十一条规定，向境外提供或者从境外引进种质资源，或者与境外机构、个人开展合作研究利用种质资源的，由国务院或者省、自治区、直辖市人民政府的农业、林业主管部门没收种质资源和违法所得，并处二万元以上二十万元以下罚款。 未取得农业、林业主管部门的批准文件携带、运输种质资源出境的，海关应当将该种质资源扣留，并移送省、自治区、直辖市人民政府农业、林业主管部门处理。	**第八十一条**　违反本法第十一条规定，向境外提供或者从境外引进种质资源，或者与境外机构、个人开展合作研究利用种质资源的，由国务院或者省、自治区、直辖市人民政府的农业**农村**、林业**草原**主管部门没收种质资源和违法所得，并处二万元以上二十万元以下罚款。 未取得农业**农村**、林业**草原**主管部门的批准文件携带、运输种质资源出境的，海关应当将该种质资源扣留，并移送省、自治区、直辖市人民政府农业**农村**、林业**草原**主管部门处理。	**第八十一条**　违反本法第十一条规定，向境外提供或者从境外引进种质资源，或者与境外机构、个人开展合作研究利用种质资源的，由国务院或者省、自治区、直辖市人民政府的农业农村、林业草原主管部门没收种质资源和违法所得，并处二万元以上二十万元以下罚款。 未取得农业农村、林业草原主管部门的批准文件携带、运输种质资源出境的，海关应当将该种质资源扣留，并移送省、自治区、直辖市人民政府农业农村、林业草原主管部门处理。
第八十三条　违反本法第三十五条规定，抢采掠青、损坏母树或者在	**第八十二条**　违反本法第三十五条规定，抢采掠青、损坏母树或者在	**第八十二条**　违反本法第三十五条规定，抢采掠青、损坏母树或者在

修改前	一审稿	修改后
劣质林内、劣质母树上采种的，由县级以上人民政府林业主管部门责令停止采种行为，没收所采种子，并处所采种子货值金额二倍以上五倍以下罚款。	劣质林内、劣质母树上采种的，由县级以上人民政府林业**草原**主管部门责令停止采种行为，没收所采种子，并处所采种子货值金额二倍以上五倍以下罚款。	劣质林内、劣质母树上采种的，由县级以上人民政府林业草原主管部门责令停止采种行为，没收所采种子，并处所采种子货值金额二倍以上五倍以下罚款。
第八十四条 违反本法第三十九条规定，收购珍贵树木种子或者限制收购的林木种子的，由县级以上人民政府林业主管部门没收所收购的种子，并处收购种子货值金额二倍以上五倍以下罚款。	**删去**	**删去**
第八十五条 违反本法第十七条规定，种子企业有造假行为的，由省级以上人民政府农业、林业主管部门处一百万元以上五百万元以下罚款；不得再依照本法第十七条的规定申请品种审定；给种子使用者和其他种子生产经营者造成损失的，依法承担赔偿责任。	**第八十三条** 违反本法第十七条规定，种子企业有造假行为的，由省级以上人民政府农业**农村**、林业**草原**主管部门处一百万元以上五百万元以下罚款；不得再依照本法第十七条的规定申请品种审定；给种子使用者和其他种子生产经营者造成损失的，依法承担赔偿责任。	**第八十三条** 违反本法第十七条规定，种子企业有造假行为的，由省级以上人民政府农业农村、林业草原主管部门处一百万元以上五百万元以下罚款；不得再依照本法第十七条的规定申请品种审定；给种子使用者和其他种子生产经营者造成损失的，依法承担赔偿责任。
第八十六条 违反本法第四十五条规定，未根据林业主管部门制定的	**第八十四条** 违反本法第四十**四**条规定，未根据林业**草原**主管部门制	**第八十四条** 违反本法第四十四条规定，未根据林业草原主管部门制

修改前	一审稿	修改后
计划使用林木良种的，由同级人民政府林业主管部门责令限期改正；逾期未改正的，处三千元以上三万元以下罚款。	定的计划使用林木良种的，由同级人民政府林业**草原**主管部门责令限期改正；逾期未改正的，处三千元以上三万元以下罚款。	定的计划使用林木良种的，由同级人民政府林业草原主管部门责令限期改正；逾期未改正的，处三千元以上三万元以下罚款。
第八十七条　违反本法第五十四条规定，在种子生产基地进行检疫性有害生物接种试验的，由县级以上人民政府农业、林业主管部门责令停止试验，处五千元以上五万元以下罚款。	**第八十五条**　违反本法第五十三条规定，在种子生产基地进行检疫性有害生物接种试验的，由县级以上人民政府农业**农村**、林业**草原**主管部门责令停止试验，处五千元以上五万元以下罚款。	**第八十五条**　违反本法第五十三条规定，在种子生产基地进行检疫性有害生物接种试验的，由县级以上人民政府农业农村、林业草原主管部门责令停止试验，处五千元以上五万元以下罚款。
第八十八条　违反本法第五十条规定，拒绝、阻挠农业、林业主管部门依法实施监督检查的，处二千元以上五万元以下罚款，可以责令停产停业整顿；构成违反治安管理行为的，由公安机关依法给予治安管理处罚。	**第八十六条**　违反本法第**四十九**条规定，拒绝、阻挠农业**农村**、林业**草原**主管部门依法实施监督检查的，处二千元以上五万元以下罚款，可以责令停产停业整顿；构成违反治安管理行为的，由公安机关依法给予治安管理处罚。	**第八十六条**　违反本法第四十九条规定，拒绝、阻挠农业农村、林业草原主管部门依法实施监督检查的，处二千元以上五万元以下罚款，可以责令停产停业整顿；构成违反治安管理行为的，由公安机关依法给予治安管理处罚。
第八十九条　违反本法第十三条规定，私自交易育种成果，给本单位造成经济损失的，依法承担赔偿责任。	**第八十七条**　违反本法第十三条规定，私自交易育种成果，给本单位造成经济损失的，依法承担赔偿责任。	**第八十七条**　违反本法第十三条规定，私自交易育种成果，给本单位造成经济损失的，依法承担赔偿责任。

修改前	一审稿	修改后
第九十条 违反本法第四十四条规定，强迫种子使用者违背自己的意愿购买、使用种子，给使用者造成损失的，应当承担赔偿责任。	**第八十八条** 违反本法第四十三条规定，强迫种子使用者违背自己的意愿购买、使用种子，给使用者造成损失的，应当承担赔偿责任。	**第八十八条** 违反本法第四十三条规定，强迫种子使用者违背自己的意愿购买、使用种子，给使用者造成损失的，应当承担赔偿责任。
第九十一条 违反本法规定，构成犯罪的，依法追究刑事责任。	**第八十九条** 违反本法规定，构成犯罪的，依法追究刑事责任。	**第八十九条** 违反本法规定，构成犯罪的，依法追究刑事责任。
第十章 附 则	**第十章 附 则**	**第十章 附 则**
第九十二条 本法下列用语的含义是： （一）种质资源是指选育植物新品种的基础材料，包括各种植物的栽培种、野生种的繁殖材料以及利用上述繁殖材料人工创造的各种植物的遗传材料。 （二）品种是指经过人工选育或者发现并经过改良，形态特征和生物学特性一致，遗传性状相对稳定的植物群体。 （三）主要农作物是指稻、小麦、玉米、棉花、大豆。 （四）主要林木由国务院林业主管	**第九十条** 本法下列用语的含义是： （一）种质资源是指选育植物新品种的基础材料，包括各种植物的栽培种、野生种的繁殖材料以及利用上述繁殖材料人工创造的各种植物的遗传材料。 （二）品种是指经过人工选育或者发现并经过改良，形态特征和生物学特性一致，遗传性状相对稳定的植物群体。 （三）主要农作物是指稻、小麦、玉米、棉花、大豆。 （四）主要林木由国务院林业**草原**	**第九十条** 本法下列用语的含义是： （一）种质资源是指选育植物新品种的基础材料，包括各种植物的栽培种、野生种的繁殖材料以及利用上述繁殖材料人工创造的各种植物的遗传材料。 （二）品种是指经过人工选育或者发现并经过改良，形态特征和生物学特性一致，遗传性状相对稳定的植物群体。 （三）主要农作物是指稻、小麦、玉米、棉花、大豆。 （四）主要林木由国务院林业草原

修改前	一审稿	修改后
部门确定并公布；省、自治区、直辖市人民政府林业主管部门可以在国务院林业主管部门确定的主要林木之外确定其他八种以下的主要林木。 （五）林木良种是指通过审定的主要林木品种，在一定的区域内，其产量、适应性、抗性等方面明显优于当前主栽材料的繁殖材料和种植材料。 （六）新颖性是指申请植物新品种权的品种在申请日前，经申请权人自行或者同意销售、推广其种子，在中国境内未超过一年；在境外，木本或者藤本植物未超过六年，其他植物未超过四年。 本法施行后新列入国家植物品种保护名录的植物的属或者种，从名录公布之日起一年内提出植物新品种权申请的，在境内销售、推广该品种种子未超过四年的，具备新颖性。 除销售、推广行为丧失新颖性外，下列情形视为已丧失新颖性：	主管部门确定并公布；省、自治区、直辖市人民政府林业**草原**主管部门可以在国务院林业**草原**主管部门确定的主要林木之外确定其他八种以下的主要林木。 （五）林木良种是指通过审定的主要林木品种，在一定的区域内，其产量、适应性、抗性等方面明显优于当前主栽材料的繁殖材料和种植材料。 （六）新颖性是指申请植物新品种权的品种在申请日前，经申请权人自行或者同意销售、推广其种子，在中国境内未超过一年；在境外，木本或者藤本植物未超过六年，其他植物未超过四年。 本法施行后新列入国家植物品种保护名录的植物的属或者种，从名录公布之日起一年内提出植物新品种权申请的，在境内销售、推广该品种种子未超过四年的，具备新颖性。 除销售、推广行为丧失新颖性外，	主管部门确定并公布；省、自治区、直辖市人民政府林业草原主管部门可以在国务院林业草原主管部门确定的主要林木之外确定其他八种以下的主要林木。 （五）林木良种是指通过审定的主要林木品种，在一定的区域内，其产量、适应性、抗性等方面明显优于当前主栽材料的繁殖材料和种植材料。 （六）新颖性是指申请植物新品种权的品种在申请日前，经申请权人自行或者同意销售、推广其种子，在中国境内未超过一年；在境外，木本或者藤本植物未超过六年，其他植物未超过四年。 本法施行后新列入国家植物品种保护名录的植物的属或者种，从名录公布之日起一年内提出植物新品种权申请的，在境内销售、推广该品种种子未超过四年的，具备新颖性。 除销售、推广行为丧失新颖性外，

修改前	一审稿	修改后
1. 品种经省、自治区、直辖市人民政府农业、林业主管部门依据播种面积确认已经形成事实扩散的； 2. 农作物品种已审定或者登记两年以上未申请植物新品种权的。 （七）特异性是指一个植物品种有一个以上性状明显区别于已知品种。 （八）一致性是指一个植物品种的特性除可预期的自然变异外，群体内个体间相关的特征或者特性表现一致。 （九）稳定性是指一个植物品种经过反复繁殖后或者在特定繁殖周期结束时，其主要性状保持不变。 （十）已知品种是指已受理申请或者已通过品种审定、品种登记、新品种保护，或者已经销售、推广的植物品种。 （十一）标签是指印制、粘贴、固定或者附着在种子、种子包装物表面的特定图案及文字说明。	下列情形视为已丧失新颖性： 1. 品种经省、自治区、直辖市人民政府农业**农村**、林业**草原**主管部门依据播种面积确认已经形成事实扩散的； 2. 农作物品种已审定或者登记两年以上未申请植物新品种权的。 （七）特异性是指一个植物品种有一个以上性状明显区别于已知品种。 （八）一致性是指一个植物品种的特性除可预期的自然变异外，群体内个体间相关的特征或者特性表现一致。 （九）稳定性是指一个植物品种经过反复繁殖后或者在特定繁殖周期结束时，其主要性状保持不变。 **（十）实质性派生品种是指由原始品种实质性派生，或者由该原始品种的实质性派生品种派生出来的品种，与原始品种有明显区别，除派生引起的性状差异外，在表达由原始品**	下列情形视为已丧失新颖性： 1. 品种经省、自治区、直辖市人民政府农业农村、林业草原主管部门依据播种面积确认已经形成事实扩散的； 2. 农作物品种已审定或者登记两年以上未申请植物新品种权的。 （七）特异性是指一个植物品种有一个以上性状明显区别于已知品种。 （八）一致性是指一个植物品种的特性除可预期的自然变异外，群体内个体间相关的特征或者特性表现一致。 （九）稳定性是指一个植物品种经过反复繁殖后或者在特定繁殖周期结束时，其主要性状保持不变。 （十）实质性派生品种是指由原始品种实质性派生，或者由该原始品种的实质性派生品种派生出来的品种，与原始品种有明显区别，**并且**除派生引起的性状差异外，在表达由原

修改前	一审稿	修改后
	种基因型或者基因型组合产生的基本性状方面与原始品种相同。 （十一）已知品种是指已受理申请或者已通过品种审定、品种登记、新品种保护，或者已经销售、推广的植物品种。 （十二）标签是指印制、粘贴、固定或者附着在种子、种子包装物表面的特定图案及文字说明。	始品种基因型或者基因型组合产生的基本性状方面与原始品种相同。 （十一）已知品种是指已受理申请或者已通过品种审定、品种登记、新品种保护，或者已经销售、推广的植物品种。 （十二）标签是指印制、粘贴、固定或者附着在种子、种子包装物表面的特定图案及文字说明。
第九十三条　草种、烟草种、中药材种、食用菌菌种的种质资源管理和选育、生产经营、管理等活动，参照本法执行。	**第九十一条**　草种、烟草种、中药材种、食用菌菌种的种质资源管理和选育、生产经营、管理等活动，参照本法执行。	**第九十一条　国家加强中药材种质资源保护，支持开展中药材育种科学技术研究。** 草种、烟草种、中药材种、食用菌菌种的种质资源管理和选育、生产经营、管理等活动，参照本法执行。
第九十四条　本法自 2016 年 1 月 1 日起施行。	**第九十二条**　本法自 2016 年 1 月 1 日起施行。	**第九十二条**　本法自 2016 年 1 月 1 日起施行。

中华人民共和国种子法（修正草案）

一、将第一条修改为：“为了保护和合理利用种质资源，规范品种选育、种子生产经营和管理行为，保护植物新品种权，激励育种原始创新，维护种子生产经营者、使用者的合法权益，提高种子质量，推动种子产业化，发展现代种业，保障国家粮食安全，促进农业和林业的发展，制定本法。”

二、将第十一条第一款修改为：“国家对种质资源享有主权，任何单位和个人向境外提供种质资源，或者与境外机构、个人开展合作研究利用种质资源的，应当报国务院农业农村、林业草原主管部门批准。提出申请时，需要提交国家共享惠益的方案；其中，向境外提供或者与境外机构、个人开展合作研究利用农作物种质资源的，还应当经省、自治区、直辖市人民政府农业农村主管部门审核。”

三、将第二十八条修改为：“完成育种的单位或者个人对其授权品种，享有排他的独占权。任何单位或者个人未经植物新品种权所有人许可，不得生产、繁殖、加工、许诺销售、销售、进口、出口以及为上述行为储存该授权品种的繁殖材料，不得为商业目的将该授权品种的繁殖材料重复使用于生产另一品种的繁殖材料；但是本法、有关法律、行政法规另有规定的除外。

“从事本条第一款所规定的各项活动，涉及由未经许可使用授权品种繁殖材料而获得的收获材料，应当得到植物新品种权所有人许可，但其对繁殖材料已有合理机会行使其权利的情况除外。

“实质性派生品种可以申请植物新品种权，并可以获得授权。但对其实施本条第一款、第二款所述行为的，应当征得原始品种的植物新品种权所有人的同意。

“实质性派生品种实施名录及判定指南等，由国务院农业农村、林业草原主管部门依照本法及有关法律确定。

“自实质性派生品种实施名录发布之日起申请的植物新品种，按照实质性派生品种相关制度管理。”

四、将第三十一条修改为：“从事种子进出口业务的种子生产经营许可证，由国务院农业农村、林业草原主管部门核发；其中，申请从事农作物种子进出口业务的种子生产经营许可证的，还应当经省、自治区、直辖市人民政府农业农村主管部门审核。

“从事主要农作物杂交种子及其亲本种子、林木良种繁殖材料生产经营的，以及符合国务院农业农村主管部门规定条件的实行选育生产经营相结合的农作物种子企业的种子生产经营许可证，由省、自治区、直辖市人民政府农业农村、林业草原主管部门核发。

“前两款规定以外的其他种子的生产经营许可证，由生产经营者所在地县级以上地方人民政府农业农村、林业草原主管部门核发。

“只从事非主要农作物种子和非主要林木种子生产的，不需要办理种子生产经营许可证。”

五、删去第三十九条。

六、将第五十三条改为第五十二条，并删去其中的“林木种子应当经用种地省、自治区、直辖市人民政府批准。”

七、将第五十八条改为第五十七条，修改为：“从事种子进出口业务的，应当具备种子生产经营许可证；其中，从事农作物种子进出口业务的，还应当依照国家有关规定取得种子进出口许可。

“从境外引进农作物、林木种子的审定权限，农作物种子的进口审批办法，引进转基因植物品种的管理办法，由国务院规定。”

八、将第七十三条改为第七十二条，第三款中“可以在按照上述方法确定数额的一倍以上三倍以下确定赔偿数额”修改为：“可以在按照上述方法确定数额的一倍以上五倍以下确定赔偿数额”；第四款中“确定给予三百万元以下的赔偿”修改为：“确定给予五百万元以下的赔偿”；增加一款，作为第五款“不知道是未经植物新品种权所有人许可的授权品种的繁殖材料或者收获材料，能证明该繁殖材料或者收获材料具有合法来源的，不承担赔偿责任。”

九、将第七十七条改为第七十六条，第一款中“违反本法第三十二条、第三十三条规定”修改为：“违反本法第三十二条、第三十三条、第三十四条规定”；增加一项，作为第五项“（五）不具有繁殖种子的隔离和培育条件，不具有无检疫性有害生物的种子生产地点或者县级以上人民政府林业草原主管部门确定的采种林，从事种子生产的”；增加一项，作为第六项：“（六）未执行种子检验、检疫规程生产种子的”。

十、删去第八十四条。

十一、将第九十二条改为第九十条，增加一项，作为第十项“（十）实质性派生品种是指由原始品种实质性派生，或者由该原始品种的实质性派生品种派生出来的品种，与原始品种有明显区别，除派生引起的性状差异外，在表达由原始品种基因型或者基因型组合产生的基本性状方面与原始品种相同”，第十项、第十一项相应改为第十一项、第十二项。

十二、将本法中“农业主管部门”修改为“农业农村主管部门”；“林业主管部门”修改为“林业草原主管部门”；“农业、林业主管部门”修改为“农业农村、林业草原主管部门”。

本修正案自　年　月　日起施行。

《中华人民共和国种子法》根据本修正案作相应修改并对条款顺序作相应调整，重新公布。

关于《中华人民共和国种子法（修正草案）》的说明

——2021 年 8 月 17 日在第十三届全国人民代表大会常务委员会第三十次会议上

全国人大农业与农村委员会副主任委员　刘振伟

全国人民代表大会常务委员会：

我受全国人大农业与农村委员会委托，就《中华人民共和国种子法（修正草案）》的有关问题作说明。

一、为什么修改种子法

种子是发展现代农业，保障国家粮食安全的基础。建立激励和保护原始创新的种业法律制度，是“打好种业翻身仗”的关键。党中央、国务院高度重视种业发展和知识产权保护。习近平总书记指出，“创新是引领发展的第一动力，保护知识产权就是保护创新。”“要下决心把我国种业搞上去，抓紧培育具有自主知识产权的优良品种，从源头上保障国家粮食安全。”“实现种业科技自强自立、种源自主可控。”2020 年中央经济工作会议、中央农村工作会议提出，要大力推动自主创新，保护知识产权，打好种业翻身仗。今年7月9日，中央全面深化改革委员会第二十次会议审议通过《种业振兴行动方案》，将修改种子法列为重点任务，会议强调，推进种业振兴，加强知识产权保护，优化营商环境，要综合运用法律、经济、技术、行政等多种手段，推行全链条、全流程监管，对假冒伪劣、套牌侵权等突出问题要重拳出击，让侵权者付出沉重代价。

2015年修订的种子法，对植物新品种的授权条件、授权原则、品种命名、权利范围及例外、强制许可等作了规范，将植物新品种知识产权保护从行政法规上升到法律层次，为保护育种者合法权益、促进种业创新发展提供了法治保障。但总体上看，我国种业知识产权保护还有短板弱项，国内主要粮食作物品种中修饰性品种比较多，一些品种繁育停留在对主要推广品种和核心亲本的修饰改良上，导致品种遗传基础窄，审定品种多但突破性品种少，同质化问题比较突出，难以适应加强植物新品种知识产权保护、激励育种原始创新、保障粮食安全的新形势。因此，亟须对种子法进行修改，扩大植物新品种知识产权权利保护范围，延伸保护环节，提高保护水平，加大保护力度，用制度导向激发原始创新活力。

从今年3月开始，全国人大农业与农村委员会牵头启动了修改种子法工作，全国人大常委会法工委、农业农村部、国家林业和草原局、司法部、国家知识产权局等部门参与。起草组深入调查研究，广泛征求国务院有关部门、种子企业及专家意见，召开评估论证会，反复研究，形成了种子法修正草案。

二、修改的主要内容

一是扩大植物新品种权的保护范围及保护环节。为了加强植物新品种知识产权保护，维护品种权人的合法权益，借鉴国际通行做法，草案扩大了植物新品种权的保护范围及保护环节，将保护范围由授权品种的繁殖材料延伸到收获材料，将保护环节由生产、繁殖、销售扩展到生产、繁殖、加工（为繁殖进行的种子处理）、许诺销售、销售、进口、出口、储存等。草案体现权利一次用尽原则，植物新品种权所有人对繁殖材料已有合理机会行使其权利，不再对收获材料行使权利。（第三条）

二是建立实质性派生品种制度。为激励育种原始创新，从源头上解决种子同质化严重问题，草案建立实质性派生品种制度，明确实质性派生品种可以申请植物新品种权，并可以获得授权，但对其以商业为目的利用时，应当征得原始品种的植物新品种权所有人的同意。在国际植物新品种保护联盟 77 个成员中，有 68 个已经实行这一制度。鉴于实施这一制度是循序渐进的过程，草案作出授权性规定，实质性派生品种实施名录及判定指南等，由国务院农业农村、林业草原主管部门依照本法及有关法律确定。自实质性派生品种实施名录发布之日起申请的植物新品种，按照实质性派生品种相关制度管理，不溯及既往。（第三条）

三是完善侵权赔偿制度。为提高对侵害植物新品种权行为的威慑力，加大了惩罚性赔偿数额，对权利人的损失或侵权人获得的利益或品种权许可使用费可以确定数额的，将赔偿数额的上限由三倍提高到五倍，难以确定数额的，将赔偿限额由三百万元提高到五百万元。为保护种子市场正常交易，增加侵权人合法来源抗辩条款。草案规定，不知道是未经植物新品种权所有人许可的授权品种的繁殖材料或者收获材料，能证明该繁殖材料或者收获材料具有合法来源的，不承担赔偿责任。（第八条）

四是完善法律责任。为强化对种子生产特别是果树种苗生产检验、检疫的管理，防止携带疫病果树种苗流入市场，草案明确，不具有繁殖种子的隔离和培育条件，不具有无检疫性有害生物的种子生产地点或者县级以上人民政府林业草原主管部门确定的采种林从事种子生产，未执行种子检验、检疫规程生产种子的，追究法律责任。（第九条）

今年4月26日，全国人大常委会第二十八次会议审议了国务院提出的《〈中华人民共和国道路交通安全法〉等9

部法律的修正案（草案）》，其中种子法修改主要针对“放管服”改革，对林木种子有关行政许可事项作出调整。经与宪法和法律委员会研究，将上述修正案涉及种子法的内容与农业与农村委员会提出的修正草案合并，提交全国人大常委会继续审议。

此外，草案还对有关条款作了文字修改。

《中华人民共和国种子法（修正草案）》和以上说明是否妥当，请审议。

全国人民代表大会宪法和法律委员会关于《中华人民共和国种子法（修正草案）》审议结果的报告

全国人民代表大会常务委员会：

常委会第三十次会议对种子法修正草案进行了初次审议。会后，常委会办公厅就修正草案有关问题征求国务院办公厅意见。法制工作委员会将修正草案印发部分省（区、市）人大、中央有关部门和基层立法联系点、全国人大代表、研究机构等征求意见；在中国人大网全文公布修正草案，征求社会公众意见。宪法和法律委员会、农业与农村委员会、法制工作委员会联合召开座谈会，听取中央有关部门、基层立法联系点、全国人大代表、专家学者、基层执法机构、行业协会和种子企业等对修正草案的意见；宪法和法律委员会、法制工作委员会到北京调研，听取意见；并就修正草案的有关问题同有关方面交换意见，共同研究。宪法和法律委员会于 11 月 11 日召开会议，根据委员长会议精神、常委会组成人员审议意见和各方面的意见，对修正草案进行了逐条审议。农业与农村委员会、最高人民法院、司法部、农业农村部、国家林业和草原局有关负责同志列席了会议。根据委员长会议精神，宪法和法律委员会还组织召开种子法修改专题座谈会，听取有关部门和专家意见。11月30日，宪法和法律委员会召开会议，再次进行了审议。宪法和法律委员会认为，为贯彻落实党中央决策部署，推动种业“放管服”改革，强化种业知识产权保护，支持种业科学技术研究，进一步推进种业振兴，修改本法是必要的，修正草案经过审议修改，已经比较成熟。同时，提出以下主要修改意见：

一、有的常委会组成人员建议，贯彻党中央、国务院种业振兴有关文件精神，充实关于加强种业科学技术研究、种质资源保护等方面的规定。宪法和法律委员会经研究，建议增加以下规定：一是，在第一条中增加“加强种业科学技术研究”。二是，在现行种子法有关种质资源收集等规定基础上，增加规定，重点收集珍稀、濒危、特有资源和特色地方品种。三是，在有关条款中增加支持生物育种技术研究，鼓励种子企业与科研院所及高等院校开展主要粮食作物、重要经济作物育种攻关的内容。四是，增加保障育种科研设施用地合理需求的内容。

二、修正草案第二条、第四条规定，对于报经国务院农业农村主管部门批准的相关事项，应当先经省级农业农村主管部门审核。有的常委委员提出，省级农业农村主管部门的审核属于方便申请人提交申请材料的程序，不属于行政许可，建议予以明确。宪法和法律委员会经研究，建议将有关内容修改为：国务院农业农村、林业草原主管部门可以委托省、自治区、直辖市人民政府农业农村、林业草原主管部门接收申请材料。

三、有的常委会组成人员建议，进一步加强对植物新品种权所有人合法权益的保护。宪法和法律委员会经研究，建议对草案作以下修改：一是，明确品种权所有人有权按照许可合同约定通过提成等方式收取使用费，以从种子推广经营中获得长期收益，增加规定，植物新品种权所有人可以将植物新品种权许可他人实施，并按照合同约定收取许可使用费；许可使用费可以采取固定价款、从推广收益中提成等方式收取。二是，考虑到植物新品种权侵权行为的认定技术性强，比较复杂，拟删去修正草案第八条中关于行为人能证明合法来源不承担赔偿责任的规定，可由人民法院在案件审理中具体处理。

四、修正草案第三条中规定，实质性派生品种实施名录及判定指南等，由国务院农业农村、林业草原主管部门依照本法及有关法律确定；自实质性派生品种实施名录发布之日起申请的植物新品种，按照实质性派生品种相关制度管理。有的常委委员和地方提出，党中央、国务院种业振兴和知识产权保护有关文件提出要及时修订植物新品种保护条例，建议由国务院在修改该条例时对实质性派生品种制度作出具体规定。宪法和法律委员会经研究，建议将上述规定修改为：实质性派生品种保护的实施步骤和办法由国务院规定。

五、有的常委会组成人员建议，进一步加大对假、劣种子的处罚力度。宪法和法律委员会经研究，建议将生产经营假种子行为的有关罚款数额由“一万元以上十万元以下”提高到“五万元以上五十万元以下”；将生产经营劣种子行为的有关罚款数额由“五千元以上五万元以下”提高到“二万元以上十万元以下”。

此外，还对修正草案作了一些文字修改。

11 月 19 日，法制工作委员会召开会议，邀请部分全国人大代表、专家学者、基层立法联系点、种子企业、基层干部等，就草案主要内容的可行性、法律出台时机、法律实施的社会效果和可能出现的问题等进行评估。普遍认为，草案贯彻落实党中央决策部署，加强植物新品种权保护，支持种业科学技术研究，调整部分行政审批事项，主要内容的针对性和可操作性较强，是可行的，建议尽快通过实施。与会人员还对草案提出了一些具体修改意见，有的意见已经采纳。

宪法和法律委员会已按上述意见提出了全国人民代表

大会常务委员会关于修改《中华人民共和国种子法》的决定（草案），建议提请本次常委会会议审议通过。

修改决定草案和以上报告是否妥当，请审议。

全国人民代表大会宪法和法律委员会

2021 年 12 月 20 日

全国人民代表大会宪法和法律委员会关于《全国人民代表大会常务委员会关于修改〈中华人民共和国种子法〉的决定（草案）》修改意见的报告

全国人民代表大会常务委员会：

本次常委会会议于12月21日上午对关于修改种子法的决定草案进行了分组审议。普遍认为，修改决定草案已经比较成熟，建议进一步修改后，提请本次常委会会议表决通过。同时，有些常委会组成人员和列席人员还提出了一些修改意见和建议。宪法和法律委员会于12月21日晚召开会议，逐条研究了常委会组成人员和列席人员的审议意见，对修改决定草案进行了审议。农业与农村委员会、最高人民法院、农业农村部、国家林业和草原局有关负责同志列席了会议。宪法和法律委员会认为，修改决定草案是可行的，同时，提出以下修改意见：

一、有的常委会组成人员建议，对加强种子规范化生产、提高种子质量提出明确要求。宪法和法律委员会经研究，建议将现行种子法第三十四条修改为：种子生产应当执行种子生产技术规程和种子检验、检疫规程，保证种子符合净度、纯度、发芽率等质量要求和检疫要求。县级以上人民政府农业农村、林业草原主管部门应当指导、支持种子生产经营者采用先进的种子生产技术，改进生产工艺，提高种子质量。

二、有的常委委员建议，对生产经营假种子行为按货值金额倍数处罚的起算标准作适当调整，进一步体现从严处罚的精神。宪法和法律委员会经研究，建议将上述起算标准由货值金额“五万元”改为“二万元”。

经与有关部门研究，建议将本决定的施行时间确定为2022年3月1日。

此外，根据常委会组成人员的审议意见，还对修改决定草案作了个别文字修改。

修改决定草案修改稿已按上述意见作了修改，宪法和法律委员会建议本次常委会会议审议通过。

修改决定草案修改稿和以上报告是否妥当，请审议。

全国人民代表大会宪法和法律委员会

2021年12月24日

附录二

中华人民共和国植物新品种保护条例

（1997年3月20日中华人民共和国国务院令第213号公布　根据2013年1月31日《国务院关于修改〈中华人民共和国植物新品种保护条例〉的决定》第一次修订　根据2014年7月29日《国务院关于修改部分行政法规的决定》第二次修订）

第一章　总　　则

第一条　为了保护植物新品种权，鼓励培育和使用植物新品种，促进农业、林业的发展，制定本条例。

第二条　本条例所称植物新品种，是指经过人工培育的或者对发现的野生植物加以开发，具备新颖性、特异性、一致性和稳定性并有适当命名的植物品种。

第三条　国务院农业、林业行政部门（以下统称审批机关）按照职责分工共同负责植物新品种权申请的受理和审查并对符合本条例规定的植物新品种授予植物新品种权（以下称品种权）。

第四条　完成关系国家利益或者公共利益并有重大应

用价值的植物新品种育种的单位或者个人，由县级以上人民政府或者有关部门给予奖励。

第五条 生产、销售和推广被授予品种权的植物新品种（以下称授权品种），应当按照国家有关种子的法律、法规的规定审定。

第二章 品种权的内容和归属

第六条 完成育种的单位或者个人对其授权品种，享有排他的独占权。任何单位或者个人未经品种权所有人（以下称品种权人）许可，不得为商业目的生产或者销售该授权品种的繁殖材料，不得为商业目的将该授权品种的繁殖材料重复使用于生产另一品种的繁殖材料；但是，本条例另有规定的除外。

第七条 执行本单位的任务或者主要是利用本单位的物质条件所完成的职务育种，植物新品种的申请权属于该单位；非职务育种，植物新品种的申请权属于完成育种的个人。申请被批准后，品种权属于申请人。

委托育种或者合作育种，品种权的归属由当事人在合同中约定；没有合同约定的，品种权属于受委托完成或者共同完成育种的单位或者个人。

第八条 一个植物新品种只能授予一项品种权。两个以上的申请人分别就同一个植物新品种申请品种权的，品种权授予最先申请的人；同时申请的，品种权授予最先完成该植物新品种育种的人。

第九条 植物新品种的申请权和品种权可以依法转让。

中国的单位或者个人就其在国内培育的植物新品种向外国人转让申请权或者品种权的，应当经审批机关批准。

国有单位在国内转让申请权或者品种权的，应当按照国家有关规定报经有关行政主管部门批准。

转让申请权或者品种权的，当事人应当订立书面合同，并向审批机关登记，由审批机关予以公告。

第十条 在下列情况下使用授权品种的，可以不经品种权人许可，不向其支付使用费，但是不得侵犯品种权人依照本条例享有的其他权利：

（一）利用授权品种进行育种及其他科研活动；

（二）农民自繁自用授权品种的繁殖材料。

第十一条 为了国家利益或者公共利益，审批机关可以作出实施植物新品种强制许可的决定，并予以登记和公告。

取得实施强制许可的单位或者个人应当付给品种权人合理的使用费，其数额由双方商定；双方不能达成协议的，由审批机关裁决。

品种权人对强制许可决定或者强制许可使用费的裁决不服的，可以自收到通知之日起 3 个月内向人民法院提起诉讼。

第十二条 不论授权品种的保护期是否届满，销售该授权品种应当使用其注册登记的名称。

第三章 授予品种权的条件

第十三条 申请品种权的植物新品种应当属于国家植物品种保护名录中列举的植物的属或者种。植物品种保护名录由审批机关确定和公布。

第十四条 授予品种权的植物新品种应当具备新颖性。新颖性，是指申请品种权的植物新品种在申请日前该品种繁殖材料未被销售，或者经育种者许可，在中国境内销售该品种繁殖材料未超过 1 年；在中国境外销售藤本植物、林木、果树和观赏树木品种繁殖材料未超过 6 年，销售其他植物品种繁殖材料未超过 4 年。

第十五条 授予品种权的植物新品种应当具备特异性。特异性，是指申请品种权的植物新品种应当明显区别于在递交申请以前已知的植物品种。

第十六条 授予品种权的植物新品种应当具备一致性。一致性，是指申请品种权的植物新品种经过繁殖，除可以预见的变异外，其相关的特征或者特性一致。

第十七条 授予品种权的植物新品种应当具备稳定性。稳定性，是指申请品种权的植物新品种经过反复繁殖后或者在特定繁殖周期结束时，其相关的特征或者特性保持不变。

第十八条 授予品种权的植物新品种应当具备适当的名称，并与相同或者相近的植物属或者种中已知品种的名称相区别。该名称经注册登记后即为该植物新品种的通用名称。

下列名称不得用于品种命名：

（一）仅以数字组成的；

（二）违反社会公德的；

（三）对植物新品种的特征、特性或者育种者的身份等容易引起误解的。

第四章 品种权的申请和受理

第十九条 中国的单位和个人申请品种权的，可以直接或者委托代理机构向审批机关提出申请。

中国的单位和个人申请品种权的植物新品种涉及国家安全或者重大利益需要保密的，应当按照国家有关规定办理。

第二十条 外国人、外国企业或者外国其他组织在中国申请品种权的，应当按其所属国和中华人民共和国签订的协议或者共同参加的国际条约办理，或者根据互惠原则，依照本条例办理。

第二十一条 申请品种权的，应当向审批机关提交符合规定格式要求的请求书、说明书和该品种的照片。

申请文件应当使用中文书写。

第二十二条 审批机关收到品种权申请文件之日为申请日；申请文件是邮寄的，以寄出的邮戳日为申请日。

第二十三条 申请人自在外国第一次提出品种权申请之日起 12 个月内，又在中国就该植物新品种提出品种权申请的，依照该外国同中华人民共和国签订的协议或者共同参加的国际条约，或者根据相互承认优先权的原则，可以享有优先权。

申请人要求优先权的，应当在申请时提出书面说明，并在 3 个月内提交经原受理机关确认的第一次提出的品种权申请文件的副本；未依照本条例规定提出书面说明或者提交申请文件副本的，视为未要求优先权。

第二十四条 对符合本条例第二十一条规定的品种权申请，审批机关应当予以受理，明确申请日、给予申请号，并自收到申请之日起 1 个月内通知申请人缴纳申请费。

对不符合或者经修改仍不符合本条例第二十一条规定的品种权申请，审批机关不予受理，并通知申请人。

第二十五条 申请人可以在品种权授予前修改或者撤回品种权申请。

第二十六条 中国的单位或者个人将国内培育的植物新品种向国外申请品种权的，应当按照职责分工向省级人民政府农业、林业行政部门登记。

第五章 品种权的审查与批准

第二十七条 申请人缴纳申请费后，审批机关对品种权申请的下列内容进行初步审查：

（一）是否属于植物品种保护名录列举的植物属或者种的范围；

（二）是否符合本条例第二十条的规定；

（三）是否符合新颖性的规定；

（四）植物新品种的命名是否适当。

第二十八条 审批机关应当自受理品种权申请之日起6个月内完成初步审查。对经初步审查合格的品种权申请，审批机关予以公告，并通知申请人在3个月内缴纳审查费。

对经初步审查不合格的品种权申请，审批机关应当通知申请人在3个月内陈述意见或者予以修正；逾期未答复或者修正后仍然不合格的，驳回申请。

第二十九条 申请人按照规定缴纳审查费后，审批机关对品种权申请的特异性、一致性和稳定性进行实质审查。

申请人未按照规定缴纳审查费的，品种权申请视为撤回。

第三十条 审批机关主要依据申请文件和其他有关书面材料进行实质审查。审批机关认为必要时，可以委托指定的测试机构进行测试或者考察业已完成的种植或者其他试验的结果。

因审查需要，申请人应当根据审批机关的要求提供必要的资料和该植物新品种的繁殖材料。

第三十一条 对经实质审查符合本条例规定的品种权申请，审批机关应当作出授予品种权的决定，颁发品种权证书，并予以登记和公告。

对经实质审查不符合本条例规定的品种权申请，审批机关予以驳回，并通知申请人。

第三十二条 审批机关设立植物新品种复审委员会。

对审批机关驳回品种权申请的决定不服的，申请人可以自收到通知之日起 3 个月内，向植物新品种复审委员会请求复审。植物新品种复审委员会应当自收到复审请求书之日起 6 个月内作出决定，并通知申请人。

申请人对植物新品种复审委员会的决定不服的，可以自接到通知之日起 15 日内向人民法院提起诉讼。

第三十三条 品种权被授予后，在自初步审查合格公告之日起至被授予品种权之日止的期间，对未经申请人许可，为商业目的生产或者销售该授权品种的繁殖材料的单位和个人，品种权人享有追偿的权利。

第六章 期限、终止和无效

第三十四条 品种权的保护期限，自授权之日起，藤本植物、林木、果树和观赏树木为 20 年，其他植物为 15 年。

第三十五条 品种权人应当自被授予品种权的当年开始缴纳年费，并且按照审批机关的要求提供用于检测的该授权品种的繁殖材料。

第三十六条 有下列情形之一的，品种权在其保护期限届满前终止：

（一）品种权人以书面声明放弃品种权的；

（二）品种权人未按照规定缴纳年费的；

（三）品种权人未按照审批机关的要求提供检测所需的该授权品种的繁殖材料的；

（四）经检测该授权品种不再符合被授予品种权时的特征和特性的。

品种权的终止，由审批机关登记和公告。

第三十七条 自审批机关公告授予品种权之日起，植物新品种复审委员会可以依据职权或者依据任何单位或者个人的书面请求，对不符合本条例第十四条、第十五条、第十六条和第十七条规定的，宣告品种权无效；对不符合本条例第十八条规定的，予以更名。宣告品种权无效或者更名的决定，由审批机关登记和公告，并通知当事人。

对植物新品种复审委员会的决定不服的，可以自收到通知之日起3个月内向人民法院提起诉讼。

第三十八条 被宣告无效的品种权视为自始不存在。

宣告品种权无效的决定，对在宣告前人民法院作出并已执行的植物新品种侵权的判决、裁定，省级以上人民政府农业、林业行政部门作出并已执行的植物新品种侵权处理决定，以及已经履行的植物新品种实施许可合同和植物新品种权转让合同，不具有追溯力；但是，因品种权人的恶意给他人造成损失的，应当给予合理赔偿。

依照前款规定，品种权人或者品种权转让人不向被许可实施人或者受让人返还使用费或者转让费，明显违反公平原则的，品种权人或者品种权转让人应当向被许可实施人或者受让人返还全部或者部分使用费或者转让费。

第七章 罚 则

第三十九条 未经品种权人许可，以商业目的生产或者销售授权品种的繁殖材料的，品种权人或者利害关系人可以请求省级以上人民政府农业、林业行政部门依据各自的职权进行处理，也可以直接向人民法院提起诉讼。

省级以上人民政府农业、林业行政部门依据各自的职权，根据当事人自愿的原则，对侵权所造成的损害赔偿可以进行调解。调解达成协议的，当事人应当履行；调解未达成协议的，品种权人或者利害关系人可以依照民事诉讼程序向人民法院提起诉讼。

省级以上人民政府农业、林业行政部门依据各自的职权处理品种权侵权案件时，为维护社会公共利益，可以责令侵权人停止侵权行为，没收违法所得和植物品种繁殖材料；货值金额5万元以上的，可处货值金额1倍以上5倍以下的罚款；没有货值金额或者货值金额5万元以下的，根据情节轻重，可处25万元以下的罚款。

第四十条 假冒授权品种的，由县级以上人民政府农业、林业行政部门依据各自的职权责令停止假冒行为，没收违法所得和植物品种繁殖材料；货值金额5万元以上的，处货值金额1倍以上5倍以下的罚款；没有货值金额或者货值金额5万元以下的，根据情节轻重，处25万元以下的罚款；情节严重，构成犯罪的，依法追究刑事责任。

第四十一条 省级以上人民政府农业、林业行政部门依据各自的职权在查处品种权侵权案件和县级以上人民政府农业、林业行政部门依据各自的职权在查处假冒授权品种案件时，根据需要，可以封存或者扣押与案件有关的植物品种的繁殖材料，查阅、复制或者封存与案件有关的合同、账册及有关文件。

第四十二条 销售授权品种未使用其注册登记的名称

的，由县级以上人民政府农业、林业行政部门依据各自的职权责令限期改正，可以处1000元以下的罚款。

第四十三条 当事人就植物新品种的申请权和品种权的权属发生争议的，可以向人民法院提起诉讼。

第四十四条 县级以上人民政府农业、林业行政部门的及有关部门的工作人员滥用职权、玩忽职守、徇私舞弊、索贿受贿，构成犯罪的，依法追究刑事责任；尚不构成犯罪的，依法给予行政处分。

第八章 附 则

第四十五条 审批机关可以对本条例施行前首批列入植物品种保护名录的和本条例施行后新列入植物品种保护名录的植物属或者种的新颖性要求作出变通性规定。

第四十六条 本条例自1997年10月1日起施行。

中华人民共和国植物新品种保护条例实施细则（农业部分）

（2007年9月19日农业部令第5号公布　根据2011年12月31日《农业部关于修订部分规章和规范性文件的决定》修订　根据2014年4月25日中华人民共和国农业部令2014年第3号修订）

第一章　总　　则

第一条　根据《中华人民共和国植物新品种保护条例》（以下简称《条例》），制定本细则。

第二条　农业植物新品种包括粮食、棉花、油料、麻类、糖料、蔬菜（含西甜瓜）、烟草、桑树、茶树、果树（干果除外）、观赏植物（木本除外）、草类、绿肥、草本药材、食用菌、藻类和橡胶树等植物的新品种。

第三条　依据《条例》第三条的规定，农业部为农业植物新品种权的审批机关，依照《条例》规定授予农业植物新品种权（以下简称品种权）。

农业部植物新品种保护办公室（以下简称品种保护办公室），承担品种权申请的受理、审查等事务，负责植物新品种测试和繁殖材料保藏的组织工作。

第四条 对危害公共利益、生态环境的植物新品种不授予品种权。

第二章 品种权的内容和归属

第五条 《条例》所称繁殖材料是指可繁殖植物的种植材料或植物体的其他部分，包括籽粒、果实和根、茎、苗、芽、叶等。

第六条 申请品种权的单位或者个人统称为品种权申请人；获得品种权的单位或者个人统称为品种权人。

第七条 《条例》第七条所称执行本单位任务所完成的职务育种是指下列情形之一：

（一）在本职工作中完成的育种；

（二）履行本单位交付的本职工作之外的任务所完成的育种；

（三）退职、退休或者调动工作后，3 年内完成的与其在原单位承担的工作或者原单位分配的任务有关的育种。

《条例》第七条所称本单位的物质条件是指本单位的资金、仪器设备、试验场地以及单位所有的尚未允许公开的育种材料和技术资料等。

第八条 《条例》第八条所称完成新品种育种的人是指完成新品种育种的单位或者个人（以下简称育种者）。

第九条 完成新品种培育的人员（以下简称培育人）是指对新品种培育作出创造性贡献的人。仅负责组织管理工作、为物质条件的利用提供方便或者从事其他辅助工作的人不能被视为培育人。

第十条 一个植物新品种只能被授予一项品种权。

一个植物新品种由两个以上申请人分别于同一日内提出品种权申请的，由申请人自行协商确定申请权的归属；协商不能达成一致意见的，品种保护办公室可以要求申请人在指定期限内提供证据，证明自己是最先完成该新品种育种的人。逾期未提供证据的，视为撤回申请；所提供证据不足以作为判定依据的，品种保护办公室驳回申请。

第十一条 中国的单位或者个人就其在国内培育的新品种向外国人转让申请权或者品种权的，应当向农业部申请审批。

转让申请权或者品种权的，当事人应当订立书面合同，向农业部登记，由农业部予以公告，并自公告之日起生效。

第十二条 有下列情形之一的，农业部可以作出实施品种权的强制许可决定：

（一）为了国家利益或者公共利益的需要；

（二）品种权人无正当理由自己不实施，又不许可他人以合理条件实施的；

（三）对重要农作物品种，品种权人虽已实施，但明显不能满足国内市场需求，又不许可他人以合理条件实施的。

申请强制许可的，应当向农业部提交强制许可请求书，说明理由并附具有关证明文件各一式两份。

农业部自收到请求书之日起20个工作日内作出决定。需要组织专家调查论证的，调查论证时间不得超过3个月。同意强制许可请求的，由农业部通知品种权人和强制许可请求人，并予以公告；不同意强制许可请求的，通知请求人并说明理由。

第十三条 依照《条例》第十一条第二款规定，申请农业部裁决使用费数额的，当事人应当提交裁决申请书，并附具未能达成协议的证明文件。农业部自收到申请书之日起3个月内作出裁决并通知当事人。

第三章 授予品种权的条件

第十四条 依照《条例》第四十五条的规定，列入植物新品种保护名录的植物属或者种，从名录公布之日起1年内提出的品种权申请，凡经过育种者许可，申请日前在中国境内销售该品种的繁殖材料未超过4年，符合《条例》规定的特异性、一致性和稳定性及命名要求的，农业部可以授予品种权。

第十五条 具有下列情形之一的，属于《条例》第十四条规定的销售：

（一）以买卖方式将申请品种的繁殖材料转移他人；

（二）以易货方式将申请品种的繁殖材料转移他人；

（三）以入股方式将申请品种的繁殖材料转移他人；

（四）以申请品种的繁殖材料签订生产协议；

（五）以其他方式销售的情形。

具有下列情形之一的，视为《条例》第十四条规定的育种者许可销售：

（一）育种者自己销售；

（二）育种者内部机构销售；

（三）育种者的全资或者参股企业销售；

（四）农业部规定的其他情形。

第十六条 《条例》第十五条所称“已知的植物品种”，包括品种权申请初审合格公告、通过品种审定或者已推广应用的品种。

第十七条 《条例》第十六条、第十七条所称“相关的特征或者特性”是指至少包括用于特异性、一致性和稳定性测试的性状或者授权时进行品种描述的性状。

第十八条 有下列情形之一的，不得用于新品种命名：

（一）仅以数字组成的；

（二）违反国家法律或者社会公德或者带有民族歧视性的；

（三）以国家名称命名的；

（四）以县级以上行政区划的地名或者公众知晓的外国地名命名的；

（五）同政府间国际组织或者其他国际国内知名组织及标识名称相同或者近似的；

（六）对植物新品种的特征、特性或者育种者的身份等容易引起误解的；

（七）属于相同或相近植物属或者种的已知名称的；

（八）夸大宣传的。

已通过品种审定的品种，或获得《农业转基因生物安全证书（生产应用）》的转基因植物品种，如品种名称符合植物新品种命名规定，申请品种权的品种名称应当与品种审定或农业转基因生物安全审批的品种名称一致。

第四章 品种权的申请和受理

第十九条 中国的单位和个人申请品种权的，可以直接或者委托代理机构向品种保护办公室提出申请。

在中国没有经常居所的外国人、外国企业或其他外国组织，向品种保护办公室提出品种权申请的，应当委托代理机构办理。

申请人委托代理机构办理品种权申请等相关事务时，应当与代理机构签订委托书，明确委托办理事项与权责。代理机构在向品种保护办公室提交申请时，应当同时提交申请人委托书。品种保护办公室在上述申请的受理与审查程序中，直接与代理机构联系。

第二十条 申请品种权的，申请人应当向品种保护办公室提交请求书、说明书和品种照片各一式两份，同时提交相应的请求书和说明书的电子文档。

请求书、说明书按照品种保护办公室规定的统一格式填写。

第二十一条 申请人提交的说明书应当包括下列内容：

（一）申请品种的暂定名称，该名称应当与请求书的名称一致；

（二）申请品种所属的属或者种的中文名称和拉丁文名称；

（三）育种过程和育种方法，包括系谱、培育过程和所使用的亲本或者其他繁殖材料来源与名称的详细说明；

（四）有关销售情况的说明；

（五）选择的近似品种及理由；

（六）申请品种特异性、一致性和稳定性的详细说明；

（七）适于生长的区域或者环境以及栽培技术的说明；

（八）申请品种与近似品种的性状对比表。

前款第（五）、（八）项所称近似品种是指在所有已知植物品种中，相关特征或者特性与申请品种最为相似的品种。

第二十二条 申请人提交的照片应当符合以下要求：

（一）照片有利于说明申请品种的特异性；

（二）申请品种与近似品种的同一种性状对比应在同一张照片上；

（三）照片应为彩色，必要时，品种保护办公室可以要求申请人提供黑白照片；

（四）照片规格为 8.5 厘米×12.5 厘米或者 10 厘米×15 厘米；

（五）关于照片的简要文字说明。

第二十三条 品种权申请文件有下列情形之一的，品种保护办公室不予受理：

（一）未使用中文的；

（二）缺少请求书、说明书或者照片之一的；

（三）请求书、说明书和照片不符合本细则规定格式的；

（四）文件未打印的；

（五）字迹不清或者有涂改的；

（六）缺少申请人和联系人姓名（名称）、地址、邮政编码的或者不详的；

（七）委托代理但缺少代理委托书的。

第二十四条 中国的单位或者个人将国内培育的植物新品种向国外申请品种权的，应当向农业部申请登记。

第二十五条 申请人依照《条例》第二十三条的规定要求优先权的，应当在申请中写明第一次提出品种权申请的申请日、申请号和受理该申请的国家或组织；未写明的，视为未要求优先权。申请人提交的第一次品种权申请文件副本应当经原受理机关确认。

第二十六条 在中国没有经常居所或者营业所的外国人、外国企业和外国其他组织，申请品种权或者要求优先权的，品种保护办公室认为必要时，可以要求其提供下列文件：

（一）申请人是个人的，其国籍证明；

（二）申请人是企业或者其他组织的，其营业所或者总部所在地的证明；

（三）外国人、外国企业、外国其他组织的所属国，承认中国单位和个人可以按照该国国民的同等条件，在该国享有品种申请权、优先权和其他与品种权有关的权利的证明文件。

第二十七条 申请人在向品种保护办公室提出品种权申请12个月内，又向国外申请品种权的，依照该国或组织同中华人民共和国签订的协议或者共同参加的国际条约，或者根据相互承认优先权的原则，可以请求品种保护办公室出具优先权证明文件。

第二十八条 依照《条例》第十九条第二款规定，中国的单位和个人申请品种权的植物新品种涉及国家安全或者重大利益需要保密的，申请人应当在申请文件中说明，品种保护办公室经过审查后作出是否按保密申请处理的决定，并通知申请人；品种保护办公室认为需要保密而申请人未注明的，仍按保密申请处理，并通知申请人。

第二十九条 申请人送交的申请品种繁殖材料应当与品种权申请文件中所描述的繁殖材料相一致，并符合下列要求：

（一）未遭受意外损害；

（二）未经过药物处理；

（三）无检疫性的有害生物；

（四）送交的繁殖材料为籽粒或果实的，籽粒或果实应当是最近收获的。

第三十条 品种保护办公室认为必要的，申请人应当送交申请品种和近似品种的繁殖材料，用于申请品种的审查和检测。申请品种属于转基因品种的，应当附具生产性试验阶段的《农业转基因生物安全审批书》或《农业转基因生物安全证书（生产应用）》复印件。

申请人应当自收到品种保护办公室通知之日起3个月内送交繁殖材料。送交繁殖材料为籽粒或果实的，应当送至品种保护办公室植物新品种保藏中心（以下简称保藏中心）；送交种苗、种球、块茎、块根等无性繁殖材料的，应当送至品种保护办公室指定的测试机构。

申请人送交的繁殖材料数量少于品种保护办公室规定的，保藏中心或者测试机构应当通知申请人，申请人应自收到通知之日起1个月内补足。特殊情况下，申请人送交了规定数量的繁殖材料后仍不能满足测试或者检测需要时，品种保护办公室有权要求申请人补交。

第三十一条 繁殖材料应当依照有关规定实施植物检疫。检疫不合格或者未经检疫的，保藏中心或者测试机构不予接收。

保藏中心或者测试机构收到申请人送交的繁殖材料后应当出具书面证明，并在收到繁殖材料之日起20个工作日内（有休眠期的植物除外）完成生活力等内容的检测。检测合格的，应当向申请人出具书面检测合格证明；检测不合格的，应当通知申请人自收到通知之日起1个月内重新送交繁殖材料并取回检测不合格的繁殖材料，申请人到期不取回的，保藏中心或者测试机构应当销毁。

申请人未按规定送交繁殖材料的，视为撤回申请。

第三十二条 保藏中心和测试机构对申请品种的繁殖

材料负有保密的责任，应当防止繁殖材料丢失、被盗等事故的发生，任何人不得更换检验合格的繁殖材料。发生繁殖材料丢失、被盗、更换的，依法追究有关人员的责任。

第五章 品种权的审查与批准

第三十三条 在初步审查、实质审查、复审和无效宣告程序中进行审查和复审人员有下列情形之一的，应当自行回避，当事人或者其他利害关系人可以要求其回避：

（一）是当事人或者其代理人近亲属的；

（二）与品种权申请或者品种权有直接利害关系的；

（三）与当事人或者其代理人有其他关系，可能影响公正审查和审理的。

审查人员的回避由品种保护办公室决定，复审人员的回避由植物新品种复审委员会主任决定。

第三十四条 一件植物品种权申请包括两个以上新品种的，品种保护办公室应当要求申请人提出分案申请。申请人在指定期限内对其申请未进行分案修正或者期满未答复的，视为撤回申请。

申请人按照品种保护办公室要求提出的分案申请，可以保留原申请日；享有优先权的，可保留优先权日。但不得超出原申请文件已有内容的范围。

分案申请应当依照《条例》及本细则的规定办理相关

手续。

分案申请的请求书中应当写明原申请的申请号和申请日。原申请享有优先权的，应当提交原申请的优先权文件副本。

第三十五条 品种保护办公室对品种权申请的下列内容进行初步审查：

（一）是否符合《条例》第二十七条规定；

（二）选择的近似品种是否适当；申请品种的亲本或其他繁殖材料来源是否公开。

品种保护办公室应当将审查意见通知申请人。品种保护办公室有疑问的，可要求申请人在指定期限内陈述意见或者补正；申请人期满未答复的，视为撤回申请。申请人陈述意见或者补正后，品种保护办公室认为仍然不符合规定的，应当驳回其申请。

第三十六条 除品种权申请文件外，任何人向品种保护办公室提交的与品种权申请有关的材料，有下列情形之一的，视为未提出：

（一）未使用规定的格式或者填写不符合要求的；

（二）未按照规定提交证明材料的。

当事人当面提交材料的，受理人员应当当面说明材料存在的缺陷后直接退回；通过邮局提交的，品种保护办公室应当将视为未提出的审查意见和原材料一起退回；邮寄地址不清的，采用公告方式退回。

第三十七条 自品种权申请之日起至授予品种权之日前，任何人均可以对不符合《条例》第八条、第十三至第十八条以及本细则第四条规定的品种权申请，向品种保护办公室提出异议，并提供相关证据和说明理由。未提供相关证据的，品种保护办公室不予受理。

第三十八条 未经品种保护办公室批准，申请人在品种权授予前不得修改申请文件的下列内容：

（一）申请品种的名称、申请品种的亲本或其他繁殖材料名称、来源以及申请品种的育种方法；

（二）申请品种的最早销售时间；

（三）申请品种的特异性、一致性和稳定性内容。

品种权申请文件的修改部分，除个别文字修改或者增删外，应当按照规定格式提交替换页。

第三十九条 品种保护办公室负责对品种权申请进行实质审查，并将审查意见通知申请人。品种保护办公室可以根据审查的需要，要求申请人在指定期限内陈述意见或者补正。申请人期满未答复的，视为撤回申请。

第四十条 依照《条例》和本细则的规定，品种权申请经实质审查应当予以驳回的情形是指：

（一）不符合《条例》第八条、第十三条至第十七条规定之一的；

（二）属于本细则第四条规定的；

（三）不符合命名规定，申请人又不按照品种保护办公室要求修改的；

（四）申请人陈述意见或者补正后，品种保护办公室认为仍不符合规定的。

第四十一条 品种保护办公室发出办理授予品种权手续的通知后，申请人应当自收到通知之日起 2 个月内办理相关手续和缴纳第 1 年年费。对按期办理的，农业部授予品种权，颁发品种权证书，并予以公告。品种权自授权公告之日起生效。

期满未办理的，视为放弃取得品种权的权利。

第四十二条 农业部植物新品种复审委员会，负责审理驳回品种权申请的复审案件、品种权无效宣告案件和授权品种更名案件。具体规定由农业部另行制定。

第六章 文件的提交、送达和期限

第四十三条 依照《条例》和本细则规定提交的各种文件应当使用中文，并采用国家统一规定的科学技术术语和规范词。外国人名、地名和科学技术术语没有统一中文译文的，应当注明原文。

依照《条例》和本细则规定提交的各种证件和证明文件是外文的，应当附送中文译文；未附送的，视为未提交该证明文件。

第四十四条 当事人向品种保护办公室提交的各种文件应当打印或者印刷，字迹呈黑色，并整齐清晰。申请文件的文字部分应当横向书写，纸张只限单面使用。

第四十五条 当事人提交的各种文件和办理的其他手续，应当由申请人、品种权人、其他利害关系人或者其代表人签字或者盖章；委托代理机构的，由代理机构盖章。请求变更培育人姓名、品种权申请人和品种权人的姓名或者名称、国籍、地址、代理机构的名称和代理人姓名的，应当向品种保护办公室办理著录事项变更手续，并附具变更理由的证明材料。

第四十六条 当事人提交各种材料时，可以直接提交，也可以邮寄。邮寄时，应当使用挂号信函，不得使用包裹，一件信函中应当只包含同一申请的相关材料。邮寄的，以寄出的邮戳日为提交日。信封上寄出的邮戳日不清晰的，除当事人能够提供证明外，以品种保护办公室的收到日期为提交日。

品种保护办公室的各种文件，可以通过邮寄、直接送交或者以公告的方式送达当事人。当事人委托代理机构的，文件送交代理机构；未委托代理机构的，文件送交请求书中收件人地址及收件人或者第一署名人或者代表人。当事人拒绝接收文件的，该文件视为已经送达。

品种保护办公室邮寄的各种文件，自文件发出之日起满 15 日，视为当事人收到文件之日。

根据规定应当直接送交的文件，以交付日为送达日。文件送达地址不清，无法邮寄的，可以通过公告的方式送达当事人。自公告之日起满 2 个月，该文件视为已经送达。

第四十七条 《条例》和本细则规定的各种期限的第一日不计算在期限内。期限以年或者月计算的，以其最后一月的相应日为期限届满日；该月无相应日的，以该月最后一日为期限届满日。期限届满日是法定节假日的，以节假日后的第一个工作日为期限届满日。

第四十八条 当事人因不可抗力而耽误《条例》或者本细则规定的期限或者品种保护办公室指定的期限，导致其权利丧失的，自障碍消除之日起 2 个月内，最迟自期限届满之日起 2 年内，可以向品种保护办公室说明理由并附具有关证明文件，请求恢复其权利。

当事人因正当理由而耽误《条例》或者本细则规定的期限或者品种保护办公室指定的期限，造成其权利丧失的，可以自收到通知之日起 2 个月内向品种保护办公室说明理由，请求恢复其权利。

当事人请求延长品种保护办公室指定期限的，应当在期限届满前，向品种保护办公室说明理由并办理有关手续。

本条第一款和第二款的规定不适用《条例》第十四

条、第二十三条、第三十二条第二、三款、第三十四条、第三十七条第二款规定的期限。

第四十九条 除《条例》第二十二条的规定外，《条例》所称申请日，有优先权的，指优先权日。

第七章 费用和公报

第五十条 申请品种权和办理其他手续时，应当按照国家有关规定向农业部缴纳申请费、审查费、年费。

第五十一条 《条例》和本细则规定的各种费用，可以直接缴纳，也可以通过邮局或者银行汇付。

通过邮局或者银行汇付的，应当注明品种名称，同时将汇款凭证的复印件传真或者邮寄至品种保护办公室，并说明该费用的申请号或者品种权号、申请人或者品种权人的姓名或名称、费用名称。

通过邮局或者银行汇付的，以汇出日为缴费日。

第五十二条 依照《条例》第二十四条的规定，申请人可以在提交品种权申请的同时缴纳申请费，但最迟自申请之日起 1 个月内缴纳申请费，期满未缴纳或者未缴足的，视为撤回申请。

第五十三条 经初步审查合格的品种权申请，申请人应当按照品种保护办公室的通知，在规定的期限内缴纳审查费。期满未缴纳或者未缴足的，视为撤回申请。

第五十四条 申请人在领取品种权证书前，应当缴纳授予品种权第1年的年费。以后的年费应当在前1年度期满前1个月内预缴。

第五十五条 品种权人未按时缴纳授予品种权第1年以后的年费，或者缴纳的数额不足的，品种保护办公室应当通知申请人自应当缴纳年费期满之日起6个月内补缴；期满未缴纳的，自应当缴纳年费期满之日起，品种权终止。

第五十六条 品种保护办公室定期发布植物新品种保护公报，公告品种权有关内容。

第八章 附 则

第五十七条 《条例》第四十条、第四十一条所称的假冒授权品种行为是指下列情形之一：

（一）印制或者使用伪造的品种权证书、品种权申请号、品种权号或者其他品种权申请标记、品种权标记；

（二）印制或者使用已经被驳回、视为撤回或者撤回的品种权申请的申请号或者其他品种权申请标记；

（三）印制或者使用已经被终止或者被宣告无效的品种权的品种权证书、品种权号或者其他品种权标记；

（四）生产或者销售本条第（一）项、第（二）项和第（三）项所标记的品种；

（五）生产或销售冒充品种权申请或者授权品种名称

的品种；

（六）其他足以使他人将非品种权申请或者非授权品种误认为品种权申请或者授权品种的行为。

第五十八条 农业行政部门根据《条例》第四十一条的规定对封存或者扣押的植物品种繁殖材料，应当在30日内做出处理；情况复杂的，经农业行政部门负责人批准可以延长，延长期限不超过30日。

第五十九条 当事人因品种申请权或者品种权发生纠纷，向人民法院提起诉讼并且人民法院已受理的，可以向品种保护办公室请求中止有关程序。

依照前款规定申请中止有关程序的，应当向品种保护办公室提交申请书，并附具人民法院的有关受理文件副本。

在人民法院作出的判决生效后，当事人应当向品种保护办公室请求恢复有关程序。自请求中止之日起1年内，有关品种申请权或者品种权归属的纠纷未能结案，需要继续中止有关程序的，请求人应当在该期限内请求延长中止。期满未请求延长的，品种保护办公室可以自行恢复有关程序。

第六十条 已被视为撤回、驳回和主动撤回的品种权申请的案卷，自该品种权申请失效之日起满2年后不予保存。

已被宣告无效的品种权案卷自该品种权无效宣告之日

起，终止的品种权案卷自该品种权失效之日起满 3 年后不予保存。

第六十一条 本细则自 2008 年 1 月 1 日起施行。1999 年 6 月 16 日农业部发布的《中华人民共和国植物新品种保护条例实施细则（农业部分）》同时废止。

中华人民共和国植物新品种保护条例实施细则（林业部分）

（1999年8月10日国家林业局令第3号公布）

第一章　总　　则

第一条　根据《中华人民共和国植物新品种保护条例》（以下简称《条例》），制定本细则。

第二条　本细则所称植物新品种，是指符合《条例》第二条规定的林木、竹、木质藤本、木本观赏植物（包括木本花卉）、果树（干果部分）及木本油料、饮料、调料、木本药材等植物品种。

植物品种保护名录由国家林业局确定和公布。

第三条　国家林业局依照《条例》和本细则规定受理、审查植物新品种权的申请并授予植物新品种权（以下简称品种权）。

国家林业局植物新品种保护办公室（以下简称植物新品种保护办公室），负责受理和审查本细则第二条规定的植物新品种的品种权申请，组织与植物新品种保护有关的测试、保藏等业务，按国家有关规定承办与植物新品种保护有关的国际事务等具体工作。

第二章　品种权的内容和归属

第四条　《条例》所称的繁殖材料，是指整株植物（包括苗木）、种子（包括根、茎、叶、花、果实等）以及构成植物体的任何部分（包括组织、细胞）。

第五条　《条例》第七条所称的职务育种是指：

（一）在本职工作中完成的育种；

（二）履行本单位分配的本职工作之外的任务所完成的育种；

（三）离开原单位后 3 年内完成的与其在原单位承担的本职工作或者分配的任务有关的育种；

（四）利用本单位的资金、仪器设备、试验场地、育种资源和其他繁殖材料及不对外公开的技术资料等所完成的育种。

除前款规定情形之外的，为非职务育种。

第六条　《条例》所称完成植物新品种育种的人、品种权申请人、品种权人，均包括单位或者个人。

第七条　两个以上申请人就同一个植物新品种在同一日分别提出品种权申请的，植物新品种保护办公室可以要求申请人自行协商确定申请权的归属；协商达不成一致意见的，植物新品种保护办公室可以要求申请人在规定的期限内提供证明自己是最先完成该植物新品种育种的证据；逾期不提供证据的，视为放弃申请。

第八条 中国的单位或者个人就其在国内培育的植物新品种向外国人转让申请权或者品种权的，应当报国家林业局批准。

国有单位在国内转让植物新品种申请权或者品种权的，由其上级行政主管部门批准。

转让申请权或者品种权的，当事人应当订立书面合同，向国家林业局登记，并由国家林业局予以公告。

转让申请权或者品种权的，自登记之日起生效。

第九条 依照《条例》第十一条规定，有下列情形之一的，国家林业局可以作出或者依当事人的请求作出实施植物新品种强制许可的决定：

（一）为满足国家利益或者公共利益等特殊需要；

（二）品种权人无正当理由自己不实施或者实施不完全，又不许可他人以合理条件实施的。

请求植物新品种强制许可的单位或者个人，应当向国家林业局提出强制许可请求书，说明理由并附具有关证明材料各一式两份。

第十条 按照《条例》第十一条第二款规定，请求国家林业局裁决植物新品种强制许可使用费数额的，当事人应当提交裁决请求书，并附具不能达成协议的有关材料。国家林业局自收到裁决请求书之日起3个月内作出裁决并通知有关当事人。

第三章　授予品种权的条件

第十一条　授予品种权的，应当符合《条例》第十三条、第十四条、第十五条、第十六条、第十七条、第十八条和本细则第二条的规定。

第十二条　依照《条例》第四十五条的规定，对《条例》施行前首批列入植物品种保护名录的和《条例》施行后新列入植物品种保护名录的属或者种的植物品种，自名录公布之日起一年内提出的品种权申请，经育种人许可，在中国境内销售该品种的繁殖材料不超过4年的，视为具有新颖性。

第十三条　除《条例》第十八条规定的以外，有下列情形之一的，不得用于植物新品种命名：

（一）违反国家法律、行政法规规定或者带有民族歧视性的；

（二）以国家名称命名的；

（三）以县级以上行政区划的地名或者公众知晓的外国地名命名的；

（四）同政府间国际组织或者其他国际知名组织的标

识名称相同或者近似的；

（五）属于相同或者相近植物属或者种的已知名称的。

第四章　品种权的申请和受理

第十四条　中国的单位和个人申请品种权的，可以直接或者委托国家林业局指定的代理机构向国家林业局提出申请。

第十五条　中国的单位和个人申请品种权的植物品种，如涉及国家安全或者重大利益需要保密的，申请人应当在请求书中注明，植物新品种保护办公室应当按国家有关保密的规定办理，并通知申请人；植物新品种保护办公室认为需要保密而申请人未注明的，按保密申请办理，并通知有关当事人。

第十六条　外国人、外国企业或者其他外国组织向国家林业局提出品种权申请和办理其他品种权事务的，应当委托国家林业局指定的代理机构办理。

第十七条　申请人委托代理机构向国家林业局申请品种权或者办理其他有关事务的，应当提交委托书，写明委托权限。

申请人为两个以上而未委托代理机构代理的，应当书面确定一方为代表人。

第十八条　申请人申请品种权时，应当向植物新品种保护办公室提交国家林业局规定格式的请求书、说明书以及符合本细则第十九条规定的照片各一式两份。

第十九条 《条例》第二十一条所称的照片，应当符合以下要求：

（一）有利于说明申请品种权的植物品种的特异性；

（二）一种性状的对比应在同一张照片上；

（三）照片应为彩色；

（四）照片规格为8.5厘米×12.5厘米或者10厘米×15厘米。

照片应当附有简要文字说明；必要时，植物新品种保护办公室可以要求申请人提供黑白照片。

第二十条 品种权的申请文件有下列情形之一的，植物新品种保护办公室不予受理：

（一）内容不全或者不符合规定格式的；

（二）字迹不清或者有严重涂改的；

（三）未使用中文的。

第二十一条 植物新品种保护办公室可以要求申请人送交申请品种权的植物品种和对照品种的繁殖材料，用于审查和检测。

第二十二条 申请人应当自收到植物新品种保护办公室通知之日起3个月内送交繁殖材料。送交种子的，申请人应当送至植物新品种保护办公室指定的保藏机构；送交无性繁殖材料的，申请人应当送至植物新品种办公室指定的测试机构。

申请人逾期不送交繁殖材料的，视为放弃申请。

第二十三条 申请人送交的繁殖材料应当依照国家有关规定进行检疫；应检疫而未检疫或者检疫不合格的，保藏机构或者测试机构不予接收。

第二十四条 申请人送交的繁殖材料不能满足测试或者检测需要以及不符合要求的，植物新品种保护办公室可以要求申请人补交。

申请人三次补交繁殖材料仍不符合规定的，视为放弃申请。

第二十五条 申请人送交的繁殖材料应当符合下列要求：

（一）与品种权申请文件中所描述的该植物品种的繁殖材料相一致；

（二）最新收获或者采集的；

（三）无病虫害；

（四）未进行药物处理。

申请人送交的繁殖材料已经进行了药物处理，应当附有使用药物的名称、使用的方法和目的。

第二十六条 保藏机构或者测试机构收到申请人送交的繁殖材料的，应当向申请人出具收据。

保藏机构或者测试机构对申请人送交的繁殖材料经检测合格的，应当出具检验合格证明，并报告植物新品种保护办公室；经检测不合格的，应当报告植物新品种保护办公室，由其按照有关规定处理。

第二十七条 保藏机构或者测试机构对申请人送交的繁殖材料，在品种权申请的审查期间和品种权的有效期限内，应当保密和妥善保管。

第二十八条 在中国没有经常居所或者营业所的外国人、外国企业或者其他外国组织申请品种权或者要求优先权的，植物新品种保护办公室可以要求其提供下列文件：

（一）国籍证明；

（二）申请人是企业或者其他组织的，其营业所或者总部所在地的证明文件；

（三）外国人、外国企业、外国其他组织的所属国承认中国的单位和个人可以按照该国国民的同等条件，在该国享有植物新品种的申请权、优先权和其他与品种权有关的证明文件。

第二十九条 申请人向国家林业局提出品种权申请之后，又向外国申请品种权的，可以请求植物新品种保护办公室出具优先权证明文件；符合条件的，植物新品种保护办公室应当出具优先权证明文件。

第三十条 申请人撤回品种权申请的，应当向国家林业局提出撤回申请，写明植物品种名称、申请号和申请日。

第三十一条 中国的单位和个人将在国内培育的植物新品种向国外申请品种权的，应当向国家林业局登记。

第五章 品种权的审查批准

第三十二条 国家林业局对品种权申请进行初步审查时，可以要求申请人就有关问题在规定的期限内提出陈述意见或者予以修正。

第三十三条 一件品种权申请包括二个以上品种权申请的，在实质审查前，植物新品种保护办公室应当要求申请人在规定的期限内提出分案申请；申请人在规定的期限内对其申请未进行分案修正或者期满未答复的，该申请视为放弃。

第三十四条 依照本细则第三十三条规定提出的分案申请，可以保留原申请日；享有优先权的，可保留优先权日，但不得超出原申请的范围。

分案申请应当依照《条例》及本细则的有关规定办理各种手续。

分案申请的请求书中应当写明原申请的申请号和申请日。原申请享有优先权的，应当提交原申请的优先权文件副本。

第三十五条 经初步审查符合《条例》和本细则规定

条件的品种权申请，由国家林业局予以公告。

自品种权申请公告之日起至授予品种权之日前，任何人均可以对不符合《条例》和本细则规定的品种权申请向国家林业局提出异议，并说明理由。

第三十六条 品种权申请文件的修改部分，除个别文字修改或者增删外，应当按照规定格式提交替换页。

第三十七条 经实质审查后，符合《条例》规定的品种权申请，由国家林业局作出授予品种权的决定，向品种权申请人颁发品种权证书，予以登记和公告。

品种权人应当自收到领取品种权证书通知之日起 3 个月内领取品种权证书，并按照国家有关规定缴纳第一年年费。逾期未领取品种权证书并未缴纳年费的，视为放弃品种权，有正当理由的除外。

品种权自作出授予品种权的决定之日起生效。

第三十八条 国家林业局植物新品种复审委员会（以下简称复审委员会）由植物育种专家、栽培专家、法律专家和有关行政管理人员组成。

复审委员会主任委员由国家林业局主要负责人指定。

植物新品种保护办公室根据复审委员会的决定办理复审的有关事宜。

第三十九条 依照《条例》第三十二条第二款的规定向复审委员会请求复审的，应当提交符合国家林业局规定格式的复审请求书，并附具有关的证明材料。复审请求书和证明材料应当各一式两份。

申请人请求复审时，可以修改被驳回的品种权申请文件，但修改仅限于驳回申请的决定所涉及的部分。

第四十条 复审请求不符合规定要求的，复审请求人可以在复审委员会指定的期限内补正；期满未补正或者补正后仍不符合规定要求的，该复审请求视为放弃。

第四十一条 复审请求人在复审委员会作出决定前，可以撤回其复审请求。

第六章 品种权的终止和无效

第四十二条 依照《条例》第三十六条规定，品种权在其保护期限届满前终止的，其终止日期为：

（一）品种权人以书面声明放弃品种权的，自声明之日起终止；

（二）品种权人未按照有关规定缴纳年费的，自补缴年费期限届满之日起终止；

（三）品种权人未按照要求提供检测所需的该授权品种的繁殖材料或者送交的繁殖材料不符合要求的，国家林业局予以登记，其品种权自登记之日起终止；

（四）经检测该授权品种不再符合被授予品种权时的特征和特性的，自国家林业局登记之日起终止。

第四十三条 依照《条例》第三十七条第一款的规定，任何单位或者个人请求宣告品种权无效的，应当向复审委员会提交国家林业局规定格式的品种权无效宣告请求书和有关材料各一式两份，并说明所依据的事实和理由。

第四十四条 已授予的品种权不符合《条例》第十四条、第十五条、第十六条和第十七条规定的，由复审委员会依据职权或者任何单位或者个人的书面请求宣告品种权无效。

宣告品种权无效，由国家林业局登记和公告，并由植物新品种保护办公室通知当事人。

第四十五条 品种权无效宣告请求书中未说明所依据的事实和理由，或者复审委员会就一项品种权无效宣告请求已审理并决定仍维持品种权的，请求人又以同一事实和理由请求无效宣告的，复审委员会不予受理。

第四十六条 复审委员会应当自收到无效宣告请求书之日起 15 日内将品种权无效宣告请求书副本和有关材料送达品种权人。品种权人应当在收到后 3 个月内提出陈述意见；逾期未提出的，不影响复审委员会审理。

第四十七条 复审委员会对授权品种作出更名决定的，由国家林业局登记和公告，并由植物新品种保护办公室通知品种权人，更换品种权证书。

授权品种更名后，不得再使用原授权品种名称。

第四十八条 复审委员会对无效宣告的请求作出决定前，无效宣告请求人可以撤回其请求。

第七章 文件的递交、送达和期限

第四十九条 《条例》和本细则规定的各种事项，应当以书面形式办理。

第五十条 按照《条例》和本细则规定提交的各种文件应当使用中文，并采用国家统一规定的科技术语。

外国人名、地名和没有统一中文译文的科技术语，应当注明原文。

依照《条例》和本细则规定提交的证明文件是外文的，应当附送中文译文；未附送的，视为未提交证明文件。

第五十一条 当事人提交的各种文件可以打印，也可以使用钢笔或者毛笔书写，但要整齐清晰，纸张只限单面使用。

第五十二条 依照《条例》和本细则规定，提交各种文件和有关材料的，当事人可以直接提交，也可以邮寄。邮寄时，以寄出的邮戳日为提交日。寄出的邮戳日不清晰的，除当事人能够提供证明外，以收到日为提交日。

依照《条例》和本细则规定，向当事人送达的各种文件和有关材料的，可以直接送交、邮寄或者以公告的方式送达。当事人委托代理机构的，送达代理机构；未委托代理机构的，送达当事人。

依本条第二款规定直接送达的，以交付日为送达日；邮寄送达的，自寄出之日起满15日，视为送达；公告送达的，自公告之日起满2个月，视为送达。

第五十三条 《条例》和本细则规定的各种期限，以年或者月计算的，以其最后一月的相应日为期限届满日；该月无相应日的，以该月最后一日为期限届满日；期限届满日是法定节假日的，以节假日后的第一个工作日为期限届满日。

第五十四条 当事人因不可抗力或者特殊情况耽误《条例》和本细则规定的期限，造成其权利丧失的，自障碍消除之日起2个月内，但是最多不得超过自期限届满之日起2年，可以向国家林业局说明理由并附具有关证明材料，请求恢复其权利。

第五十五条 《条例》和本细则所称申请日，有优先权的，指优先权日。

第八章　费用和公报

第五十六条 申请品种权的，应当按照规定缴纳申请费、审查费；需要测试的，应当缴纳测试费。授予品种权的，应当缴纳年费。

第五十七条 当事人缴纳本细则第五十六条规定费用

的，可以向植物新品种保护办公室直接缴纳，也可以通过邮局或者银行汇付，但不得使用电汇。

通过邮局或者银行汇付的，应当注明申请号或者品种权证书号、申请人或者品种权人的姓名或者名称、费用名称以及授权品种名称。

通过邮局或者银行汇付时，以汇出日为缴费日。

第五十八条 依照《条例》第二十四条的规定，申请人可以在提交品种权申请的同时缴纳申请费，也可以在收到缴费通知之日起1个月内缴纳；期满未缴纳或者未缴足的，其申请视为撤回。

按照规定应当缴纳测试费的，自收到缴费通知之日起1个月内缴纳；期满未缴纳或者未缴足的，其申请视为放弃。

第五十九条 第一次年费应当于领取品种权证书时缴纳，以后的年费应当在前一年度期满前1个月内预缴。

第六十条 品种权人未按时缴纳第一年以后的年费或者缴纳数额不足的，植物新品种保护办公室应当通知品种权人自应当缴纳年费期满之日起6个月内补缴，同时缴纳金额为年费的25%的滞纳金。

第六十一条 自本细则施行之日起3年内，当事人缴纳本细则第五十六条规定的费用确有困难的，经申请并由国家林业局批准，可以减缴或者缓缴。

第六十二条 国家林业局定期出版植物新品种保护公报，公告品种权申请、授予、转让、继承、终止等有关事项。

植物新品种保护办公室设置品种权登记簿，登记品种权申请、授予、转让、继承、终止等有关事项。

第九章 附 则

第六十三条 县级以上林业主管部门查处《条例》规定的行政处罚案件时，适用林业行政处罚程序的规定。

第六十四条 《条例》所称的假冒授权品种，是指：

（一）使用伪造的品种权证书、品种权号的；

（二）使用已经被终止或者被宣告无效品种权的品种权证书、品种权号的；

（三）以非授权品种冒充授权品种的；

（四）以此种授权品种冒充他种授权品种的；

（五）其他足以使他人将非授权品种误认为授权品种的。

第六十五条 当事人因植物新品种的申请权或者品种权发生纠纷，已向人民法院提起诉讼并受理的，应当向国家林业局报告并附具人民法院已受理的证明材料。国家林业局按照有关规定作出中止或者终止的决定。

第六十六条 在初步审查、实质审查、复审和无效宣告程序中进行审查和复审的人员，有下列情形之一的，应当申请回避；当事人或者其他有利害关系人也可以要求其回避：

（一）是当事人或者其代理人近亲属的；

（二）与品种权申请或者品种权有直接利害关系的；

（三）与当事人或者其他代理人有其他可能影响公正审查和审理关系的。

审查人员的回避，由植物新品种保护办公室决定；复审委员会人员的回避，由国家林业局决定。在回避申请未被批准前，审查和复审人员不得终止履行职责。

第六十七条 任何人经植物新品种保护办公室同意，可以查阅或者复制已经公告的品种权申请的案卷和品种权登记簿。

依照《条例》和本细则的规定，已被驳回、撤回或者视为放弃品种权申请的材料和已被放弃、无效宣告或者终止品种权的材料，由植物新品种保护办公室予以销毁。

第六十八条 请求变更品种权申请人和品种权人的，应当向植物新品种保护办公室办理著录事项变更手续，并提出变更理由和证明材料。

第六十九条 本细则由国家林业局负责解释。

第七十条 本细则自发布之日起施行。

农业转基因生物安全管理条例

（2001 年 5 月 23 日中华人民共和国国务院令第 304 号公布　根据 2011 年 1 月 8 日《国务院关于废止和修改部分行政法规的决定》第一次修订　根据 2017 年 10 月 7 日《国务院关于修改部分行政法规的决定》第二次修订）

第一章　总　　则

第一条　为了加强农业转基因生物安全管理，保障人体健康和动植物、微生物安全，保护生态环境，促进农业转基因生物技术研究，制定本条例。

第二条　在中华人民共和国境内从事农业转基因生物的研究、试验、生产、加工、经营和进口、出口活动，必须遵守本条例。

第三条　本条例所称农业转基因生物，是指利用基因工程技术改变基因组构成，用于农业生产或者农产品加工的动植物、微生物及其产品，主要包括：

（一）转基因动植物（含种子、种畜禽、水产苗种）和微生物；

（二）转基因动植物、微生物产品；

（三）转基因农产品的直接加工品；

（四）含有转基因动植物、微生物或者其产品成份的种子、种畜禽、水产苗种、农药、兽药、肥料和添加剂等产品。

本条例所称农业转基因生物安全，是指防范农业转基因生物对人类、动植物、微生物和生态环境构成的危险或者潜在风险。

第四条 国务院农业行政主管部门负责全国农业转基因生物安全的监督管理工作。

县级以上地方各级人民政府农业行政主管部门负责本行政区域内的农业转基因生物安全的监督管理工作。

县级以上各级人民政府有关部门依照《中华人民共和国食品安全法》的有关规定，负责转基因食品安全的监督管理工作。

第五条 国务院建立农业转基因生物安全管理部际联席会议制度。

农业转基因生物安全管理部际联席会议由农业、科技、环境保护、卫生、外经贸、检验检疫等有关部门的负责人组成，负责研究、协调农业转基因生物安全管理工作中的重大问题。

第六条 国家对农业转基因生物安全实行分级管理评

价制度。

农业转基因生物按照其对人类、动植物、微生物和生态环境的危险程度，分为Ⅰ、Ⅱ、Ⅲ、Ⅳ四个等级。具体划分标准由国务院农业行政主管部门制定。

第七条 国家建立农业转基因生物安全评价制度。

农业转基因生物安全评价的标准和技术规范，由国务院农业行政主管部门制定。

第八条 国家对农业转基因生物实行标识制度。

实施标识管理的农业转基因生物目录，由国务院农业行政主管部门商国务院有关部门制定、调整并公布。

第二章 研究与试验

第九条 国务院农业行政主管部门应当加强农业转基因生物研究与试验的安全评价管理工作，并设立农业转基因生物安全委员会，负责农业转基因生物的安全评价工作。

农业转基因生物安全委员会由从事农业转基因生物研究、生产、加工、检验检疫以及卫生、环境保护等方面的专家组成。

第十条 国务院农业行政主管部门根据农业转基因生物安全评价工作的需要，可以委托具备检测条件和能力的技术检测机构对农业转基因生物进行检测。

第十一条 从事农业转基因生物研究与试验的单位，

应当具备与安全等级相适应的安全设施和措施，确保农业转基因生物研究与试验的安全，并成立农业转基因生物安全小组，负责本单位农业转基因生物研究与试验的安全工作。

第十二条 从事Ⅲ、Ⅳ级农业转基因生物研究的，应当在研究开始前向国务院农业行政主管部门报告。

第十三条 农业转基因生物试验，一般应当经过中间试验、环境释放和生产性试验三个阶段。

中间试验，是指在控制系统内或者控制条件下进行的小规模试验。

环境释放，是指在自然条件下采取相应安全措施所进行的中规模的试验。

生产性试验，是指在生产和应用前进行的较大规模的试验。

第十四条 农业转基因生物在实验室研究结束后，需要转入中间试验的，试验单位应当向国务院农业行政主管部门报告。

第十五条 农业转基因生物试验需要从上一试验阶段转入下一试验阶段的，试验单位应当向国务院农业行政主管部门提出申请；经农业转基因生物安全委员会进行安全评价合格的，由国务院农业行政主管部门批准转入下一试验阶段。

试验单位提出前款申请，应当提供下列材料：

（一）农业转基因生物的安全等级和确定安全等级的依据；

（二）农业转基因生物技术检测机构出具的检测报告；

（三）相应的安全管理、防范措施；

（四）上一试验阶段的试验报告。

第十六条 从事农业转基因生物试验的单位在生产性试验结束后，可以向国务院农业行政主管部门申请领取农业转基因生物安全证书。

试验单位提出前款申请，应当提供下列材料：

（一）农业转基因生物的安全等级和确定安全等级的依据；

（二）生产性试验的总结报告；

（三）国务院农业行政主管部门规定的试验材料、检测方法等其他材料。

国务院农业行政主管部门收到申请后，应当委托具备检测条件和能力的技术检测机构进行检测，并组织农业转基因生物安全委员会进行安全评价；安全评价合格的，方可颁发农业转基因生物安全证书。

第十七条 转基因植物种子、种畜禽、水产苗种，利用农业转基因生物生产的或者含有农业转基因生物成份的种子、种畜禽、水产苗种、农药、兽药、肥料和添加剂等，在依照有关法律、行政法规的规定进行审定、登记或者评价、审批前，应当依照本条例第十六条的规定取得农业转基因生物安全证书。

第十八条 中外合作、合资或者外方独资在中华人民共和国境内从事农业转基因生物研究与试验的，应当经国务院农业行政主管部门批准。

第三章 生产与加工

第十九条 生产转基因植物种子、种畜禽、水产苗种，应当取得国务院农业行政主管部门颁发的种子、种畜禽、水产苗种生产许可证。

生产单位和个人申请转基因植物种子、种畜禽、水产苗种生产许可证，除应当符合有关法律、行政法规规定的条件外，还应当符合下列条件：

（一）取得农业转基因生物安全证书并通过品种审定；

（二）在指定的区域种植或者养殖；

（三）有相应的安全管理、防范措施；

（四）国务院农业行政主管部门规定的其他条件。

第二十条 生产转基因植物种子、种畜禽、水产苗种的单位和个人，应当建立生产档案，载明生产地点、基因及其来源、转基因的方法以及种子、种畜禽、水产苗种流向等内容。

第二十一条 单位和个人从事农业转基因生物生产、加工的，应当由国务院农业行政主管部门或者省、自治区、直辖市人民政府农业行政主管部门批准。具体办法由国务院农业行政主管部门制定。

第二十二条 从事农业转基因生物生产、加工的单位和个人，应当按照批准的品种、范围、安全管理要求和相应的技术标准组织生产、加工，并定期向所在地县级人民政府农业行政主管部门提供生产、加工、安全管理情况和产品流向的报告。

第二十三条 农业转基因生物在生产、加工过程中发生基因安全事故时，生产、加工单位和个人应当立即采取安全补救措施，并向所在地县级人民政府农业行政主管部门报告。

第二十四条 从事农业转基因生物运输、贮存的单位和个人，应当采取与农业转基因生物安全等级相适应的安全控制措施，确保农业转基因生物运输、贮存的安全。

第四章 经 营

第二十五条 经营转基因植物种子、种畜禽、水产苗种的单位和个人，应当取得国务院农业行政主管部门颁发的种子、种畜禽、水产苗种经营许可证。

经营单位和个人申请转基因植物种子、种畜禽、水产苗种经营许可证，除应当符合有关法律、行政法规规定的条件外，还应当符合下列条件：

（一）有专门的管理人员和经营档案；

（二）有相应的安全管理、防范措施；

（三）国务院农业行政主管部门规定的其他条件。

第二十六条 经营转基因植物种子、种畜禽、水产苗种的单位和个人，应当建立经营档案，载明种子、种畜禽、水产苗种的来源、贮存、运输和销售去向等内容。

第二十七条 在中华人民共和国境内销售列入农业转基因生物目录的农业转基因生物，应当有明显的标识。

列入农业转基因生物目录的农业转基因生物，由生产、分装单位和个人负责标识；未标识的，不得销售。经营单位和个人在进货时，应当对货物和标识进行核对。经营单位和个人拆开原包装进行销售的，应当重新标识。

第二十八条 农业转基因生物标识应当载明产品中含有转基因成份的主要原料名称；有特殊销售范围要求的，还应当载明销售范围，并在指定范围内销售。

第二十九条 农业转基因生物的广告，应当经国务院农业行政主管部门审查批准后，方可刊登、播放、设置和张贴。

第五章 进口与出口

第三十条 从中华人民共和国境外引进农业转基因生

物用于研究、试验的，引进单位应当向国务院农业行政主管部门提出申请；符合下列条件的，国务院农业行政主管部门方可批准：

（一）具有国务院农业行政主管部门规定的申请资格；

（二）引进的农业转基因生物在国（境）外已经进行了相应的研究、试验；

（三）有相应的安全管理、防范措施。

第三十一条　境外公司向中华人民共和国出口转基因植物种子、种畜禽、水产苗种和利用农业转基因生物生产的或者含有农业转基因生物成份的植物种子、种畜禽、水产苗种、农药、兽药、肥料和添加剂的，应当向国务院农业行政主管部门提出申请；符合下列条件的，国务院农业行政主管部门方可批准试验材料入境并依照本条例的规定进行中间试验、环境释放和生产性试验：

（一）输出国家或者地区已经允许作为相应用途并投放市场；

（二）输出国家或者地区经过科学试验证明对人类、动植物、微生物和生态环境无害；

（三）有相应的安全管理、防范措施。

生产性试验结束后，经安全评价合格，并取得农业转基因生物安全证书后，方可依照有关法律、行政法规的规定办理审定、登记或者评价、审批手续。

第三十二条 境外公司向中华人民共和国出口农业转基因生物用作加工原料的，应当向国务院农业行政主管部门提出申请，提交国务院农业行政主管部门要求的试验材料、检测方法等材料；符合下列条件，经国务院农业行政主管部门委托的、具备检测条件和能力的技术检测机构检测确认对人类、动植物、微生物和生态环境不存在危险，并经安全评价合格的，由国务院农业行政主管部门颁发农业转基因生物安全证书：

（一）输出国家或者地区已经允许作为相应用途并投放市场；

（二）输出国家或者地区经过科学试验证明对人类、动植物、微生物和生态环境无害；

（三）有相应的安全管理、防范措施。

第三十三条 从中华人民共和国境外引进农业转基因生物的，或者向中华人民共和国出口农业转基因生物的，引进单位或者境外公司应当凭国务院农业行政主管部门颁发的农业转基因生物安全证书和相关批准文件，向口岸出入境检验检疫机构报检；经检疫合格后，方可向海关申请办理有关手续。

第三十四条 农业转基因生物在中华人民共和国过境转移的，应当遵守中华人民共和国有关法律、行政法规的规定。

第三十五条 国务院农业行政主管部门应当自收到申请人申请之日起270日内作出批准或者不批准的决定，并通知申请人。

第三十六条 向中华人民共和国境外出口农产品，外方要求提供非转基因农产品证明的，由口岸出入境检验检疫机构根据国务院农业行政主管部门发布的转基因农产品信息，进行检测并出具非转基因农产品证明。

第三十七条 进口农业转基因生物，没有国务院农业行政主管部门颁发的农业转基因生物安全证书和相关批准文件的，或者与证书、批准文件不符的，作退货或者销毁处理。进口农业转基因生物不按照规定标识的，重新标识后方可入境。

第六章 监督检查

第三十八条 农业行政主管部门履行监督检查职责时，有权采取下列措施：

（一）询问被检查的研究、试验、生产、加工、经营或者进口、出口的单位和个人、利害关系人、证明人，并要求其提供与农业转基因生物安全有关的证明材料或者其他资料；

（二）查阅或者复制农业转基因生物研究、试验、生产、加工、经营或者进口、出口的有关档案、账册和资料等；

（三）要求有关单位和个人就有关农业转基因生物安全的问题作出说明；

（四）责令违反农业转基因生物安全管理的单位和个人停止违法行为；

（五）在紧急情况下，对非法研究、试验、生产、加工、经营或者进口、出口的农业转基因生物实施封存或者扣押。

第三十九条 农业行政主管部门工作人员在监督检查时，应当出示执法证件。

第四十条 有关单位和个人对农业行政主管部门的监督检查，应当予以支持、配合，不得拒绝、阻碍监督检查人员依法执行职务。

第四十一条 发现农业转基因生物对人类、动植物和生态环境存在危险时，国务院农业行政主管部门有权宣布禁止生产、加工、经营和进口，收回农业转基因生物安全证书，销毁有关存在危险的农业转基因生物。

第七章 罚　　则

第四十二条 违反本条例规定，从事Ⅲ、Ⅳ级农业转基因生物研究或者进行中间试验，未向国务院农业行政主管部门报告的，由国务院农业行政主管部门责令暂停研究或者中间试验，限期改正。

第四十三条 违反本条例规定，未经批准擅自从事环境释放、生产性试验的，已获批准但未按照规定采取安全管理、防范措施的，或者超过批准范围进行试验的，由国务院农业行政主管部门或者省、自治区、直辖市人民政府农业行政主管部门依据职权，责令停止试验，并处 1 万元以上 5 万元以下的罚款。

第四十四条 违反本条例规定，在生产性试验结束后，未取得农业转基因生物安全证书，擅自将农业转基因生物投入生产和应用的，由国务院农业行政主管部门责令停止生产和应用，并处 2 万元以上 10 万元以下的罚款。

第四十五条 违反本条例第十八条规定，未经国务院农业行政主管部门批准，从事农业转基因生物研究与试验的，由国务院农业行政主管部门责令立即停止研究与试验，限期补办审批手续。

第四十六条 违反本条例规定，未经批准生产、加工农业转基因生物或者未按照批准的品种、范围、安全管理要求和技术标准生产、加工的，由国务院农业行政主管部门或者省、自治区、直辖市人民政府农业行政主管部门依据职权，责令停止生产或者加工，没收违法生产或者加工的产品及违法所得；违法所得 10 万元以上的，并处违法所得 1 倍以上 5 倍以下的罚款；没有违法所得或者违法所得不足10万元的，并处10万元以上20万元以下的罚款。

第四十七条 违反本条例规定，转基因植物种子、种畜禽、水产苗种的生产、经营单位和个人，未按照规定制作、保存生产、经营档案的，由县级以上人民政府农业行政主管部门依据职权，责令改正，处1000元以上1万元以下的罚款。

第四十八条 违反本条例规定，未经国务院农业行政主管部门批准，擅自进口农业转基因生物的，由国务院农业行政主管部门责令停止进口，没收已进口的产品和违法所得；违法所得10万元以上的，并处违法所得1倍以上5倍以下的罚款；没有违法所得或者违法所得不足10万元的，并处10万元以上20万元以下的罚款。

第四十九条 违反本条例规定，进口、携带、邮寄农业转基因生物未向口岸出入境检验检疫机构报检的，由口岸出入境检验检疫机构比照进出境动植物检疫法的有关规定处罚。

第五十条 违反本条例关于农业转基因生物标识管理规定的，由县级以上人民政府农业行政主管部门依据职权，责令限期改正，可以没收非法销售的产品和违法所得，并可以处1万元以上5万元以下的罚款。

第五十一条 假冒、伪造、转让或者买卖农业转基因生物有关证明文书的，由县级以上人民政府农业行政主管部门依据职权，收缴相应的证明文书，并处 2 万元以上 10 万元以下的罚款；构成犯罪的，依法追究刑事责任。

第五十二条 违反本条例规定，在研究、试验、生产、加工、贮存、运输、销售或者进口、出口农业转基因生物过程中发生基因安全事故，造成损害的，依法承担赔偿责任。

第五十三条 国务院农业行政主管部门或者省、自治区、直辖市人民政府农业行政主管部门违反本条例规定核发许可证、农业转基因生物安全证书以及其他批准文件的，或者核发许可证、农业转基因生物安全证书以及其他批准文件后不履行监督管理职责的，对直接负责的主管人员和其他直接责任人员依法给予行政处分；构成犯罪的，依法追究刑事责任。

第八章　附　　则

第五十四条 本条例自公布之日起施行。

农作物种质资源管理办法

（2003 年 7 月 8 日农业部令第 30 号公布
2004 年 7 月 1 日农业部令第 38 号、2022 年 1 月 7 日农业农村部令 2022 年第 1 号修订）

第一章　总　　则

第一条　为了加强农作物种质资源的保护，促进农作物种质资源的交流和利用，根据《中华人民共和国种子法》（以下简称《种子法》）的规定，制定本办法。

第二条　在中华人民共和国境内从事农作物种质资源收集、整理、鉴定、登记、保存、交流、利用和管理等活动，适用本办法。

第三条　本办法所称农作物种质资源，是指选育农作物新品种的基础材料，包括农作物的栽培种、野生种和濒危稀有种的繁殖材料，以及利用上述繁殖材料人工创造的各种遗传材料，其形态包括果实、籽粒、苗、根、茎、叶、芽、花、组织、细胞和 DNA、DNA 片段及基因等有生命的物质材料。

第四条　农业农村部设立国家农作物种质资源委员

会，研究提出国家农作物种质资源发展战略和方针政策，协调全国农作物种质资源的管理工作。委员会办公室设在农业农村部种植业管理司，负责委员会的日常工作。

各省、自治区、直辖市农业农村主管部门可根据需要，确定相应的农作物种质资源管理单位。

第五条 农作物种质资源工作属于公益性事业，国家及地方政府有关部门应当采取措施，保障农作物种质资源工作的稳定和经费来源。

第六条 国家对在农作物种质资源收集、整理、鉴定、登记、保存、交流、引进、利用和管理过程中成绩显著的单位和个人，给予表彰和奖励。

第二章 农作物种质资源收集

第七条 国家有计划地组织农作物种质资源普查、重点考察和收集工作。因工程建设、环境变化等情况可能造成农作物种质资源灭绝的，应当及时组织抢救收集。

第八条 禁止采集或者采伐列入国家重点保护野生植物名录的野生种、野生近缘种、濒危稀有种和保护区、保护地、种质圃内的农作物种质资源。

因科研等特殊情况需要采集或者采伐列入国家重点保护野生植物名录的野生种、野生近缘种、濒危稀有种种质资源的，应当按照国务院及农业农村部有关野生植物管理的规定，办理审批手续；需要采集或者采伐保护区、保护地、种质圃内种质资源的，应当经建立该保护区、保护地、种质圃的农业农村主管部门批准。

第九条 农作物种质资源的采集数量应当以不影响原始居群的遗传完整性及其正常生长为标准。

第十条 未经批准，境外人员不得在中国境内采集农作物种质资源。中外科学家联合考察我国农作物种质资源的，应当提前6个月报经农业农村部批准。

采集的农作物种质资源需要带出境外的，应当按照本办法的规定办理对外提供农作物种质资源审批手续。

第十一条 收集种质资源应当建立原始档案，详细记载材料名称、基本特征特性、采集地点和时间、采集数量、采集人等。

第十二条 收集的所有农作物种质资源及其原始档案应当送交国家种质库登记保存。

第十三条 申请品种审定的单位和个人，应当将适量繁殖材料（包括杂交亲本繁殖材料）交国家种质库登记保存。

第十四条 单位和个人持有国家尚未登记保存的种质资源的，有义务送交国家种质库登记保存。

当事人可以将种质资源送交当地农业农村主管部门或者农业科研机构，地方农业农村主管部门或者农业科研机构应当及时将收到的种质资源送交国家种质库登记保存。

第三章　农作物种质资源鉴定、登记和保存

第十五条　对收集的所有农作物种质资源应当进行植物学类别和主要农艺性状鉴定。

农作物种质资源的鉴定实行国家统一标准制度，具体标准由农业农村部根据国家农作物种质资源委员会的建议制定和公布。

农作物种质资源的登记实行统一编号制度，任何单位和个人不得更改国家统一编号和名称。

第十六条　农作物种质资源保存实行原生境保存和非原生境保存相结合的制度。原生境保存包括建立农作物种质资源保护区和保护地，非原生境保存包括建立各种类型的种质库、种质圃及试管苗库。

第十七条　农业农村部在农业植物多样性中心、重要农作物野生种及野生近缘植物原生地以及其他农业野生资源富集区，建立农作物种质资源保护区或者保护地。

第十八条　农业农村部建立国家农作物种质库，包括长期种质库及其复份库、中期种质库、种质圃及试管苗库。

长期种质库负责全国农作物种质资源的长期保存；复份库负责长期种质库贮存种质的备份保存；中期种质库负责种质的中期保存、特性鉴定、繁殖和分发；种质圃及试

管苗库负责无性繁殖作物及多年生作物种质的保存、特性鉴定、繁殖和分发。

国家和地方有关部门应当采取措施，保障国家种质库的正常运转和种质资源安全。

第十九条 各省、自治区、直辖市农业农村主管部门根据需要建立本地区的农作物种质资源保护区、保护地、种质圃和中期种质库。

第四章 农作物种质资源繁殖和利用

第二十条 国家鼓励单位和个人从事农作物种质资源研究和创新。

第二十一条 国家长期种质库保存的种质资源属国家战略资源，未经农业农村部批准，任何单位和个人不得动用。

因国家中期种质库保存的种质资源绝种，需要从国家长期种质库取种繁殖的，应当报农业农村部审批。

国家长期种质库应当定期检测库存种质资源，当库存种质资源活力降低或数量减少影响种质资源安全时，应当及时繁殖补充。

第二十二条 国家中期种质库应当定期繁殖更新库存种质资源，保证库存种质资源活力和数量；国家种质圃应当定期更新复壮圃存种质资源，保证圃存种质资源的生长势。国家有关部门应保障其繁殖更新费用。

第二十三条 农业农村部根据国家农作物种质资源委员会的建议，定期公布可供利用的农作物种质资源目录，并评选推荐优异种质资源。

因科研和育种需要目录中农作物种质资源的单位和个人，可以向国家中期种质库、种质圃提出申请。对符合国家中期种质库、种质圃提供种质资源条件的，国家中期种质库、种质圃应当迅速、免费向申请者提供适量种质材料。如需收费，不得超过繁种等所需的最低费用。

第二十四条 从国家获取的种质资源不得直接申请新品种保护及其他知识产权。

第二十五条 从国家中期种质库、种质圃获取种质资源的单位和个人应当及时向国家中期种质库、种质圃反馈种质资源利用信息，对不反馈信息者，国家中期种质库、种质圃有权不再向其提供种质资源。

国家中期种质库、种质圃应当定期向国家农作物种质资源委员会办公室上报种质资源发放和利用情况。

第二十六条 各省、自治区、直辖市农业农村主管部门可以根据本办法和本地区实际情况，制定本地区的农作物种质资源发放和利用办法。

第五章　农作物种质资源国际交流

第二十七条 国家对农作物种质资源享有主权，任何单位和个人向境外提供种质资源，应当经所在地省、自治区、直辖市农业农村主管部门审核，报农业农村部审批。

第二十八条 对外提供农作物种质资源实行分类管理制度，农业农村部定期修订分类管理目录。

第二十九条 对外提供农作物种质资源按以下程序办理：

（一）对外提供种质资源的单位和个人按规定的格式及要求填写《对外提供农作物种质资源申请表》（见附件一），提交对外提供种质资源说明，向农业农村部提出申请。

（二）农业农村部应当在收到审核意见之日起20日内作出审批决定。审批通过的，开具《对外提供农作物种质资源准许证》（见附件二），加盖“农业农村部对外提供农作物种质资源审批专用章”。

（三）对外提供种质资源的单位和个人持《对外提供农作物种质资源准许证》到检疫机关办理检疫审批手续。

（四）《对外提供农作物种质资源准许证》和检疫通关证明作为海关放行依据。

第三十条 对外合作项目中包括农作物种质资源交流的，应当在签订合作协议前，办理对外提供农作物种质资源审批手续。

第三十一条 国家鼓励单位和个人从境外引进农作物

种质资源。

第三十二条 从境外引进新物种的，应当进行科学论证，采取有效措施，防止可能造成的生态危害和环境危害。引进前，报经农业农村部批准，引进后隔离种植1个以上生育周期，经评估，证明确实安全和有利用价值的，方可分散种植。

第三十三条 单位和个人从境外引进种质资源，应当依照有关植物检疫法律、行政法规的规定，办理植物检疫手续。引进的种质资源，应当隔离试种，经植物检疫机构检疫，证明确实不带危险性病、虫及杂草的，方可分散种植。

第三十四条 国家实行引种统一登记制度。引种单位和个人应当在引进种质资源入境之日起1年之内向国家农作物种质资源委员会办公室申报备案，并附适量种质材料供国家种质库保存。

当事人可以将引种信息和种质资源送交当地农业农村主管部门或者农业科研机构，地方农业农村主管部门或者农业科研机构应当及时向国家农作物种质资源委员会办公室申报备案，并将收到的种质资源送交国家种质库保存。

第三十五条 引进的种质资源，由国家农作物种质资源委员会统一编号和译名，任何单位和个人不得更改国家引种编号和译名。

第六章　农作物种质资源信息管理

第三十六条　国家农作物种质资源委员会办公室应当加强农作物种质资源的信息管理工作，包括种质资源收集、鉴定、保存、利用、国际交流等动态信息，为有关部门提供信息服务，保护国家种质资源信息安全。

第三十七条　负责农作物种质资源收集、鉴定、保存、登记等工作的单位，有义务向国家农作物种质资源委员会办公室提供相关信息，保障种质资源信息共享。

第七章　罚　　则

第三十八条　违反本办法规定，未经批准私自采集或者采伐国家重点保护的天然种质资源的，按照《种子法》第八十一条的规定予以处罚。

第三十九条　违反本办法规定，未经批准动用国家长期种质库贮存的种质资源的，对直接负责的主管人员和其他直接责任人员，依法给予行政处分。

第四十条　违反本办法规定，未经批准向境外提供或者从境外引进种质资源的，按照《种子法》第八十二条的规定予以处罚。

第四十一条　违反本办法规定，农业农村主管部门或者农业科研机构未及时将收到的单位或者个人送交的国家未登记的种质资源及境外引种种质资源送交国家种质库保存的，或者引进境外种质资源未申报备案的，由本单位或者上级主管部门责令改正，对直接负责的主管人员和其他直接责任人员，可以依法给予行政处分。

第八章　附　　则

第四十二条　中外科学家联合考察的农作物种质资源，对外提供的农作物种质资源，以及从境外引进的农作物种质资源，属于列入国家重点保护野生植物名录的野生种、野生近缘种、濒危稀有种的，除按本办法办理审批手续外，还应按照《野生植物保护条例》、《农业野生植物保护办法》的规定，办理相关审批手续。

第四十三条　本办法自 2003 年 10 月 1 日起施行。1997 年 3 月 28 日农业部发布的《进出口农作物种子（苗）管理暂行办法》有关种质资源进出口管理的内容同时废止。

主要农作物品种审定办法

（2016年7月8日农业部令2016年第4号公布，2019年4月25日农业农村部令2019年第2号、2022年1月21日农业农村部令2022年第2号修订）

第一章　总　　则

第一条　为科学、公正、及时地审定主要农作物品种，根据《中华人民共和国种子法》（以下简称《种子法》），制定本办法。

第二条　在中华人民共和国境内的主要农作物品种审定，适用本办法。

第三条　本办法所称主要农作物，是指稻、小麦、玉米、棉花、大豆。

第四条　省级以上人民政府农业农村主管部门应当采取措施，加强品种审定工作监督管理。省级人民政府农业农村主管部门应当完善品种选育、审定工作的区域协作机制，促进优良品种的选育和推广。

第二章　品种审定委员会

第五条　农业农村部设立国家农作物品种审定委员会，负责国家级农作物品种审定工作。省级人民政府农业农村主管部门设立省级农作物品种审定委员会，负责省级农作物品种审定工作。

农作物品种审定委员会建立包括申请文件、品种审定试验数据、种子样品、审定意见和审定结论等内容的审定档案，保证可追溯。

第六条　品种审定委员会由科研、教学、生产、推广、管理、使用等方面的专业人员组成。委员应当具有高级专业技术职称或处级以上职务，年龄一般在55岁以下。每届任期5年，连任不得超过两届。

品种审定委员会设主任1名，副主任2—5名。

第七条　品种审定委员会设立办公室，负责品种审定委员会的日常工作，设主任1名，副主任1—2名。

第八条　品种审定委员会按作物种类设立专业委员会，各专业委员会由9—23人的单数组成，设主任1名，副主任1—2名。

省级品种审定委员会对本辖区种植面积小的主要农作物，可以合并设立专业委员会。

第九条　品种审定委员会设立主任委员会，由品种审定委员会主任和副主任、各专业委员会主任、办公室主任组成。

第三章　申请和受理

第十条　申请品种审定的单位、个人（以下简称申请者），可以直接向国家农作物品种审定委员会或省级农作物品种审定委员会提出申请。

申请转基因主要农作物（不含棉花）品种审定的，应当直接向国家农作物品种审定委员会提出申请。

第十一条　申请者可以单独申请国家级审定或省级审定，也可以同时申请国家级审定和省级审定，还可以同时向几个省、自治区、直辖市申请审定。

第十二条　申请审定的品种应当具备下列条件：

（一）人工选育或发现并经过改良；

（二）与现有品种（已审定通过或本级品种审定委员会已受理的其他品种）有明显区别；

（三）形态特征和生物学特性一致；

（四）遗传性状稳定；

（五）具有符合《农业植物品种命名规定》的名称；

（六）已完成同一生态类型区 2 个生产周期以上、多点的品种比较试验。其中，申请国家级品种审定的，稻、小麦、玉米品种比较试验每年不少于20 个点，棉花、大豆品种比较试验每年不少于10个点，或具备省级品种审定试验结果报告；申请省级品种审定的，品种比较试验每年不少于5个点。

第十三条 申请品种审定的，应当向品种审定委员会办公室提交以下材料：

（一）申请表，包括作物种类和品种名称，申请者名称、地址、邮政编码、联系人、电话号码、传真、国籍，品种选育的单位或者个人（以下简称育种者）等内容；

（二）品种选育报告，包括亲本组合以及杂交种的亲本血缘关系、选育方法、世代和特性描述；品种（含杂交种亲本）特征特性描述、标准图片，建议的试验区域和栽培要点；品种主要缺陷及应当注意的问题；

（三）品种比较试验报告，包括试验品种、承担单位、抗性表现、品质、产量结果及各试验点数据、汇总结果等；

（四）转基因检测报告；

（五）品种和申请材料真实性承诺书。

转基因主要农作物品种，除应当提交前款规定的材料外，还应当提供以下材料：

（一）转化体相关信息，包括目的基因、转化体特异性检测方法；

（二）转化体所有者许可协议；

（三）依照《农业转基因生物安全管理条例》第十六

条规定取得的农业转基因生物安全证书；

（四）有检测条件和能力的技术检测机构出具的转基因目标性状与转化体特征特性一致性检测报告；

（五）非受体品种育种者申请品种审定的，还应当提供受体品种权人许可或者合作协议。

第十四条 品种审定委员会办公室在收到申请材料 45 日内作出受理或不予受理的决定，并书面通知申请者。

对于符合本办法第十二条、第十三条规定的，应当受理，并通知申请者在 30 日内提供试验种子。对于提供试验种子的，由办公室安排品种试验。逾期不提供试验种子的，视为撤回申请。

对于不符合本办法第十二条、第十三条规定的，不予受理。申请者可以在接到通知后 30 日内陈述意见或者对申请材料予以修正，逾期未陈述意见或者修正的，视为撤回申请；修正后仍然不符合规定的，驳回申请。

第十五条 品种审定委员会办公室应当在申请者提供的试验种子中留取标准样品，交农业农村部指定的植物品种标准样品库保存。

第四章 品种试验

第十六条 品种试验包括以下内容：

（一）区域试验；

（二）生产试验；

（三）品种特异性、一致性和稳定性测试（以下简称DUS 测试）。

第十七条 国家级品种区域试验、生产试验由全国农业技术推广服务中心组织实施，省级品种区域试验、生产试验由省级种子管理机构组织实施。

品种试验组织实施单位应当充分听取品种审定申请人和专家意见，合理设置试验组别，优化试验点布局，建立健全管理制度，科学制定试验实施方案，并向社会公布。

第十八条 区域试验应当对品种丰产性、稳产性、适应性、抗逆性等进行鉴定，并进行品质分析、DNA 指纹检测等。对非转基因品种进行转基因成分检测；对转基因品种进行转化体真实性检测，并对转基因目标性状与转化体特征特性一致性检测报告进行验证。

每一个品种的区域试验，试验时间不少于两个生产周期，田间试验设计采用随机区组或间比法排列。同一生态类型区试验点，国家级不少于 10 个，省级不少于 5 个。

第十九条 生产试验在区域试验完成后，在同一生态类型区，按照当地主要生产方式，在接近大田生产条件下对品种的丰产性、稳产性、适应性、抗逆性等进一步验证。

每一个品种的生产试验点数量不少于区域试验点，每一个品种在一个试验点的种植面积不少于 300 平方米，不大于3000平方米，试验时间不少于一个生产周期。

第一个生产周期综合性状突出的品种，生产试验可与第二个生产周期的区域试验同步进行。

第二十条 区域试验、生产试验对照品种应当是同一生态类型区同期生产上推广应用的已审定品种，具备良好的代表性。

对照品种由品种试验组织实施单位提出，品种审定委员会相关专业委员会确认，并根据农业生产发展的需要适时更换。

省级农作物品种审定委员会应当将省级区域试验、生产试验对照品种报国家农作物品种审定委员会备案。

第二十一条 区域试验、生产试验、DUS测试承担单位应当具备独立法人资格，具有稳定的试验用地、仪器设备、技术人员。

品种试验技术人员应当具有相关专业大专以上学历或中级以上专业技术职称、品种试验相关工作经历，并定期接受相关技术培训。

抗逆性鉴定由品种审定委员会指定的鉴定机构承担，品质检测、DNA指纹检测、转基因检测由具有资质的检测机构承担。

品种试验、测试、鉴定承担单位与个人应当对数据的真实性负责。

转基因品种试验承担单位应当依照《农业转基因生物安全管理条例》及相关法律、行政法规和部门规章等的规定，采取相应的安全管理、防范措施。

第二十二条 品种试验组织实施单位应当会同品种审定委员会办公室，定期组织开展品种试验考察，检查试验质量、鉴评试验品种表现，并形成考察报告，对田间表现出严重缺陷的品种保留现场图片资料。

第二十三条 品种试验组织实施单位应当在每个生产周期结束后45日内召开品种试验总结会议。品种审定委员会专业委员会根据试验汇总结果、试验考察情况，确定品种是否终止试验、继续试验、提交审定，由品种审定委员会办公室将品种处理结果及时通知申请者。

第二十四条 申请者具备试验能力并且试验品种是自有品种的，可以按照下列要求自行开展品种试验：

（一）在国家级或省级品种区域试验基础上，自行开展生产试验；

（二）自有品种属于特殊用途品种的，自行开展区域试验、生产试验，生产试验可与第二个生产周期区域试验合并进行。特殊用途品种的范围、试验要求由同级品种审定委员会确定；

（三）申请者属于企业联合体、科企联合体和科研单位联合体的，组织开展相应区组的品种试验。联合体成员数量应当不少于5家，并且签订相关合作协议，按照同权同责原则，明确责任义务。一个法人单位在同一试验区组内只能参加一个试验联合体。

前款规定自行开展品种试验的实施方案应当在播种前30日内报国家级或省级品种试验组织实施单位，符合条件的纳入国家级或省级品种试验统一管理。

第二十五条 申请审定的转基因品种，除目标性状外，其他特征特性与受体品种无变化，受体品种已通过审定且未撤销审定，按以下两种情形进行品种试验：

（一）申请审定的适宜种植区域在受体品种适宜种植区域范围内，可简化试验程序，只需开展一年的生产试验；

（二）申请审定的适宜种植区域不在受体品种适宜种植区域范围内的，应当开展2年区域试验、1年生产试验。

对于转育的新品种，应当开展2年区域试验、1年生产试验和DUS测试。

第二十六条 DUS测试由申请者自主或委托农业农村部授权的测试机构开展，接受农业农村部科技发展中心指导。

申请者自主测试的，应当在播种前30日内，按照审定级别将测试方案报农业农村部科技发展中心或省级种子管理机构。农业农村部科技发展中心、省级种子管理机构分别对国家级审定、省级审定DUS测试过程进行监督检查，对样品和测试报告的真实性进行抽查验证。

DUS 测试所选择近似品种应当为特征特性最为相似的品种，DUS 测试依据相应主要农作物 DUS 测试指南进行。测试报告应当由法人代表或法人代表授权签字。

第二十七条 符合农业农村部规定条件、获得选育生产经营相结合许可证的种子企业（以下简称育繁推一体化种子企业），对其自主研发的主要农作物非转基因品种可以在相应生态区自行开展品种试验，完成试验程序后提交申请材料。

试验实施方案应当在播种前 30 日内报国家级或省级品种试验组织实施单位备案。

育繁推一体化种子企业应当建立包括品种选育过程、试验实施方案、试验原始数据等相关信息的档案，并对试验数据的真实性负责，保证可追溯。

第五章 审定与公告

第二十八条 对于完成试验程序的品种，申请者、品种试验组织实施单位、育繁推一体化种子企业应当在 2 月底和 9 月底前分别将稻、玉米、棉花、大豆品种和小麦品种各试验点数据、汇总结果、DNA 指纹检测报告、DUS 测试报告、转化体真实性检测报告等提交品种审定委员会办公室。

品种审定委员会办公室在30日内提交品种审定委员会相关专业委员会初审，专业委员会应当在30日内完成初审。

第二十九条 初审品种时，各专业委员会应当召开全体会议，到会委员达到该专业委员会委员总数三分之二以上的，会议有效。对品种的初审，根据审定标准，采用无记名投票表决，赞成票数达到该专业委员会委员总数二分之一以上的品种，通过初审。

专业委员会对育繁推一体化种子企业提交的品种试验数据等材料进行审核，达到审定标准的，通过初审。

第三十条 初审实行回避制度。专业委员会主任的回避，由品种审定委员会办公室决定；其他委员的回避，由专业委员会主任决定。

第三十一条 初审通过的品种，由品种审定委员会办公室在30日内将初审意见及各试点试验数据、汇总结果，在同级农业农村主管部门官方网站公示，公示期不少于30日。

第三十二条 公示期满后，品种审定委员会办公室应当将初审意见、公示结果，提交品种审定委员会主任委员会审核。主任委员会应当在30日内完成审核。审核同意的，通过审定。

育繁推一体化种子企业自行开展自主研发品种试验，

品种通过初审后，应当在公示期内将品种标准样品提交至农业农村部指定的植物品种标准样品库保存。

第三十三条 审定通过的品种，由品种审定委员会编号、颁发证书，同级农业农村主管部门公告。

省级审定的农作物品种在公告前，应当由省级人民政府农业农村主管部门将品种名称等信息报农业农村部公示，公示期为15个工作日。

第三十四条 审定编号为审定委员会简称、作物种类简称、年号、序号，其中序号为四位数。

第三十五条 审定公告内容包括：审定编号、品种名称、申请者、育种者、品种来源、形态特征、生育期（组）、产量、品质、抗逆性、栽培技术要点、适宜种植区域及注意事项等。

转基因品种还应当包括转化体所有者、转化体名称、农业转基因生物安全证书编号、转基因目标性状等。

省级品种审定公告，应当在发布后30日内报国家农作物品种审定委员会备案。

审定公告公布的品种名称为该品种的通用名称。禁止在生产、经营、推广过程中擅自更改该品种的通用名称。

第三十六条 审定证书内容包括：审定编号、品种名称、申请者、育种者、品种来源、审定意见、公告号、证书编号。

转基因品种还应当包括转化体所有者、转化体名称、农业转基因生物安全证书编号。

第三十七条 审定未通过的品种，由品种审定委员会办公室在30日内书面通知申请者。申请者对审定结果有异议的，可以自接到通知之日起30日内，向原品种审定委员会或者国家级品种审定委员会申请复审。品种审定委员会应当在下一次审定会议期间对复审理由、原审定文件和原审定程序进行复审。对病虫害鉴定结果提出异议的，品种审定委员会认为有必要的，安排其他单位再次鉴定。

品种审定委员会办公室应当在复审后30日内将复审结果书面通知申请者。

第三十八条 品种审定标准，由同级农作物品种审定委员会制定。审定标准应当有利于产量、品质、抗性等的提高与协调，有利于适应市场和生活消费需要的品种的推广。

省级品种审定标准，应当在发布后30日内报国家农作物品种审定委员会备案。

制定品种审定标准，应当公开征求意见。

第六章 引种备案

第三十九条 省级人民政府农业农村主管部门应当建立同一适宜生态区省际间品种试验数据共享互认机制，开展引种备案。

第四十条 通过省级审定的品种，其他省、自治区、直辖市属于同一适宜生态区的地域引种的，引种者应当报所在省、自治区、直辖市人民政府农业农村主管部门备案。

备案时，引种者应当填写引种备案表，包括作物种类、品种名称、引种者名称、联系方式、审定品种适宜种植区域、拟引种区域等信息。

第四十一条 引种者应当在拟引种区域开展不少于1年的适应性、抗病性试验，对品种的真实性、安全性和适应性负责。具有植物新品种权的品种，还应当经过品种权人的同意。

第四十二条 省、自治区、直辖市人民政府农业农村主管部门及时发布引种备案公告，公告内容包括品种名称、引种者、育种者、审定编号、引种适宜种植区域等内容。公告号格式为：（X）引种〔X〕第X号，其中，第一个“X”为省、自治区、直辖市简称，第二个“X”为年号，第三个“X”为序号。

第四十三条 国家审定品种同一适宜生态区，由国家农作物品种审定委员会确定。省级审定品种同一适宜生态区，由省级农作物品种审定委员会依据国家农作物品种审定委员会确定的同一适宜生态区具体确定。

第七章　撤销审定

第四十四条　审定通过的品种，有下列情形之一的，应当撤销审定：

（一）在使用过程中出现不可克服严重缺陷的；

（二）种性严重退化或失去生产利用价值的；

（三）未按要求提供品种标准样品或者标准样品不真实的；

（四）以欺骗、伪造试验数据等不正当方式通过审定的；

（五）农业转基因生物安全证书已过期的。

第四十五条　拟撤销审定的品种，由品种审定委员会办公室在书面征求品种审定申请者意见后提出建议，经专业委员会初审后，在同级农业农村主管部门官方网站公示，公示期不少于30日。

公示期满后，品种审定委员会办公室应当将初审意见、公示结果，提交品种审定委员会主任委员会审核，主任委员会应当在30日内完成审核。审核同意撤销审定的，由同级农业农村主管部门予以公告。

第四十六条　公告撤销审定的品种，自撤销审定公告发布之日起停止生产、广告，自撤销审定公告发布一个生产周期后停止推广、销售。品种审定委员会认为有必要的，可以决定自撤销审定公告发布之日起停止推广、销售。

省级品种撤销审定公告，应当在发布后30日内报国家农作物品种审定委员会备案。

第八章　监督管理

第四十七条　农业农村部建立全国农作物品种审定数据信息系统，实现国家和省两级品种试验与审定网上申请、受理、审核、发布，品种试验数据、审定通过品种、撤销审定品种、引种备案品种、标准样品、转化体等信息互联共享，审定证书网上统一打印。审定证书格式由国家农作物品种审定委员会统一制定。

省级以上人民政府农业农村主管部门应当在统一的政府信息发布平台上发布品种审定、撤销审定、引种备案、监督管理等信息，接受监督。

第四十八条　品种试验、审定单位及工作人员，对在试验、审定过程中获知的申请者的商业秘密负有保密义务，不得对外提供申请品种审定的种子或者谋取非法利益。

第四十九条　品种审定委员会委员和工作人员应当忠于职守，公正廉洁。品种审定委员会委员、工作人员不依法履行职责，弄虚作假、徇私舞弊的，依法给予处分；自处分决定作出之日起5年内不得从事品种审定工作。

第五十条　申请者在申请品种审定过程中有欺骗、贿赂等不正当行为的，3 年内不受理其申请。

联合体成员单位弄虚作假的，终止联合体品种试验审定程序；弄虚作假成员单位 3 年内不得申请品种审定，不得再参加联合体试验；其他成员单位应当承担连带责任，3 年内不得参加其他联合体试验。

第五十一条 品种测试、试验、鉴定机构伪造试验数据或者出具虚假证明的，按照《种子法》第七十二条及有关法律行政法规的规定进行处罚。

第五十二条 育繁推一体化种子企业自行开展品种试验和申请审定有造假行为的，由省级以上人民政府农业农村主管部门处 100 万元以上 500 万元以下罚款；不得再自行开展品种试验；给种子使用者和其他种子生产经营者造成损失的，依法承担赔偿责任。

第五十三条 农业农村部对省级人民政府农业农村主管部门的品种审定工作进行监督检查，未依法开展品种审定、引种备案、撤销审定的，责令限期改正，依法给予处分。

第五十四条 违反本办法规定，构成犯罪的，依法追究刑事责任。

第九章 附 则

第五十五条 农作物品种审定所需工作经费和品种试

验经费，列入同级农业农村主管部门财政专项经费预算。

第五十六条 育繁推一体化企业自行开展试验的品种和联合体组织开展试验的品种，不再参加国家级和省级试验组织实施单位组织的相应区组品种试验。

第五十七条 本办法自2016年8月15日起施行，农业部2001年2月26日发布、2007年11月8日和2014年2月1日修订的《主要农作物品种审定办法》，以及2001年2月26日发布的《主要农作物范围规定》同时废止。

非主要农作物品种登记办法

（2017 年 3 月 30 日公布，农业部令 2017 年第 1 号）

第一章　总　　则

第一条　为了规范非主要农作物品种管理，科学、公正、及时地登记非主要农作物品种，根据《中华人民共和国种子法》（以下简称《种子法》），制定本办法。

第二条　在中华人民共和国境内的非主要农作物品种登记，适用本办法。

法律、行政法规和农业部规章对非主要农作物品种管理另有规定的，依照其规定。

第三条　本办法所称非主要农作物，是指稻、小麦、玉米、棉花、大豆五种主要农作物以外的其他农作物。

第四条　列入非主要农作物登记目录的品种，在推广前应当登记。

应当登记的农作物品种未经登记的，不得发布广告、推广，不得以登记品种的名义销售。

第五条　农业部主管全国非主要农作物品种登记工作，制定、调整非主要农作物登记目录和品种登记指南，建立全国非主要农作物品种登记信息平台（以下简称品种登记平台），具体工作由全国农业技术推广服务中心承担。

第六条 省级人民政府农业主管部门负责品种登记的具体实施和监督管理，受理品种登记申请，对申请者提交的申请文件进行书面审查。

省级以上人民政府农业主管部门应当采取有效措施，加强对已登记品种的监督检查，履行好对申请者和品种测试、试验机构的监管责任，保证消费安全和用种安全。

第七条 申请者申请品种登记，应当对申请文件和种子样品的合法性、真实性负责，保证可追溯，接受监督检查。给种子使用者和其他种子生产经营者造成损失的，依法承担赔偿责任。

第二章 申请、受理与审查

第八条 品种登记申请实行属地管理。一个品种只需要在一个省份申请登记。

第九条 两个以上申请者分别就同一个品种申请品种登记的，优先受理最先提出的申请；同时申请的，优先受理该品种育种者的申请。

第十条 申请者应当在品种登记平台上实名注册，可以通过品种登记平台提出登记申请，也可以向住所地的省级人民政府农业主管部门提出书面登记申请。

第十一条 在中国境内没有经常居所或者营业场所的境外机构、个人在境内申请品种登记的，应当委托具有法人资格的境内种子企业代理。

第十二条 申请登记的品种应当具备下列条件：

（一）人工选育或发现并经过改良；

（二）具备特异性、一致性、稳定性；

（三）具有符合《农业植物品种命名规定》的品种名称。

申请登记具有植物新品种权的品种，还应当经过品种权人的书面同意。

第十三条 对新培育的品种，申请者应当按照品种登记指南的要求提交以下材料：

（一）申请表；

（二）品种特性、育种过程等的说明材料；

（三）特异性、一致性、稳定性测试报告；

（四）种子、植株及果实等实物彩色照片；

（五）品种权人的书面同意材料；

（六）品种和申请材料合法性、真实性承诺书。

第十四条 本办法实施前已审定或者已销售种植的品种，申请者可以按照品种登记指南的要求，提交申请表、品种生产销售应用情况或者品种特异性、一致性、稳定性说明材料，申请品种登记。

第十五条 省级人民政府农业主管部门对申请者提交的材料，应当根据下列情况分别作出处理：

（一）申请品种不需要品种登记的，即时告知申请者不予受理；

（二）申请材料存在错误的，允许申请者当场更正；

（三）申请材料不齐全或者不符合法定形式的，应当当场或者在五个工作日内一次告知申请者需要补正的全部内容，逾期不告知的，自收到申请材料之日起即为受理；

（四）申请材料齐全、符合法定形式，或者申请者按照要求提交全部补正材料的，予以受理。

第十六条 省级人民政府农业主管部门自受理品种登记申请之日起二十个工作日内，对申请者提交的申请材料进行书面审查，符合要求的，将审查意见报农业部，并通知申请者提交种子样品。经审查不符合要求的，书面通知申请者并说明理由。

申请者应当在接到通知后按照品种登记指南要求提交种子样品；未按要求提供的，视为撤回申请。

第十七条 省级人民政府农业主管部门在二十个工作日内不能作出审查决定的，经本部门负责人批准，可以延长十个工作日，并将延长期限理由告知申请者。

第三章 登记与公告

第十八条 农业部自收到省级人民政府农业主管部门

的审查意见之日起二十个工作日内进行复核。对符合规定并按规定提交种子样品的，予以登记，颁发登记证书；不予登记的，书面通知申请者并说明理由。

第十九条 登记证书内容包括：登记编号、作物种类、品种名称、申请者、育种者、品种来源、适宜种植区域及季节等。

第二十条 农业部将品种登记信息进行公告，公告内容包括：登记编号、作物种类、品种名称、申请者、育种者、品种来源、特征特性、品质、抗性、产量、栽培技术要点、适宜种植区域及季节等。

登记编号格式为：GPD + 作物种类 + （年号） +2 位数字的省份代号 +4 位数字顺序号。

第二十一条 登记证书载明的品种名称为该品种的通用名称，禁止在生产、销售、推广过程中擅自更改。

第二十二条 已登记品种，申请者要求变更登记内容的，应当向原受理的省级人民政府农业主管部门提出变更申请，并提交相关证明材料。

原受理的省级人民政府农业主管部门对申请者提交的材料进行书面审查，符合要求的，报农业部予以变更并公告，不再提交种子样品。

第四章 监督管理

第二十三条 农业部推进品种登记平台建设，逐步实行网上办理登记申请与受理，在统一的政府信息发布平台上发布品种登记、变更、撤销、监督管理等信息。

第二十四条 农业部对省级人民政府农业主管部门开展品种登记工作情况进行监督检查，及时纠正违法行为，责令限期改正，对有关责任人员依法给予处分。

第二十五条 省级人民政府农业主管部门发现已登记品种存在申请文件、种子样品不实，或者已登记品种出现不可克服的严重缺陷等情形的，应当向农业部提出撤销该品种登记的意见。

农业部撤销品种登记的，应当公告，停止推广；对于登记品种申请文件、种子样品不实的，按照规定将申请者的违法信息记入社会诚信档案，向社会公布。

第二十六条 申请者在申请品种登记过程中有欺骗、贿赂等不正当行为的，三年内不受理其申请。

第二十七条 品种测试、试验机构伪造测试、试验数据或者出具虚假证明的，省级人民政府农业主管部门应当依照《种子法》第七十二条规定，责令改正，对单位处五万元以上十万元以下罚款，对直接负责的主管人员和其他直接责任人员处一万元以上五万元以下罚款；有违法所得的，并处没收违法所得；给种子使用者和其他种子生产经营者造成损失的，与种子生产经营者承担连带责任。情节严重的，依法取消品种测试、试验资格。

第二十八条 有下列行为之一的，由县级以上人民政府农业主管部门依照《种子法》第七十八条规定，责令停止违法行为，没收违法所得和种子，并处二万元以上二十万元以下罚款：

（一）对应当登记未经登记的农作物品种进行推广，或者以登记品种的名义进行销售的；

（二）对已撤销登记的农作物品种进行推广，或者以登记品种的名义进行销售的。

第二十九条 品种登记工作人员应当忠于职守，公正廉洁，对在登记过程中获知的申请者的商业秘密负有保密义务，不得擅自对外提供登记品种的种子样品或者谋取非法利益。不依法履行职责，弄虚作假、徇私舞弊的，依法给予处分；自处分决定作出之日起五年内不得从事品种登记工作。

第五章 附　　则

第三十条 品种适应性、抗性鉴定以及特异性、一致性、稳定性测试，申请者可以自行开展，也可以委托其他机构开展。

第三十一条 本办法自2017年5月1日起施行。

农业植物品种命名规定

（2012 年 3 月 14 日农业部令 2012 年第 2 号公布，2022 年 1 月 21 日农业农村部令 2022 年第 2 号修订）

第一条 为规范农业植物品种命名，加强品种名称管理，保护育种者和种子生产者、经营者、使用者的合法权益，根据《中华人民共和国种子法》、《中华人民共和国植物新品种保护条例》和《农业转基因生物安全管理条例》，制定本规定。

第二条 申请农作物品种审定、品种登记和农业植物新品种权的农业植物品种及其直接应用的亲本的命名，应当遵守本规定。

其他农业植物品种的命名，参照本规定执行。

第三条 农业农村部负责全国农业植物品种名称的监督管理工作。

县级以上地方人民政府农业农村主管部门负责本行政区域内农业植物品种名称的监督管理工作。

第四条 农业农村部建立农业植物品种名称检索系

统，供品种命名、审查和查询使用。

第五条 一个农业植物品种只能使用一个中文名称，在先使用的品种名称具有优先性，不能再使用其他的品种名称对同一品种进行命名。

申请植物新品种保护的同时提供英文名称。

相同或者相近的农业植物属内的品种名称不得相同。

相近的农业植物属见附件。

第六条 申请人应当书面保证所申请品种名称在农作物品种审定、品种登记和农业植物新品种权中的一致性。

第七条 相同或者相近植物属内的两个以上品种，以同一名称提出相关申请的，名称授予先申请的品种，后申请的应当重新命名；同日申请的，名称授予先完成培育的品种，后完成培育的应当重新命名。

第八条 品种名称应当使用规范的汉字、英文字母、阿拉伯数字、罗马数字或其组合。品种名称不得超过15个字符。

第九条 品种命名不得存在下列情形：

（一）仅以数字或者英文字母组成的；

（二）仅以一个汉字组成的；

（三）含有国家名称的全称、简称或者缩写的，但存在其他含义且不易误导公众的除外；

（四）含有县级以上行政区划的地名或者公众知晓的

其他国内外地名的，但地名简称、地名具有其他含义的除外；

（五）与政府间国际组织或者其他国际国内知名组织名称相同或者近似的，但经该组织同意或者不易误导公众的除外；

（六）容易对植物品种的特征、特性或者育种者身份等引起误解的，但惯用的杂交水稻品种命名除外；

（七）夸大宣传的；

（八）与他人驰名商标、同类注册商标的名称相同或者近似，未经商标权人书面同意的；

（九）含有杂交、回交、突变、芽变、花培等植物遗传育种术语的；

（十）含有植物分类学种属名称的，但简称的除外；

（十一）违反国家法律法规、社会公德或者带有歧视性的；

（十二）不适宜作为品种名称的或者容易引起误解的其他情形。

第十条 有下列情形之一的，属于容易对植物品种的特征、特性引起误解的情形：

（一）易使公众误认为该品种具有某种特性或特征，但该品种不具备该特性或特征的；

（二）易使公众误认为只有该品种具有某种特性或特

征，但同属或者同种内的其他品种同样具有该特性或特征的；

（三）易使公众误认为该品种来源于另一品种或者与另一品种有关，实际并不具有联系的；

（四）品种名称中含有知名人物名称的，但经该知名人物同意的除外；

（五）其他容易对植物品种的特征、特性引起误解的情形。

第十一条 有下列情形之一的，属于容易对育种者身份引起误解的情形：

（一）品种名称中含有另一知名育种者名称的，但经该知名育种者同意的除外；

（二）品种名称与另一已经使用的知名系列品种名称近似的；

（三）其他容易对育种者身份引起误解的情形。

第十二条 有下列情形之一的，视为品种名称相同：

（一）读音或者字义不同但文字相同的；

（二）以中文数字、阿拉伯数字或罗马数字表示，但含义为同一数字的；

（三）仅以名称中数字后有无“号”字区别的；

（四）其他视为品种名称相同的情形。

第十三条 通过基因工程技术改变个别性状的品种，

其品种名称与受体品种名称相近似的，应当经过受体品种育种者同意。

第十四条 品种的中文名称译成英文时，应当逐字音译，每个汉字音译的第一个字母应当大写。

品种的外文名称译成中文时，应当优先采用音译；音译名称与已知品种重复的，采用意译；意译仍有重复的，应当另行命名。

第十五条 农业植物品种名称不符合本规定的，申请人应当在指定的期限内予以修改。逾期未修改或者修改后仍不符合规定的，驳回该申请。

第十六条 申请农作物品种审定、品种登记和农业植物新品种权的农业植物品种，在公告前应当在农业农村部网站公示，公示期为 15 个工作日。省级审定的农作物品种在公告前，应当由省级人民政府农业农村主管部门将品种名称等信息报农业农村部公示。

农业农村部对公示期间提出的异议进行审查，并将异议处理结果通知异议人和申请人。

第十七条 公告后的品种名称不得擅自更改。确需更改的，报原审批单位审批。

第十八条 销售农业植物种子，未使用公告品种名称的，由县级以上人民政府农业农村主管部门按照《中华人民共和国种子法》的规定处罚。

第十九条 申请人以同一品种申请农作物品种审定、品种登记和农业植物新品种权过程中，通过欺骗、贿赂等不正当手段获取多个品种名称的，除由审批机关撤销相应的农作物品种审定、品种登记和农业植物新品种权外，3年内不再受理该申请人相应申请。

第二十条 本规定施行前已取得品种名称的农业植物品种，可以继续使用其名称。对有多个名称的在用品种，由农业农村部组织品种名称清理并重新公告。

本规定施行前已受理但尚未批准的农作物品种审定、品种登记和农业植物新品种权申请，其品种名称不符合本规定要求的，申请人应当在指定期限内重新命名。

第二十一条 本规定自2012年4月15日起施行。

农作物种子生产经营许可管理办法

（2016 年 7 月 8 日农业部令 2016 年第 5 号公布，2017 年 11 月 30 日农业部令 2017 年第 8 号、2019 年 4 月 25 日农业农村部令 2019 年第 2 号、2020 年 7 月 8 日农业农村部令 2020 年第 5 号、2022 年 1 月 7 日农业农村部令 2022 年第 1 号、2022 年 1 月 21 日农业农村部令 2022 年第 2 号修订）

第一章　总　　则

第一条　为加强农作物种子生产经营许可管理，规范农作物种子生产经营秩序，根据《中华人民共和国种子法》，制定本办法。

第二条　农作物种子生产经营许可证的申请、审核、核发和监管，适用本办法。

第三条　县级以上人民政府农业农村主管部门按照职责分工，负责农作物种子生产经营许可证的受理、审核、核发和监管工作。

第四条　负责审核、核发农作物种子生产经营许可证的农业农村主管部门，应当将农作物种子生产经营许可证的办理条件、程序等在办公场所公开。

第五条 农业农村主管部门应当按照保障农业生产安全、提升农作物品种选育和种子生产经营水平、促进公平竞争、强化事中事后监管的原则，依法加强农作物种子生产经营许可管理。

第二章 申请条件

第六条 申请领取种子生产经营许可证的企业，应当具有与种子生产经营相适应的设施、设备、品种及人员，符合本办法规定的条件。

第七条 申请领取主要农作物常规种子或非主要农作物种子生产经营许可证的企业，应当具备以下条件：

（一）基本设施。生产经营主要农作物常规种子的，具有办公场所150平方米以上、检验室100平方米以上、加工厂房500平方米以上、仓库500平方米以上；生产经营非主要农作物种子的，具有办公场所100平方米以上、检验室50平方米以上、加工厂房100平方米以上、仓库100平方米以上；

（二）检验仪器。具有净度分析台、电子秤、样品粉碎机、烘箱、生物显微镜、电子天平、扦样器、分样器、发芽箱等检验仪器，满足种子质量常规检测需要；

（三）加工设备。具有与其规模相适应的种子加工、包装等设备。其中，生产经营主要农作物常规种子的，应当具有种子加工成套设备，生产经营常规小麦种子的，成套设备总加工能力 10 吨/小时以上；生产经营常规稻种子的，成套设备总加工能力 5 吨/小时以上；生产经营常规大豆种子的，成套设备总加工能力 3 吨/小时以上；生产经营常规棉花种子的，成套设备总加工能力 1 吨/小时以上；

（四）人员。具有种子生产、加工贮藏和检验专业技术人员各 2 名以上；

（五）品种。生产经营主要农作物常规种子的，生产经营的品种应当通过审定，并具有 1 个以上与申请作物类别相应的审定品种；生产经营登记作物种子的，应当具有 1 个以上的登记品种。生产经营授权品种种子的，应当征得品种权人的书面同意；

（六）生产环境。生产地点无检疫性有害生物，并具有种子生产的隔离和培育条件；

（七）农业农村部规定的其他条件。

第八条 申请领取主要农作物杂交种子及其亲本种子生产经营许可证的企业，应当具备以下条件：

（一）基本设施。具有办公场所 200 平方米以上、检验室150 平方米以上、加工厂房500 平方米以上、仓库500 平方米以上；

（二）检验仪器。除具备本办法第七条第二项规定的条件外，还应当具有 PCR 扩增仪及产物检测配套设备、酸度计、高压灭菌锅、磁力搅拌器、恒温水浴锅、高速冷冻离心机、成套移液器等仪器设备，能够开展种子水分、净度、纯度、发芽率四项指标检测及品种分子鉴定；

（三）加工设备。具有种子加工成套设备，生产经营杂交玉米种子的，成套设备总加工能力 10 吨/小时以上；生产经营杂交稻种子的，成套设备总加工能力 5 吨/小时以上；生产经营其他主要农作物杂交种子的，成套设备总加工能力 1 吨/小时以上；

（四）人员。具有种子生产、加工贮藏和检验专业技术人员各 5 名以上；

（五）品种。生产经营的品种应当通过审定，并具有自育品种或作为第一选育人的审定品种 1 个以上，或者合作选育的审定品种 2 个以上，或者受让品种权的品种 3 个以上。生产经营授权品种种子的，应当征得品种权人的书面同意；

（六）具有本办法第七条第六项规定的条件；

（七）农业农村部规定的其他条件。

第九条　申请领取实行选育生产经营相结合、有效区域为全国的种子生产经营许可证的企业，应当具备以下条件：

（一）基本设施。具有办公场所500平方米以上，冷藏库200平方米以上。生产经营主要农作物种子或马铃薯种薯的，具有检验室300平方米以上；生产经营其他农作物种子的，具有检验室200平方米以上。生产经营杂交玉米、杂交稻、小麦种子或马铃薯种薯的，具有加工厂房1000平方米以上、仓库2000平方米以上；生产经营棉花、大豆种子的，具有加工厂房500平方米以上、仓库500平方米以上；生产经营其他农作物种子的，具有加工厂房200平方米以上、仓库500平方米以上；

（二）育种机构及测试网络。具有专门的育种机构和相应的育种材料，建有完整的科研育种档案。生产经营杂交玉米、杂交稻种子的，在全国不同生态区有测试点30个以上和相应的播种、收获、考种设施设备；生产经营其他农作物种子的，在全国不同生态区有测试点10个以上和相应的播种、收获、考种设施设备；

（三）育种基地。具有自有或租用（租期不少于5年）的科研育种基地。生产经营杂交玉米、杂交稻种子的，具有分布在不同生态区的育种基地5处以上、总面积200亩以上；生产经营其他农作物种子的，具有分布在不同生态区的育种基地3处以上、总面积100亩以上；

（四）品种。生产经营主要农作物种子的，生产经营的品种应当通过审定，并具有相应作物的作为第一育种者的国家级审定品种3个以上，或者省级审定品种6个以上（至少包含3个省份审定通过），或者国家级审定品种2个和省级审定品种3个以上，或者国家级审定品种1个和省级审定品种5个以上。生产经营杂交稻种子同时生产经营常规稻种子的，除具有杂交稻要求的品种条件外，还应当具有常规稻的作为第一育种者的国家级审定品种1个以上或者省级审定品种3个以上。生产经营非主要农作物种子的，应当具有相应作物的以本企业名义单独申请获得植物新品种权的品种5个以上。生产经营授权品种种子的，应当征得品种权人的书面同意；

（五）生产规模。生产经营杂交玉米种子的，近3年年均种子生产面积2万亩以上；生产经营杂交稻种子的，近3年年均种子生产面积1万亩以上；生产经营其他农作物种子的，近3年年均种子生产的数量不低于该类作物100万亩的大田用种量；

（六）种子经营。具有健全的销售网络和售后服务体系。生产经营杂交玉米种子的，在申请之日前3年内至少有1年，杂交玉米种子销售额2亿元以上或占该类种子全国市场份额的1%以上；生产经营杂交稻种子的，在申请之日前3年内至少有1年，杂交稻种子销售额1.2亿元以上或占该类种子全国市场份额的1%以上；生产经营蔬菜种子的，在申请之日前3年内至少有1年，蔬菜种子销售额8000万元以上或占该类种子全国市场份额的1%以上；生产经营其他农作物种子的，在申请之日前3年内至少有1年，其种子销售额占该类种子全国市场份额的1%以上；

（七）种子加工。具有种子加工成套设备，生产经营杂交玉米、小麦种子的，总加工能力20吨/小时以上；生产经营杂交稻种子的，总加工能力10吨/小时以上（含窝眼清选设备）；生产经营大豆种子的，总加工能力5吨/小时以上；生产经营其他农作物种子的，总加工能力1吨/小时以上。生产经营杂交玉米、杂交稻、小麦种子的，还应当具有相应的干燥设备；

（八）人员。生产经营杂交玉米、杂交稻种子的，具有本科以上学历或中级以上职称的专业育种人员10人以上；生产经营其他农作物种子的，具有本科以上学历或中级以上职称的专业育种人员6人以上。生产经营主要农作物种子的，具有专职的种子生产、加工贮藏和检验专业技术人员各5名以上；生产经营非主要农作物种子的，具有专职的种子生产、加工贮藏和检验专业技术人员各3名以上；

（九）具有本办法第七条第六项、第八条第二项规定的条件；

（十）农业农村部规定的其他条件。

第十条 申请领取转基因农作物种子生产经营许可证

的企业，应当具备下列条件：

（一）农业转基因生物安全管理人员 2 名以上；

（二）种子生产地点、经营区域在农业转基因生物安全证书批准的区域内；

（三）有符合要求的隔离和生产条件；

（四）有相应的农业转基因生物安全管理、防范措施；

（五）农业农村部规定的其他条件。

从事种子进出口业务、转基因农作物种子生产经营的企业和外商投资企业申请领取种子生产经营许可证，除具备本办法规定的相应农作物种子生产经营许可证核发的条件外，还应当符合有关法律、行政法规规定的其他条件。

第十一条 申请领取种子生产经营许可证，应当提交以下材料：

（一）种子生产经营许可证申请表（式样见附件 1）；

（二）单位性质、股权结构等基本情况，公司章程、营业执照复印件，设立分支机构、委托生产种子、委托代销种子以及以购销方式销售种子等情况说明；

（三）种子生产、加工贮藏、检验专业技术人员和农业转基因生物安全管理人员的基本情况，企业法定代表人和高级管理人员名单及其种业从业简历；

（四）种子检验室、加工厂房、仓库和其他设施的自有产权或自有资产的证明材料；办公场所自有产权证明复印件或租赁合同；种子检验、加工等设备清单和购置发票复印件；相关设施设备的情况说明及实景照片；

（五）品种审定证书复印件；生产经营转基因农作物种子的，提交农业转基因生物安全证书复印件；生产经营授权品种种子的，提交植物新品种权证书复印件及品种权人的书面同意证明；

（六）委托种子生产合同复印件或自行组织种子生产的情况说明和证明材料；

（七）种子生产地点检疫证明；

（八）农业转基因生物安全管理、防范措施和隔离、生产条件的说明；

（九）农业农村部规定的其他材料。

第十二条 申请领取选育生产经营相结合、有效区域为全国的种子生产经营许可证，除提交本办法第十一条所规定的材料外，还应当提交以下材料：

（一）自有科研育种基地证明或租用科研育种基地的合同复印件；

（二）品种试验测试网络和测试点情况说明，以及相应的播种、收获、烘干等设备设施的自有产权证明复印件及实景照片；

（三）育种机构、科研投入及育种材料、科研活动等情况说明和证明材料，育种人员基本情况及其企业缴纳的社保证明复印件；

（四）近三年种子生产地点、面积和基地联系人等情况说明和证明材料；

（五）种子经营量、经营额及其市场份额的情况说明和证明材料；

（六）销售网络和售后服务体系的建设情况。

第三章　受理、审核与核发

第十三条　种子生产经营许可证实行分级审核、核发。

（一）从事主要农作物常规种子生产经营及非主要农作物种子经营的，其种子生产经营许可证由企业所在地县级以上地方农业农村主管部门核发；

（二）从事主要农作物杂交种子及其亲本种子生产经营以及实行选育生产经营相结合、有效区域为全国的种子企业，其种子生产经营许可证由企业所在地县级农业农村主管部门审核，省、自治区、直辖市农业农村主管部门核发；

（三）从事农作物种子进出口业务以及转基因农作物种子生产经营的，其种子生产经营许可证由农业农村部核发。

第十四条　农业农村主管部门对申请人提出的种子生产经营许可申请，应当根据下列情况分别作出处理：

（一）不需要取得种子生产经营许可的，应当即时告知申请人不受理；

（二）不属于本部门职权范围的，应当即时作出不予受理的决定，并告知申请人向有关部门申请；

（三）申请材料存在可以当场更正的错误的，应当允许申请人当场更正；

（四）申请材料不齐全或者不符合法定形式的，应当当场或者在5个工作日内一次告知申请人需要补正的全部内容，逾期不告知的，自收到申请材料之日起即为受理；

（五）申请材料齐全、符合法定形式，或者申请人按照要求提交全部补正申请材料的，应当予以受理。

第十五条 审核机关应当对申请人提交的材料进行审查，并对申请人的办公场所和种子加工、检验、仓储等设施设备进行实地考察，查验相关申请材料原件。

审核机关应当自受理申请之日起20个工作日内完成审核工作。具备本办法规定条件的，签署审核意见，上报核发机关；审核不予通过的，书面通知申请人并说明理由。

第十六条 核发机关应当自受理申请或收到审核意见之日起20个工作日内完成核发工作。核发机关认为有必要的，可以进行实地考察并查验原件。符合条件的，发给种子生产经营许可证并予公告；不符合条件的，书面通知申请人并说明理由。

选育生产经营相结合、有效区域为全国的种子生产经营许可证，核发机关应当在核发前在中国种业信息网公示5个工作日。

第四章　许可证管理

第十七条　种子生产经营许可证设主证、副证（式样见附件2）。主证注明许可证编号、企业名称、统一社会信用代码、住所、法定代表人、生产经营范围、生产经营方式、有效区域、有效期至、发证机关、发证日期；副证注明生产种子的作物种类、种子类别、品种名称及审定（登记）编号、种子生产地点等内容。

（一）许可证编号为“__（××××）农种许字（××××）第××××号”。“__”上标注生产经营类型，A为实行选育生产经营相结合，B为主要农作物杂交种子及其亲本种子，C为其他主要农作物种子，D为非主要农作物种子，E为种子进出口，F为外商投资企业，G为转基因农作物种子；第一个括号内为发证机关所在地简称，格式为“省地县”；第二个括号内为首次发证时的年号；“第××××号”为四位顺序号；

（二）生产经营范围按生产经营种子的作物名称填写，蔬菜、花卉、麻类按作物类别填写；

（三）生产经营方式按生产、加工、包装、批发、零售或进出口填写；

（四）有效区域。实行选育生产经营相结合的种子生产经营许可证的有效区域为全国。其他种子生产经营许可证的有效区域由发证机关在其管辖范围内确定；

（五）生产地点为种子生产所在地，主要农作物杂交种子标注至县级行政区域，其他作物标注至省级行政区域。

种子生产经营许可证加注许可信息代码。许可信息代码应当包括种子生产经营许可相关内容，由发证机关打印许可证书时自动生成。

第十八条 种子生产经营许可证载明的有效区域是指企业设立分支机构的区域。

种子生产地点不受种子生产经营许可证载明的有效区域限制，由发证机关根据申请人提交的种子生产合同复印件及无检疫性有害生物证明确定。

种子销售活动不受种子生产经营许可证载明的有效区域限制，但种子的终端销售地应当在品种审定、品种登记或标签标注的适宜区域内。

第十九条 种子生产经营许可证有效期为5年。转基因农作物种子生产经营许可证有效期不得超出农业转基因生物安全证书规定的有效期限。

在有效期内变更主证载明事项的，应当向原发证机关申请变更并提交相应材料，原发证机关应当依法进行审查，办理变更手续。

在有效期内变更副证载明的生产种子的品种、地点等事项的，应当在播种30日前向原发证机关申请变更并提交相应材料，申请材料齐全且符合法定形式的，原发证机关应当当场予以变更登记。

种子生产经营许可证期满后继续从事种子生产经营的，企业应当在期满6个月前重新提出申请。

第二十条 在种子生产经营许可证有效期内，有下列情形之一的，发证机关应当注销许可证，并予以公告：

（一）企业停止生产经营活动一年以上的；

（二）企业不再具备本办法规定的许可条件，经限期整改仍达不到要求的。

第五章 监督检查

第二十一条 有下列情形之一的，不需要办理种子生产经营许可证：

（一）农民个人自繁自用常规种子有剩余，在当地集贸市场上出售、串换的；

（二）在种子生产经营许可证载明的有效区域设立分支机构的；

（三）专门经营不再分装的包装种子的；

（四）受具有种子生产经营许可证的企业书面委托生

产、代销其种子的。

前款第一项所称农民，是指以家庭联产承包责任制的形式签订农村土地承包合同的农民；所称当地集贸市场，是指农民所在的乡（镇）区域。农民个人出售、串换的种子数量不应超过其家庭联产承包土地的年度用种量。违反本款规定出售、串换种子的，视为无证生产经营种子。

第二十二条 种子生产经营者在种子生产经营许可证载明有效区域设立的分支机构，应当在取得或变更分支机构营业执照后15个工作日内向当地县级农业农村主管部门备案。备案时应当提交分支机构的营业执照复印件、设立企业的种子生产经营许可证复印件以及分支机构名称、住所、负责人、联系方式等材料（式样见附件3）。

第二十三条 专门经营不再分装的包装种子或者受具有种子生产经营许可证的企业书面委托代销其种子的，应当在种子销售前向当地县级农业农村主管部门备案，并建立种子销售台账。备案时应当提交种子销售者的营业执照复印件、种子购销凭证或委托代销合同复印件，以及种子销售者名称、住所、经营方式、负责人、联系方式、销售地点、品种名称、种子数量等材料（式样见附件4）。种子销售台账应当如实记录销售种子的品种名称、种子数量、种子来源和种子去向。

第二十四条 受具有种子生产经营许可证的企业书面

委托生产其种子的，应当在种子播种前向当地县级农业农村主管部门备案。受委托生产转基因农作物种子的，应当有专门的管理人员和经营档案，有相应的安全管理、防范措施及国务院农业农村主管部门规定的其他条件。备案时应当提交委托企业的种子生产经营许可证复印件、委托生产合同，以及种子生产者名称、住所、负责人、联系方式、品种名称、生产地点、生产面积等材料（式样见附件5）。受托生产杂交玉米、杂交稻种子的，还应当提交与生产所在地农户、农民合作组织或村委会的生产协议。受委托生产转基因种子的，还应当提交转基因生物安全证书复印件。

第二十五条 种子生产经营者应当建立包括种子田间生产、加工包装、销售流通等环节形成的原始记载或凭证的种子生产经营档案，具体内容如下：

（一）田间生产方面：技术负责人，作物类别、品种名称、亲本（原种）名称、亲本（原种）来源，生产地点、生产面积、播种日期、隔离措施、产地检疫、收获日期、种子产量等。委托种子生产的，还应当包括种子委托生产合同。

（二）加工包装方面：技术负责人，品种名称、生产地点，加工时间、加工地点、包装规格、种子批次、标签标注，入库时间、种子数量、质量检验报告等。

（三）流通销售方面：经办人，种子销售对象姓名及地址、品种名称、包装规格、销售数量、销售时间、销售票据。批量购销的，还应包括种子购销合同。

种子生产经营者应当至少保存种子生产经营档案5年，确保档案记载信息连续、完整、真实，保证可追溯。档案材料含有复印件的，应当注明复印时间并经相关责任人签章。

第二十六条 种子生产经营者应当按批次保存所生产经营的种子样品，样品至少保存该类作物两个生产周期。

第二十七条 申请人故意隐瞒有关情况或者提供虚假材料申请种子生产经营许可证的，农业农村主管部门应当不予许可，并将申请人的不良行为记录在案，纳入征信系统。申请人在1年内不得再次申请种子生产经营许可证。

申请人以欺骗、贿赂等不正当手段取得种子生产经营许可证的，农业农村主管部门应当撤销种子生产经营许可证，并将申请人的不良行为记录在案，纳入征信系统。申请人在3年内不得再次申请种子生产经营许可证。

第二十八条 农业农村主管部门应当对种子生产经营行为进行监督检查，发现不符合本办法的违法行为，按照《中华人民共和国种子法》有关规定进行处理。

核发、撤销、吊销、注销种子生产经营许可证的有关信息，农业农村主管部门应当依法予以公布，并在中国种业信息网上及时更新信息。

对管理过程中获知的种子生产经营者的商业秘密，农业农村主管部门及其工作人员应当依法保密。

第二十九条 上级农业农村主管部门应当对下级农业农村主管部门的种子生产经营许可行为进行监督检查。有下列情形的，责令改正，对直接负责的主管人员和其他直接责任人依法给予行政处分；涉嫌犯罪的，及时将案件移送司法机关，依法追究刑事责任：

（一）未按核发权限发放种子生产经营许可证的；

（二）擅自降低核发标准发放种子生产经营许可证的；

（三）其他未依法核发种子生产经营许可证的。

第六章 附 则

第三十条 本办法所称种子生产经营，是指种植、采收、干燥、清选、分级、包衣、包装、标识、贮藏、销售及进出口种子的活动；种子生产是指繁（制）种的种植、采收的田间活动。

第三十一条 本办法所称种子加工成套设备，是指主机和配套系统相互匹配并固定安装在加工厂房内，实现种子精选、包衣、计量和包装基本功能的加工系统。主机主要包括风筛清选机（风选部分应具有前后吸风道，双沉降室；筛选部分应具有三层以上筛片）、比重式清选机和电脑计量包装设备；配套系统主要包括输送系统、储存系统、除尘系统、除杂系统和电控系统。

第三十二条 本办法规定的科研育种、生产、加工、检验、贮藏等设施设备，应为申请企业自有产权或自有资产，或者为其绝对控股子公司的自有产权或自有资产。办公场所应在种子生产经营许可证核发机关所辖行政区域，可以租赁。对申请企业绝对控股子公司的自有品种可以视为申请企业的自有品种。申请企业的绝对控股子公司不可重复利用上述办证条件申请办理种子生产经营许可证。

第三十三条 本办法所称不再分装的包装种子，是指按有关规定和标准包装的、不再分拆的最小包装种子。分装种子的，应当取得种子生产经营许可证，保证种子包装的完整性，并对其所分装种子负责。

有性繁殖作物的籽粒、果实，包括颖果、荚果、蒴果、核果等以及马铃薯微型脱毒种薯应当包装。无性繁殖的器官和组织、种苗以及不宜包装的非籽粒种子可以不包装。

种子包装应当符合有关国家标准或者行业标准。

第三十四条 申请领取鲜食、爆裂玉米的种子生产经营许可证的，按非主要农作物种子的许可条件办理。

第三十五条 生产经营无性繁殖的器官和组织、种苗、种薯以及不宜包装的非籽粒种子的，应当具有相适应的设施、设备、品种及人员，具体办法由省级农业农村主管部门制定，报农业农村部备案。

第三十六条 没有设立农业农村主管部门的行政区域，种子生产经营许可证由上级行政区域农业农村主管部门审核、核发。

第三十七条 种子生产经营许可证由农业农村部统一印制，相关表格格式由农业农村部统一制定。种子生产经营许可证的申请、受理、审核、核发和打印，以及种子生产经营备案管理，在中国种业信息网统一进行。

第三十八条 本办法自2016年8月15日起施行。农业部2011年8月22日公布、2015年4月29日修订的《农作物种子生产经营许可管理办法》（农业部令2011年第3号）和2001年2月26日公布的《农作物商品种子加工包装规定》（农业部令第50号）同时废止。

本办法施行之日前已取得的农作物种子生产、经营许可证有效期不变，有效期在本办法发布之日至2016年8月15日届满的企业，其原有种子生产、经营许可证的有效期自动延展至2016年12月31日。

本办法施行之日前已取得农作物种子生产、经营许可证且在有效期内，申请变更许可证载明事项的，按本办法第十三条规定程序办理。

最高人民法院关于审理植物新品种纠纷案件若干问题的解释

（2000 年 12 月 25 日由最高人民法院审判委员会第 1154 次会议通过　根据 2020 年 12 月 23 日最高人民法院审判委员会第 1823 次会议通过的《最高人民法院关于修改〈最高人民法院关于审理侵犯专利权纠纷案件应用法律若干问题的解释（二）〉等十八件知识产权类司法解释的决定》修正）

为依法受理和审判植物新品种纠纷案件，根据《中华人民共和国民法典》《中华人民共和国种子法》《中华人民共和国民事诉讼法》《中华人民共和国行政诉讼法》《全国人民代表大会常务委员会关于在北京、上海、广州设立知识产权法院的决定》和《全国人民代表大会常务委员会关于专利等知识产权案件诉讼程序若干问题的决定》的有关规定，现就有关问题解释如下：

第一条　人民法院受理的植物新品种纠纷案件主要包括以下几类：

（一）植物新品种申请驳回复审行政纠纷案件；

（二）植物新品种权无效行政纠纷案件；

（三）植物新品种权更名行政纠纷案件；

（四）植物新品种权强制许可纠纷案件；

（五）植物新品种权实施强制许可使用费纠纷案件；

（六）植物新品种申请权权属纠纷案件；

（七）植物新品种权权属纠纷案件；

（八）植物新品种申请权转让合同纠纷案件；

（九）植物新品种权转让合同纠纷案件；

（十）侵害植物新品种权纠纷案件；

（十一）假冒他人植物新品种权纠纷案件；

（十二）植物新品种培育人署名权纠纷案件；

（十三）植物新品种临时保护期使用费纠纷案件；

（十四）植物新品种行政处罚纠纷案件；

（十五）植物新品种行政复议纠纷案件；

（十六）植物新品种行政赔偿纠纷案件；

（十七）植物新品种行政奖励纠纷案件；

（十八）其他植物新品种权纠纷案件。

第二条　人民法院在依法审查当事人涉及植物新品种权的起诉时，只要符合《中华人民共和国民事诉讼法》第一百一十九条、《中华人民共和国行政诉讼法》第四十九条规定的民事案件或者行政案件的起诉条件，均应当依法予以受理。

第三条 本解释第一条所列第一至五类案件，由北京知识产权法院作为第一审人民法院审理；第六至十八类案件，由知识产权法院，各省、自治区、直辖市人民政府所在地和最高人民法院指定的中级人民法院作为第一审人民法院审理。

当事人对植物新品种纠纷民事、行政案件第一审判决、裁定不服，提起上诉的，由最高人民法院审理。

第四条 以侵权行为地确定人民法院管辖的侵害植物新品种权的民事案件，其所称的侵权行为地，是指未经品种权所有人许可，生产、繁殖或者销售该授权植物新品种的繁殖材料的所在地，或者为商业目的将该授权品种的繁殖材料重复使用于生产另一品种的繁殖材料的所在地。

第五条 关于植物新品种申请驳回复审行政纠纷案件、植物新品种权无效或者更名行政纠纷案件，应当以植物新品种审批机关为被告；关于植物新品种强制许可纠纷案件，应当以植物新品种审批机关为被告；关于实施强制许可使用费纠纷案件，应当根据原告所请求的事项和所起诉的当事人确定被告。

第六条 人民法院审理侵害植物新品种权纠纷案件，被告在答辩期间内向植物新品种审批机关请求宣告该植物新品种权无效的，人民法院一般不中止诉讼。

最高人民法院关于审理侵害植物新品种权纠纷案件具体应用法律问题的若干规定

（2006 年 12 月 25 日由最高人民法院审判委员会第 1411 次会议通过　根据 2020 年 12 月 23 日最高人民法院审判委员会第 1823 次会议通过的《最高人民法院关于修改〈最高人民法院关于审理侵犯专利权纠纷案件应用法律若干问题的解释（二）〉等十八件知识产权类司法解释的决定》修正）

为正确处理侵害植物新品种权纠纷案件，根据《中华人民共和国民法典》《中华人民共和国种子法》《中华人民共和国民事诉讼法》《全国人民代表大会常务委员会关于在北京、上海、广州设立知识产权法院的决定》和《全国人民代表大会常务委员会关于专利等知识产权案件诉讼程序若干问题的决定》等有关规定，结合侵害植物新品种权纠纷案件的审判经验和实际情况，就具体应用法律的若干问题规定如下：

第一条　植物新品种权所有人（以下称品种权人）或

者利害关系人认为植物新品种权受到侵害的，可以依法向人民法院提起诉讼。

前款所称利害关系人，包括植物新品种实施许可合同的被许可人、品种权财产权利的合法继承人等。

独占实施许可合同的被许可人可以单独向人民法院提起诉讼；排他实施许可合同的被许可人可以和品种权人共同起诉，也可以在品种权人不起诉时，自行提起诉讼；普通实施许可合同的被许可人经品种权人明确授权，可以提起诉讼。

第二条 未经品种权人许可，生产、繁殖或者销售授权品种的繁殖材料，或者为商业目的将授权品种的繁殖材料重复使用于生产另一品种的繁殖材料的，人民法院应当认定为侵害植物新品种权。

被诉侵权物的特征、特性与授权品种的特征、特性相同，或者特征、特性的不同是因非遗传变异所致的，人民法院一般应当认定被诉侵权物属于生产、繁殖或者销售授权品种的繁殖材料。

被诉侵权人重复以授权品种的繁殖材料为亲本与其他亲本另行繁殖的，人民法院一般应当认定属于为商业目的将授权品种的繁殖材料重复使用于生产另一品种的繁殖材料。

第三条 侵害植物新品种权纠纷案件涉及的专门性问

题需要鉴定的，由双方当事人协商确定的有鉴定资格的鉴定机构、鉴定人鉴定；协商不成的，由人民法院指定的有鉴定资格的鉴定机构、鉴定人鉴定。

没有前款规定的鉴定机构、鉴定人的，由具有相应品种检测技术水平的专业机构、专业人员鉴定。

第四条 对于侵害植物新品种权纠纷案件涉及的专门性问题可以采取田间观察检测、基因指纹图谱检测等方法鉴定。

对采取前款规定方法作出的鉴定意见，人民法院应当依法质证，认定其证明力。

第五条 品种权人或者利害关系人向人民法院提起侵害植物新品种权诉讼前，可以提出行为保全或者证据保全请求，人民法院经审查作出裁定。

人民法院采取证据保全措施时，可以根据案件具体情况，邀请有关专业技术人员按照相应的技术规程协助取证。

第六条 人民法院审理侵害植物新品种权纠纷案件，应当依照民法典第一百七十九条、第一千一百八十五条、种子法第七十三条的规定，结合案件具体情况，判决侵权人承担停止侵害、赔偿损失等民事责任。

人民法院可以根据权利人的请求，按照权利人因被侵权所受实际损失或者侵权人因侵权所得利益确定赔偿数额。权利人的损失或者侵权人获得的利益难以确定的，可以参照该植物新品种权许可使用费的倍数合理确定。权利人为制止侵权行为所支付的合理开支应当另行计算。

依照前款规定难以确定赔偿数额的，人民法院可以综合考虑侵权的性质、期间、后果，植物新品种权许可使用费的数额，植物新品种实施许可的种类、时间、范围及权利人调查、制止侵权所支付的合理费用等因素，在 300 万元以下确定赔偿数额。

故意侵害他人植物新品种权，情节严重的，可以按照第二款确定数额的一倍以上三倍以下确定赔偿数额。

第七条 权利人和侵权人均同意将侵权物折价抵扣权利人所受损失的，人民法院应当准许。权利人或者侵权人不同意折价抵扣的，人民法院依照当事人的请求，责令侵权人对侵权物作消灭活性等使其不能再被用作繁殖材料的处理。

侵权物正处于生长期或者销毁侵权物将导致重大不利后果的，人民法院可以不采取责令销毁侵权物的方法，而判令其支付相应的合理费用。但法律、行政法规另有规定的除外。

第八条 以农业或者林业种植为业的个人、农村承包经营户接受他人委托代为繁殖侵害品种权的繁殖材料，不知道代繁物是侵害品种权的繁殖材料并说明委托人的，不承担赔偿责任。

最高人民法院关于审理侵害植物新品种权纠纷案件具体应用法律问题的若干规定（二）

（2021年6月29日最高人民法院审判委员会第1843次会议通过　自2021年7月7日起施行）

为正确审理侵害植物新品种权纠纷案件，根据《中华人民共和国民法典》《中华人民共和国种子法》《中华人民共和国民事诉讼法》等法律规定，结合审判实践，制定本规定。

第一条　植物新品种权（以下简称品种权）或者植物新品种申请权的共有人对权利行使有约定的，人民法院按照其约定处理。没有约定或者约定不明的，共有人主张其可以单独实施或者以普通许可方式许可他人实施的，人民法院应予支持。

共有人单独实施该品种权，其他共有人主张该实施收益在共有人之间分配的，人民法院不予支持，但是其他共有人有证据证明其不具备实施能力或者实施条件的除外。

共有人之一许可他人实施该品种权，其他共有人主张收取的许可费在共有人之间分配的，人民法院应予支持。

第二条 品种权转让未经国务院农业、林业主管部门登记、公告，受让人以品种权人名义提起侵害品种权诉讼的，人民法院不予受理。

第三条 受品种权保护的繁殖材料应当具有繁殖能力，且繁殖出的新个体与该授权品种的特征、特性相同。

前款所称的繁殖材料不限于以品种权申请文件所描述的繁殖方式获得的繁殖材料。

第四条 以广告、展陈等方式作出销售授权品种的繁殖材料的意思表示的，人民法院可以以销售行为认定处理。

第五条 种植授权品种的繁殖材料的，人民法院可以根据案件具体情况，以生产、繁殖行为认定处理。

第六条 品种权人或者利害关系人（以下合称权利人）举证证明被诉侵权品种繁殖材料使用的名称与授权品种相同的，人民法院可以推定该被诉侵权品种繁殖材料属于授权品种的繁殖材料；有证据证明不属于该授权品种的繁殖材料的，人民法院可以认定被诉侵权人构成假冒品种行为，并参照假冒注册商标行为的有关规定确定民事责任。

第七条 受托人、被许可人超出与品种权人约定的规模或者区域生产、繁殖授权品种的繁殖材料，或者超出与品种权人约定的规模销售授权品种的繁殖材料，品种权人请求判令受托人、被许可人承担侵权责任的，人民法院依法予以支持。

第八条 被诉侵权人知道或者应当知道他人实施侵害品种权的行为，仍然提供收购、存储、运输、以繁殖为目的的加工处理等服务或者提供相关证明材料等条件的，人民法院可以依据民法典第一千一百六十九条的规定认定为帮助他人实施侵权行为。

第九条 被诉侵权物既可以作为繁殖材料又可以作为收获材料，被诉侵权人主张被诉侵权物系作为收获材料用于消费而非用于生产、繁殖的，应当承担相应的举证责任。

第十条 授权品种的繁殖材料经品种权人或者经其许可的单位、个人售出后，权利人主张他人生产、繁殖、销售该繁殖材料构成侵权的，人民法院一般不予支持，但是下列情形除外：

（一）对该繁殖材料生产、繁殖后获得的繁殖材料进行生产、繁殖、销售；

（二）为生产、繁殖目的将该繁殖材料出口到不保护该品种所属植物属或者种的国家或者地区。

第十一条 被诉侵权人主张对授权品种进行的下列生产、繁殖行为属于科研活动的，人民法院应予支持：

（一）利用授权品种培育新品种；

（二）利用授权品种培育形成新品种后，为品种权申请、品种审定、品种登记需要而重复利用授权品种的繁殖材料。

第十二条 农民在其家庭农村土地承包经营合同约定的土地范围内自繁自用授权品种的繁殖材料，权利人对此主张构成侵权的，人民法院不予支持。

对前款规定以外的行为，被诉侵权人主张其行为属于种子法规定的农民自繁自用授权品种的繁殖材料的，人民法院应当综合考虑被诉侵权行为的目的、规模、是否营利等因素予以认定。

第十三条 销售不知道也不应当知道是未经品种权人许可而售出的被诉侵权品种繁殖材料，且举证证明具有合法来源的，人民法院可以不判令销售者承担赔偿责任，但应当判令其停止销售并承担权利人为制止侵权行为所支付的合理开支。

对于前款所称合法来源，销售者一般应当举证证明购货渠道合法、价格合理、存在实际的具体供货方、销售行为符合相关生产经营许可制度等。

第十四条 人民法院根据已经查明侵害品种权的事实，认定侵权行为成立的，可以先行判决停止侵害，并可以依据当事人的请求和具体案情，责令采取消灭活性等阻止被诉侵权物扩散、繁殖的措施。

第十五条 人民法院为确定赔偿数额，在权利人已经尽力举证，而与侵权行为相关的账簿、资料主要由被诉侵权人掌握的情况下，可以责令被诉侵权人提供与侵权行为相关的账簿、资料；被诉侵权人不提供或者提供虚假账簿、资料的，人民法院可以参考权利人的主张和提供的证据判定赔偿数额。

第十六条 被诉侵权人有抗拒保全或者擅自拆封、转移、毁损被保全物等举证妨碍行为，致使案件相关事实无法查明的，人民法院可以推定权利人就该证据所涉证明事项的主张成立。构成民事诉讼法第一百一十一条规定情形的，依法追究法律责任。

第十七条 除有关法律和司法解释规定的情形以外，以下情形也可以认定为侵权行为情节严重：

（一）因侵权被行政处罚或者法院裁判承担责任后，再次实施相同或者类似侵权行为；

（二）以侵害品种权为业；

（三）伪造品种权证书；

（四）以无标识、标签的包装销售授权品种；

（五）违反种子法第七十七条第一款第一项、第二项、第四项的规定；

（六）拒不提供被诉侵权物的生产、繁殖、销售和储存地点。

存在前款第一项至第五项情形的，在依法适用惩罚性赔偿时可以按照计算基数的二倍以上确定惩罚性赔偿数额。

第十八条 品种权终止后依法恢复权利，权利人要求实施品种权的单位或者个人支付终止期间实施品种权的费用的，人民法院可以参照有关品种权实施许可费，结合品种类型、种植时间、经营规模、当时的市场价值等因素合理确定。

第十九条 他人未经许可，自品种权初步审查合格公告之日起至被授予品种权之日止，生产、繁殖或者销售该授权品种的繁殖材料，或者为商业目的将该授权品种的繁殖材料重复使用于生产另一品种的繁殖材料，权利人对此主张追偿利益损失的，人民法院可以按照临时保护期使用费纠纷处理，并参照有关品种权实施许可费，结合品种类型、种植时间、经营规模、当时的市场价值等因素合理确定该使用费数额。

前款规定的被诉行为延续到品种授权之后，权利人对品种权临时保护期使用费和侵权损害赔偿均主张权利的，人民法院可以合并审理，但应当分别计算处理。

第二十条 侵害品种权纠纷案件涉及的专门性问题需要鉴定的，由当事人在相关领域鉴定人名录或者国务院农业、林业主管部门向人民法院推荐的鉴定人中协商确定；协商不成的，由人民法院从中指定。

第二十一条 对于没有基因指纹图谱等分子标记检测方法进行鉴定的品种，可以采用行业通用方法对授权品种与被诉侵权物的特征、特性进行同一性判断。

第二十二条 对鉴定意见有异议的一方当事人向人民法院申请复检、补充鉴定或者重新鉴定，但未提出合理理由和证据的，人民法院不予准许。

第二十三条 通过基因指纹图谱等分子标记检测方法进行鉴定，待测样品与对照样品的差异位点小于但接近临界值，被诉侵权人主张二者特征、特性不同的，应当承担举证责任；人民法院也可以根据当事人的申请，采取扩大检测位点进行加测或者提取授权品种标准样品进行测定等方法，并结合其他相关因素作出认定。

第二十四条 田间观察检测与基因指纹图谱等分子标记检测的结论不同的，人民法院应当以田间观察检测结论为准。

第二十五条 本规定自 2021 年 7 月 7 日起施行。本院以前发布的相关司法解释与本规定不一致的，按照本规定执行。

附录三

国际植物新品种保护公约
（1978年文本）

1961年12月2日制定，

1972年11月10日及1978年10月23日

在日内瓦修订

各缔约方，

考虑到1961年12月2日制定的国际植物新品种保护公约，经1972年11月10日补充文本修订，已成为保护育种者权利的国际合作中有价值的文本；

重申公约序言中阐述的原则，按照这些原则：

（一）各缔约方认为，无论是发展本国农业，还是保护育种者的权利，保护植物新品种至为重要，

（二）各缔约方意识到承认和保护育种者权利所导致产生的若干特殊问题，尤其是出于公共利益的要求对自由行使这种权利的限制，

（三）各缔约方认为对于许多国家极为重视的这些问题，应根据统一和明确的原则各自加以解决；

考虑到保护育种者权利的思想，已为许多未加入本公

约的国家普遍接受；

考虑到有必要修订本公约的若干条款，以促进这些国家加入联盟；

考虑到有必要在实践中完善根据本公约成立的本联盟在行政管理方面的某些规定；

考虑到重新修订本公约是实现这些目标的最佳途径；

经协议如下：

第一条

公约的宗旨；联盟的组成；联盟所在地

一、本公约旨在承认和保证符合以下界定条件的植物新品种育种者及其合法继承者的权利（以下通称育种者）。

二、本公约的缔约国（以下通称联盟成员国）组成植物新品种保护联盟。

三、联盟及其常设机构设在日内瓦。

第二条

保护方式

一、联盟各成员国可通过授予专门保护权或专利权，承认本公约规定的育种者的权利。但是，对这两种保护方式在本国法律上都予认可的联盟成员，对一个和同一个植物属或种，仅提供其中一种保护方式。

二、对一个属或种内，以特定方式生殖或繁殖的品种或对某一最终用途的品种，各联盟成员国可以有限制地应用本公约。

第三条

国民待遇；互惠

一、就承认和保护植物新品种育种者的权利而言，在不损害本公约专门规定的权利的前提下，在其中一联盟成员国居住或有注册办事机构的自然人和法人，只要他们遵守和履行这些国家为本国国民制定的规定和手续，就能享受这些国家根据其各自的法律给予或随后可能给予与该国国民同样的待遇。

二、联盟成员国的国民，在其他任一联盟成员国既未定居也无注册办事机构者，也同样享受相同的权利，但必须履行对其培育的品种进行检测和对该品种的繁殖进行核查的义务。

三、尽管有一和二款的规定，实施本公约的任何联盟成员国对某一属或种，将有权限制对该属或种实施本公约的其他各联盟成员国国民和在这些其他国任何一国定居或设有注册办事机构的自然人和法人的利益。

第四条

必须或可以保护的植物属和种

一、本公约可适用于一切植物属和种。

二、联盟成员国采取一切必要措施，逐步对尽可能多的植物属和种实施本公约的规定。

三、

（一）每个联盟成员国自本公约在其领土生效之日起，应至少对五个属或种实施本公约的规定。

（二）随后，每个联盟成员国于自本公约在其领土生效之日起的以下期限内，应对更多的属或种实施本公约的规定：

（1）三年内至少有十个属或种；

（2）六年内至少有十八个属或种；

（3）八年内至少有二十四个属或种；

（三）若一联盟成员国按照第二条二款之规定在一个属或种内限制应用本公约，该属和种应仍被看作（一）和（二）项中规定的一个属或种。

四、应意欲批准、接受、核准或加入本公约之任何国家的要求，理事会可以根据该国经济或生态的特殊条件，为该国决定减少第三款规定的最低限额，或延长该款规定的期限，或两者同时进行。

五、应任何联盟成员国的要求，理事会可以根据该国在履行第三款（二）项规定的义务中所遇特殊困难，决定为该国延长第三款（二）项规定的期限。

第五条

受保护的权利；保护的范围

一、授予育种者权利的作用是在对受保护品种的诸如

有性或无性繁殖材料之类的进行下列

—以商业销售为目的之生产

—提供出售

—市场销售

处理时，应事先征得育种者同意。

无性繁殖材料应被认为包括整株植物。在观赏植物或切花生产中，观赏植物或其植株部分作为繁殖材料用于商业目的时，育种者的权利可扩大到以一般销售为目的而不是繁殖用的观赏植物或其植株部分。

二、育种者可以根据自己指定的条件来授权。

三、利用品种作为变异来源而产生的其他品种或这些品种的销售，均无须征得育种者同意。但若为另一品种的商业生产重复使用该品种时，则必须征得育种者同意。

四、根据本国法律，或第二十九条所述特别协定，任何联盟成员国均可对某些植物属或种给予育种者大于第一款规定的保护权，特别是可延伸到已在市场销售的产品。授予这种权利的联盟成员国，对其他授予同等权利的联盟成员国的国民以及在这些联盟成员国定居或设有办事机构的自然人和法人的利益可以给予限制。

第六条

享受保护的条件

一、凡符合以下条件，育种者应享有本公约提供的保护：

（一）不论原始变种的起源是人工的，还是自然的，在申请保护时，该品种应具有一个或数个明显的特性有别于已知的任何其他品种。“已知”的存在可参考以下因素：已在进行栽培或销售，已经或正在法定的注册处登记，已登在参考文献中或已在刊物中准确描述过。使品种能够确定和区别的特性，必须是能准确辨认和描述的。

（二）在向一个联盟成员国注册保护申请时：

（1）该品种尚未经育种者同意在该国领土内提供出售或在市场销售，若该国法律另行规定，则不能超过一年。

（2）藤本、林木、果树和观赏植物的品种，包括其根茎，经育种者同意在任何其他国家提供出售或已在市场销售不超过六年，或所有其他植物不超过四年。

与提供出售或在市场销售无关的品种的试种，不影响保护权。以提供出售或市场销售以外的方式成为已知品种的事实，不影响育种者的保护权。

（三）就该品种的有性或无性繁殖特性而言，必须是充分均质或一致的。

（四）该品种的基本特性必须是稳定的。即经过重复繁殖，或在育种者规定的特定繁殖周期中的各个周期结束时，品种的基本特性仍与原来所描述的一致。

（五）该品种应按第十三条的规定命名。

二、育种者应根据提交申请所在联盟成员国的法律规定手续申请注册，包括缴纳费用；不得以上述规定以外的条件授予保护权利。

第七条

品种的官方检验；临时性保护

一、品种按第六条规定的标准经过检验后，被授予保护权，这种检验适用于每个植物属或种。

二、为便于检验起见，各联盟成员国的主管机关，可以要求育种者提供所有必需的信息、文件、繁殖材料或种子。

三、任何联盟成员国，可以在注册申请至批准期间采取措施保护育种者的权利，以防止第三者侵权。

第八条

保护的期限

育种者所得权利有一定期限。自授予保护权之日起，保护期限不少于十五年。藤本植物、林木、果树和观赏树木，包括其根茎，保护期为十八年。

第九条

行使保护权的限制

一、除非出于公共利益考虑，育种者可不受限制自由行使所给予的独占权利。

二、若为了广泛推广品种而使育种者权利受到限制，该联盟成员国应采取一切必要措施，给予育种者相应之报酬。

第十条

保护权的无效和撤销

一、如果确证，授予保护权时，第六条一款（一）项和（二）项所规定的条件未得到有效遵守，则将按照各联盟成员国国家法律的规定，宣布育种者的权利无效。

二、当育种者不再向主管机关提供能产生在被授予保护权时其特性已明确规定的品种的繁殖材料时，其权利则被撤销。

三、遇有下列情况，育种者权利将被撤销：

（一）经要求后并在规定的期限内，育种者未向主管机关提供审查品种所必需的繁育材料、文件和情报信息，或者育种者不允许检查其保存品种的方法；

（二）育种者未在规定的期限内缴纳为保护其权利有效的费用。

四、除因本条款规定之原因，育种者之权利不能无效或撤销。

第十一条

第一次注册申请的成员国的自由选择；在其他成员国的申请；在不同成员国中保护权的独立性

一、育种者可按其意愿选择首次注册申请保护权的成员国。

二、育种者无须等待首次注册申请保护的成员国授予保护权，即可向其他成员国提出保护权的申请。

三、根据本公约自然人或法人在不同联盟成员国申请保护所获权益，应独立于同一品种在其他国家获得的保护权，不论该国是否是联盟成员国。

第十二条

优先权

一、凡已正式向一联盟成员国提出保护申请的育种者，欲在其他成员国提出申请，应享受为期十二个月的优先权。优先权的时间从呈交首次申请之日起计算。呈交申请之日不计在内。

二、为享受第一款之规定，再次申请必须包括保护权申请书，为首次申请提出优先权的请求书，并在三个月内呈交一份包括首次申请书的文件，该首次申请已经原受理主管机关证实为真实的文本。

三、育种者可在优先权期满后四年内向其已经按第二款规定申请保护权的联盟成员国呈交该国法律和法规要求的补充文件。虽然该申请的优先权要求书被否决或撤销，该国仍可要求其在适当期限内呈交补充文件和材料。

四、在第一款规定的期限内所出现的情况，诸如提出其他申请以及发表或使用该申请的主题，不应构成否定按前述条件所呈交的申请的理由，这些情况也不会给第三者带来任何权利或任何个人占有之权利。

第十三条
品种名称

一、品种应以通用的名称命名。每个联盟成员国应保证，除第四款另有规定，注册登记的品种名称无权妨碍自由使用与该品种有关的名称，即使保护期满后也是如此。

二、品种名称必须能识别品种。除沿用习惯外，不能仅用数字命名。名称不得对品种的特性、价值或类别，或对育种者的身份导致误解或混淆。尤其是名称必须与任何联盟成员国同一种或近似种的现有品种的名称有别。

三、育种者应向第三十条第一款（二）项规定的主管机关提出名称申请。如经发现该名称不符合第二款之要求，该主管机关应不予以登记注册，并要求育种者在规定期限内提出另一种名称。品种名称应在按照第七条规定授予保护权时进行登记注册。

四、不得影响第三者的在先权。若因在先权之故，禁止某人使用某品种名称而其根据第七款必须使用该品种名称时，第三十条一款（二）项规定的主管机关应要求育种者为品种提出另一名称。

五、一个品种在所有的联盟成员国必须以同一种名称提出。第三十条一款（二）项规定的主管机关应据此登记注册名称。但若认为这种名称在该国不合适，则可以要求育种者更改名称。

六、第三十条一款（二）项规定的主管机关，应保证所有其他此类主管机关收到有关品种名称的信息。尤其是名称的提出、登记和取消。第三十条一款（二）项规定的任何主管机关可以向发出名称信息的机关返回对此名称登记的意见。

七、按第四款规定，在先权并不限制品种名称的使用。联盟成员国中的任何人提供出售或市场销售在该国受保护品种的有性或无性繁殖材料时，必须使用该品种的名称，即使在保护期满之后也是如此。

八、当品种提供出售或市场销售时，应准予登记的品种名称与商标、商品名称和其他类似的标志连用，若连用这类标志，则该品种名称应易于识别。

第十四条

品种保护独立于种子生产、鉴定和销售的管理办法

一、按照本公约授予育种者的权利，不受与各联盟成员国采用的种子和繁殖材料的生产、鉴定和销售的管理办法。

二、然而，这些办法应尽可能避免妨碍本公约各条款的实施。

第十五条
联盟的机构

联盟的常设机构是：

（一）理事会。

（二）总秘书处，定名为国际植物新品种保护联盟办公室。

第十六条
理事会的组成；投票权

一、理事会由联盟成员国的代表组成。每个成员国将向理事会委派代表和候补代表各一名。

二、代表或候补代表可配备助手或顾问。

三、每个联盟成员国在理事会有一席投票权。

第十七条
理事会会议的观察员

一、签署本公约文本的非联盟成员国国家，将被邀以观察员身份出席理事会会议。

二、其他观察员或专家也可被邀出席这些会议。

第十八条
理事会理事长和副理事长

一、理事会将在其成员中选举一名理事长和一名第一副理事长。还可选举其他副理事长。理事长不能主持工作时，第一副理事长代行理事长职权。

二、理事长委任期为三年。

第十九条

理事会会议

一、理事长召集理事会会议。

二、理事会例行会议一年一次。此外，理事长可自行决定召集会议。若有三分之一成员国要求，理事长应在三个月内召集会议。

第二十条

理事会程序规则；联盟的行政和财务规则

理事会应建立其程序规则以及联盟的行政和财务规则。

第二十一条

理事会的任务

理事会的任务是：

（一）研究适当措施保障联盟利益和促进联盟发展；

（二）任命秘书长，并视需要任命一名副秘书长，决定二者的任期；

（三）审查联盟活动的年度报告，并制定今后的工作计划；

（四）向秘书长下达完成联盟任务的一切必要指令，秘书长的职责见第二十三条；

（五）审批联盟预算和按照第二十六条的规定确定各联盟成员国缴纳会费数目；

（六）审批秘书长呈交的账目；

（七）按照第二十七条的规定，确定该条文所述会议的日期和地点，并采取必要的措施，做好会议筹备工作；

（八）总之，作出一切必要的决定，以保证联盟发挥有效作用。

第二十二条

通过理事会决议所要求的多数

理事会的任何决议需要出席会议的成员投票的简单多数通过。但是，第四条四款、第二十条、第二十一条（五）项、第二十六条五款（二）项、第二十七条一款、第二十八条三款或第三十二条三款规定的决议，理事会必须以出席投票成员的四分之三的票数通过。弃权票不计入投票数。

第二十三条

联盟办公室的任务；秘书长的职责；职员的任命

一、联盟办公室执行理事会委托的一切职责和任务。它受秘书长的领导。

二、秘书长向理事会负责；他负责执行理事会的决议。向理事会呈送预算供审批，并付诸执行。向理事会提交关于行政管理的年度报告，以及有关联盟活动及财务情况的报告。

三、除第二十一条（二）项规定外，为有效完成联盟办公室的任务，任命和雇佣职员的条件按第二十条所述行政和财务规则予以确定。

第二十四条

法律地位

一、本联盟具有法人资格。

二、在任何一个联盟成员国的领土上，按照该国的法律，联盟享有行使其职责和实现其目标的必要法律资格。

三、联盟与瑞士联邦政府签署设置联盟总部的协定。

第二十五条

账目审计

按照第二十条所述有关行政和财务的规则进行审计，由理事会指定一成员国并与之达成协议，审议联盟的会计账目。

第二十六条

财　　务

一、联盟的费用来自于：

—联盟成员国每年会费；

—提供服务所得的报酬；

—杂项收入。

二、

（一）每个联盟成员国每年缴纳的会费占总会费额的份额，应参照联盟成员国会费中的支出总额和根据三款规定的会费份额数决定，所述的会费份额将根据四款的规定计算；

（二）会费份额的数目用整数或分数表示，但该数不得少于五分之一。

三、

（一）联盟成员国的国家自本公约文本在该国生效之日起，其所承担的会费份额数应立即与该生效之日前根据1972年补充修订的1962年公约该国已承担的会费份额数一样；

（二）就其他任何国家而言，该国在其加入联盟时，应向秘书长声明其所能承担的会费份额数；

（三）任何联盟成员国随时可向秘书长呈报一份声明，表明一个有别于上述（一）项或（二）项中会费份额数。如果是在公历年度的前六个月提出这一要求，即可在下一公历年度开始之时实行；否则必须在提出要求后的再下一个公历年初实行。

四、

（一）在每个预算阶段，联盟成员国会费中的支出费用总额除以各成员国申请的会费份额总数，就得到每个会费份额的钱数；

（二）每个联盟成员国分摊的会费总额等于每个会费份额的钱数乘以该国所承担的会费份额数的积。

五、

（一）除（二）项的另行规定外，拖欠缴纳两年或两年以上的会费的成员国，在理事会不得行使投票权，中止投票权不免除该国所承担公约规定的义务，也不剥夺该国其他任何权利；

（二）如果向理事会证实拖欠缴纳会费是特殊的和不能避免的情况所致，理事会可以保留该成员国之投票权。

第二十七条

公约的修订

一、本公约可由联盟成员国大会修订。这种会议的召开由理事会决定。

二、至少半数以上的成员国出席会议，其决定才有效。修订公约文本需有六分之五的大多数联盟成员国出席会议。

第二十八条

办公室和理事会会议使用的语言

一、联盟办公室使用英语、法语和德语行使其职责。

二、理事会会议及其修订公约的会议应使用这三种语言。

三、理事会视需要可以决定外加使用其他语言。

第二十九条

保护植物新品种的特别协定

联盟成员国保留有它们之间签署保护植物新品种的特别协定的权力，只要该协定不与本公约的条款相抵触。

第三十条

公约在本国范围内的实施：

联合利用审查机构提供服务的合同

一、每个联盟成员国都应采取一切必要措施实施本公约，尤其是：

（一）对法律给予适当的补救，以便有效地保护本公约规定的权利；

（二）建立一个保护植物新品种的专门机关，或将该保护工作委托给一个现有机关；

（三）保证向公众通报这种保护的有关事项，例如，至少要定期发表授予保护的新品种目录。

二、联盟成员国的主管机关之间也可签署专门合同，旨在共同利用所委托的机关按第七条规定进行的品种审查服务以及所收集的必要的、供参考的品种材料和文件。

三、各国交存批准、接受、核准或加入本公约文本的文件时，即应在本国法律范围内实施本公约的规定。

第三十一条
签　　署

所有联盟成员国以及出席通过本公约文本的外交会议的所有国家均可签署本公约文本。签署日期截止于1979年10月31日。

第三十二条
批准、接受或核准；加入

一、任何赞同受约于本公约文本的国家应：

（一）如已签署本公约文本，交存批准书、接受书或核准书；

（二）如未签署本公约文本，则交存加入书。

二、批准、接受、核准或加入书应交存秘书长。

三、未签署本公约文本的任何非联盟成员国，在交存加入书前，应征求理事会关于其本国法律是否符合本公约文本条款的意见。如得到肯定之答复则可交存加入书。

第三十三条
生效；先前文本的终止

一、本公约文本在实现以下两个条件一个月后生效：

（一）交存的批准、接受、核准或加入书不少于五份；

（二）上述交存的文件中至少有三份为加入1961年公约文本的成员国家交存的。

二、对按照一款（一）项和（二）项的规定交存批准、接受、核准或加入书的国家，本公约文本在上述国家文件交存一个月后生效。

三、一旦本公约文本按一款的规定生效，任何国家不得加入曾被1972年补充文本修改过的1961年公约文本。

第三十四条

受不同文本约束的国家之间的关系

一、受曾被1972年补充文本修订过的1961年公约文本约束的联盟成员国，自本公约文本在该国生效之日起，在与其他不受本公约文本约束的联盟成员国的关系中，将继续实施由上述补充文本修订过的上述公约文本，直到本公约文本也在那个其他联盟成员国生效为止。

二、任何不受本公约文本约束的联盟成员国（“前文本”国家）可以在呈交秘书长的报告中宣布，该国在处理与通过批准、接受、核准或加入书受本公约文本约束成为联盟成员的国家（“后文本”国家）的关系中，将实施曾被1972年补充文本修订过的1961年公约文本。自任何这种通告之日一个月起直到本公约文本在该国生效为止，“前文本”国家在与“后文本”国家的关系中实施曾被1972年补充文本修订过的1961年公约文本，而“后文本”国家在与“前文本”国家的关系中则实施本公约文本。

第三十五条

有关法规和受保护植物属、种的通讯交流；信息公布

一、各非联盟成员国的国家，交存对本公约文本批准、接受、核准或加入书时，应向秘书长提交一份关于本公约文本在该国生效后，该国将按本公约文本的规定所保护植物属和种的目录清单。

二、秘书长应根据从每个有关联盟成员国收到的通讯，公布以下信息：

（一）本公约文本在该国生效后，扩大本公约文本适用范围所增加的其他植物属和种；

（二）任何第三条三款规定的权力的使用；

（三）根据第四条四款或五款由理事会授予的权利的使用；

（四）任何关于第五条四款第一句规定的权力的使用，表明扩大的权利的性质，并详述这种权力适用的植物属和种；

（五）任何关于第五条四款第二句规定的权力的使用；

（六）关于该国法律含有第六条一款（二）项（1）目所允准的条款的事实，以及允准的期限；

（七）如果第八条提及的期限分别超过该条所规定的十五年和十八年，则应通报该国所规定的期限。

第三十六条
领　　土

一、任何国家均可在其对本公约文本的批准、接受、核准或加入书中声明，或在此后任何时候以书面方式通知秘书长，本公约文本在声明和通知中指定的整个或部分领土范围适用。

二、任何作出这种声明或通知的国家，均可随时通知秘书长，在整个或部分领土停止实施本公约文本。

三、

（一）按照一款发表的声明，与其所附的批准、接受、核准或加入书的同一日期生效。任何按照该款规定的致秘书长的通知，则在通知秘书长三个月后生效。

（二）按照二款发出的通知，在秘书长收到通知十二个月后生效。

第三十七条
两种保护形式的例外规则

一、虽然有第二条一款的规定，在本公约文本签署阶段结束以前，按第二条一款规定，对一个和同一个植物属或种提供不同保护形式的任何国家，如在签署本公约文本或交存对本公约文本批准、接受、核准或加入书时，已向秘书长报告这一情况，可以继续实行原来的做法。

二、尽管有第六条一款（一）项和（二）项及第八条的规定，如有联盟成员国按一款规定，援用专利法保护，则该国可以按专利法保护期限以及专利标准给予保护。

三、该国可以随时通知秘书长撤回其根据一款所做的通知。撤回通知的生效日期即为该国在通知中注明的日期。

第三十八条

对新颖性要求的过渡性限制

虽然有第六条的规定，但是，任何联盟成员国均可对该国第一次实施本公约文本之日即已存在的新育成品种所属的属或种的条款，在不为其他成员国增加义务的情况下，限制该条款中对品种新颖性的要求。

第三十九条

现有权利的保持

本公约将不影响联盟成员国国家法律或这些国家之间缔结的协定所规定的现有权利。

第四十条

保　　留

对本公约不允许保留。

第四十一条

公约期限及宣告退出公约

一、本公约没有期限限制。

二、任何联盟成员国经通知秘书长即可宣布退出本公约。秘书长应将该通知及时通告各联盟成员国。

三、在秘书长收到通知的次年末，该通知生效。

四、在通知生效日前，因本公约而获取的关于品种的权利不受影响。

第四十二条

语言；保存机构的职责

一、本公约文本用法语、英语和德语各签署一份原件。在不同文本有异的情况下以法语文本为标准。原件由秘书长保存。

二、秘书长将两份经证实的本公约文本副本，转送给出席通过本公约文本的外交会议的各国政府，并应请求转送任何其他国家的政府。

三、经与出席上述会议对此公约有兴趣的国家的政府磋商后，秘书长应用阿拉伯语、荷兰语、意大利语、日本语、西班牙语及理事会指定的其他语言，制定正式文本。

四、秘书长将在联合国秘书处登记本公约文本。

五、秘书长应通告各联盟成员国政府以及出席外交会议签署本公约文本非联盟成员国政府有关批准、接受、核准和加入书的交存，以及按照第三十四条二款、第三十六条一款和二款、第三十七条一款和三款或第四十一条二款的规定而收到的通知和根据第三十六条一款所作的声明。

UPOV Publication no: 295(E)

International Convention for the Protection of New Varieties of Plants

of December 2, 1961, as Revised at Geneva
on November 10, 1972, and on
October 23, 1978

International Union for the Protection of New Varieties of Plants

INTERNATIONAL CONVENTION FOR THE PROTECTION OF NEW VARIETIES OF PLANTS

of December 2, 1961, as Revised at Geneva on November 10, 1972, and on October 23, 1978

TABLE OF CONTENTS

THE CONTRACTING PARTIES,

Considering that the International Convention for the Protection of New Varieties of Plants of December 2, 1961, amended by the Additional Act of November 10, 1972, has proved a valuable instrument for international cooperation in the field of the protection of the rights of the breeders,

Reaffirming the principles contained in the Preamble to the Convention to the effect that:

(a) they are convinced of the importance attaching to the protection of new varieties of plants not only for the development of agriculture in their territory but also for safeguarding the interests of breeders,

(b) they are conscious of the special problems arising from the recognition and protection of the rights of breeders and particularly of the limitations that the requirements of the public interest may impose on the free exercise of such a right,

(c) they deem it highly desirable that these problems, to which very many States rightly attach importance, should be resolved by each of them in accordance with uniform and clearly defined principles,

Considering that the idea of protecting the rights of breeders has gained general acceptance in many States which have not yet acceded to the Convention,

Considering that certain amendments in the Convention are necessary in order to facilitate the joining of the Union by these States,

Considering that some provisions concerning the administration of the Union created by the Convention require amendment in the light of experience,

Considering that these objectives may be best achieved by a new revision of the Convention,

Have agreed as follows:

Article 1

Purpose of the Convention; Constitution of a Union; Seat of the Union

(1) The purpose of this Convention is to recognise and to ensure to the breeder of a new plant variety or to his successor in title (both hereinafter referred to as "the breeder") a right under the conditions hereinafter defined.

(2) The States parties to this Convention (hereinafter referred to as "the member States of the Union") constitute a Union for the Protection of New Varieties of Plants.

(3) The seat of the Union and its permanent organs shall be at Geneva.

Article 2

Forms of Protection

(1) Each member State of the Union may recognise the right of the breeder provided for in this Convention by the grant either of a special title of protection or of a patent. Nevertheless, a member State of the Union whose national law admits of protection under both these forms may provide only one of them for one and the same botanical genus or species.

(2) Each member State of the Union may limit the application of this Convention within a genus or species to varieties with a particular manner of reproduction or multiplication, or a certain end-use.

Article 3

National Treatment; Reciprocity

(1) Without prejudice to the rights specially provided for in this Convention, natural and legal persons resident or having their registered office in one of the member States of the Union shall, in so far as the recognition and protection of the right of the breeder are concerned, enjoy in the other member States of the Union the same treatment as is accorded or may hereafter be accorded by the respective laws of such States to their own nationals, provided that such persons comply with the conditions and formalities imposed on such nationals.

(2) Nationals of member States of the Union not resident or having their registered office in one of those States shall likewise enjoy the same rights provided that they fulfil such obligations as may be imposed on them for the purpose of enabling the varieties which they have bred to be examined and the multiplication of such varieties to be checked.

(3) Notwithstanding the provisions of paragraph (1) and paragraph (2), any member State of the Union applying this Convention to a given genus or species shall be entitled to limit the benefit of the protection to the nationals of those member States of the Union which

apply this Convention to that genus or species and to natural and legal persons resident or having their registered office in any of those States.

Article 4

Botanical Genera and Species Which Must or May be Protected

(1) This Convention may be applied to all botanical genera and species.

(2) The member States of the Union undertake to adopt all measures necessary for the progressive application of the provisions of this Convention to the largest possible number of botanical genera and species.

(3) *(a)* Each member State of the Union shall, on the entry into force of this Convention in its territory, apply the provisions of this Convention to at least five genera or species.

(b) Subsequently, each member State of the Union shall apply the said provisions to additional genera or species within the following periods from the date of the entry into force of this Convention in its territory:

(i) within three years, to at least ten genera or species in all;

(ii) within six years, to at least eighteen genera or species in all;

(iii) within eight years, to at least twenty-four genera or species in all.

(c) If a member State of the Union has limited the application of this Convention within a genus or species in accordance with the provisions of Article 2(2), that genus or species shall nevertheless, for the purposes of subparagraph *(a)* and subparagraph *(b)*, be considered as one genus or species.

(4) At the request of any State intending to ratify, accept, approve or accede to this Convention, the Council may, in order to take account of special economic or ecological conditions prevailing in that State, decide, for the purpose of that State, to reduce the minimum numbers referred to in paragraph (3), or to extend the periods referred to in that paragraph, or to do both.

(5) At the request of any member State of the Union, the Council may, in order to take account of special difficulties encountered by that State in the fulfilment of the obligations under paragraph (3)*(b),* decide, for the purposes of that State, to extend the periods referred to in paragraph (3)*(b).*

Article 5

Rights Protected; Scope of Protection

(1) The effect of the right granted to the breeder is that his prior authorisation shall be required for

- the production for purposes of commercial marketing
- the offering for sale
- the marketing

of the reproductive or vegetative propagating material, as such, of the variety.

Vegetative propagating material shall be deemed to include whole plants. The right of the breeder shall extend to ornamental plants or parts thereof normally marketed for purposes other than propagation when they are used commercially as propagating material in the production of ornamental plants or cut flowers.

(2) The authorisation given by the breeder may be made subject to such conditions as he may specify.

(3) Authorisation by the breeder shall not be required either for the utilisation of the variety as an initial source of variation for the purpose of creating other varieties or for the marketing of such varieties. Such authorisation shall be required, however, when the repeated use of the variety is necessary for the commercial production of another variety.

(4) Any member State of the Union may, either under its own law or by means of special agreements under Article 29, grant to breeders, in respect of certain botanical genera or species, a more extensive right than that set out in paragraph (1), extending in particular to the marketed product. A member State of the Union which grants such a right may limit the benefit of it to the nationals of member States of the Union which grant an identical right and to natural and legal persons resident or having their registered office in any of those States.

Article 6

Conditions Required for Protection

(1) The breeder shall benefit from the protection provided for in this Convention when the following conditions are satisfied:

(a) Whatever may be the origin, artificial or natural, of the initial variation from which it has resulted, the variety must be clearly distinguishable by one or more important characteristics from any other variety whose existence is a matter of common knowledge at the time when protection is applied for. Common knowledge may be established by reference to various factors such as: cultivation or marketing already in progress, entry in an official register of varieties already made or in the course of being made, inclusion in a reference collection, or precise description in a publication. The characteristics which permit a variety to be defined and distinguished must be capable of precise recognition and description.

(b) At the date on which the application for protection in a member State of the Union is filed, the variety

(i) must not—or, where the law of that State so provides, must not for longer than one year—have been offered for sale or marketed, with the agreement of the breeder, in the territory of that State, and

(ii) not have been offered for sale or marketed, with the agreement of the breeder, in the territory of any other State for longer than six years in the case of vines, forest trees, fruit trees and ornamental trees, including, in each case, their rootstocks, or for longer than four years in the case of all other plants.

Trials of the variety not involving offering for sale or marketing shall not affect the right to protection. The fact that the variety has become a matter of common knowledge in ways other than through offering for sale or marketing shall also not affect the right of the breeder to protection.

(c) The variety must be sufficiently homogeneous, having regard to the particular features of its sexual reproduction or vegetative propagation.

(d) The variety must be stable in its essential characteristics, that is to say, it must remain true to its description after repeated reproduction or propagation or, where the breeder has defined a particular cycle of reproduction or multiplication, at the end of each cycle.

(e) The variety shall be given a denomination as provided in Article 13.

(2) Provided that the breeder shall have complied with the formalities provided for by the national law of the member State of the Union in which the application for protection was filed, including the payment of fees, the grant of protection may not be made subject to conditions other than those set forth above.

Article 7

Official Examination of Varieties; Provisional Protection

(1) Protection shall be granted after examination of the variety in the light of the criteria defined in Article 6. Such examination shall be appropriate to each botanical genus or species.

(2) For the purposes of such examination, the competent authorities of each member State of the Union may require the breeder to furnish all the necessary information, documents, propagating material or seeds.

(3) Any member State of the Union may provide measures to protect the breeder against abusive acts of third parties committed during the period between the filing of the application for protection and the decision thereon.

Article 8

Period of Protection

The right conferred on the breeder shall be granted for a limited period. This period may not be less than fifteen years, computed from the date of issue of the title of protection. For vines, forest trees, fruit trees and ornamental trees, including, in each case, their rootstocks, the period of protection may not be less than eighteen years, computed from the said date.

Article 9

Restrictions in the Exercise of Rights Protected

(1) The free exercise of the exclusive right accorded to the breeder may not be restricted otherwise than for reasons of public interest.

(2) When any such restriction is made in order to ensure the widespread distribution of the variety, the member State of the Union concerned shall take all measures necessary to ensure that the breeder receives equitable remuneration.

Article 10

Nullity and Forfeiture of the Rights Protected

(1) The right of the breeder shall be declared null and void, in accordance with the provisions of the national law of each member State of the Union, if it is established that the conditions laid down in Article 6(1)*(a)* and Article 6(1)*(b)* were not effectively complied with at the time when the title of protection was issued.

(2) The right of the breeder shall become forfeit when he is no longer in a position to provide the competent authority with reproductive or propagating material capable of producing the variety with its characteristics as defined when the protection was granted.

(3) The right of the breeder may become forfeit if:

(a) after being requested to do so and within a prescribed period, he does not provide the competent authority with the reproductive or propagating material, the documents and the information deemed necessary for checking the variety, or he does not allow inspection of the measures which have been taken for the maintenance of the variety; or

(b) he has failed to pay within the prescribed period such fees as may be payable to keep his rights in force.

(4) The right of the breeder may not be annulled or become forfeit except on the grounds set out in this Article.

Article 11

Free Choice of the Member State in Which the First Application is Filed; Application in Other Member States; Independence of Protection in Different Member States

(1) The breeder may choose the member State of the Union in which he wishes to file his first application for protection.

(2) The breeder may apply to other member States of the Union for protection of his right without waiting for the issue to him of a title of protection by the member State of the Union in which he filed his first application.

(3) The protection applied for in different member States of the Union by natural or legal persons entitled to benefit under this Convention shall be independent of the protection obtained for the same variety in other States whether or not such States are members of the Union.

Article 12

Right of Priority

(1) Any breeder who has duly filed an application for protection in one of the member States of the Union shall, for the purpose of filing in the other member States of the Union, enjoy a right of priority for a period of twelve months. This period shall be computed from the date of filing of the first application. The day of filing shall not be included in such period.

(2) To benefit from the provisions of paragraph (1), the further filing must include an application for protection, a claim in respect of the priority of the first application and, within a period of three months, a copy of the documents which constitute that application, certified to be a true copy by the authority which received it.

(3) The breeder shall be allowed a period of four years after the expiration of the period of priority in which to furnish, to the member State of the Union with which he has filed an application for protection in accordance with the terms of paragraph (2), the additional documents and material required by the laws and regulations of that State. Nevertheless, that State may require the additional documents and material to be furnished within an adequate period in the case where the application whose priority is claimed is rejected or withdrawn.

(4) Such matters as the filing of another application of the publication or use of the subject of the application, occurring within the period provided for in paragraph (1), shall not constitute grounds for objection to an application filed in accordance with the foregoing conditions. Such matters may not give rise to any right in favour of a third party or to any right of personal possession.

Article 13

Variety Denomination

(1) The variety shall be designated by a denomination destined to be its generic designation. Each member State of the Union shall ensure that subject to paragraph (4) no rights in the designation registered as the denomination of the variety shall hamper the free use of the denomination in connection with the variety, even after the expiration of the protection.

(2) The denomination must enable the variety to be identified. It may not consist solely of figures except where this is an established practice for designating varieties. It must not be liable to mislead or to cause confusion concerning the characteristics, value or identity of the variety or the identity of the breeder. In particular, it must be different from every denomination which designates, in any member State of the Union, an existing variety of the same botanical species or of a closely related species.

(3) The denomination of the variety shall be submitted by the breeder to the authority referred to in Article 30(1)*(b)*. If it is found that such denomination does not satisfy the requirements of paragraph (2), that authority shall refuse to register it and shall require the breeder to propose another denomination within a prescribed period. The denomination shall be registered at the same time as the title of protection is issued in accordance with the provisions of Article 7.

(4) Prior rights of third parties shall not be affected. If, by reason of a prior right, the use of the denomination of a variety is forbidden to a person who, in accordance with the provisions of paragraph (7), is obliged to use it, the authority referred to in Article 30(1)*(b)* shall require the breeder to submit another denomination for the variety.

(5) A variety must be submitted in member States of the Union under the same denomination. The authority referred to in Article 30(1)*(b)* shall register the denomination so submitted, unless it considers that denomination unsuitable in its State. In the latter case, it may require the breeder to submit another denomination.

(6) The authority referred to in Article 30(1)*(b)* shall ensure that all the other such authorities are informed of matters concerning variety denominations, in particular the submission, registration and cancellation of denominations. Any authority referred to in Article 30(1)*(b)* may address its observations, if any, on the registration of a denomination to the authority which communicated that denomination.

(7) Any person who, in a member State of the Union, offers for sale or markets reproductive or vegetative propagating material of a variety protected in that State shall be obliged to use the denomination of that variety, even after the expiration of the protection of that variety, in so far as, in accordance with the provisions of paragraph (4), prior rights do not prevent such use.

(8) When the variety is offered for sale or marketed, it shall be permitted to associate a trade mark, trade name or other similar identification with a registered variety denomination.

If such an indication is so associated, the denomination must nevertheless be easily recognizable.

Article 14

Protection Independent of Measures Regulating Production, Certification and Marketing

(1) The right accorded to the breeder in pursuance of the provisions of this Convention shall be independent of the measures taken by each member State of the Union to regulate the production, certification and marketing of seeds and propagating material.

(2) However, such measures shall, as far as possible, avoid hindering the application of the provisions of this Convention.

Article 15

Organs of the Union

The permanent organs of the Union shall be:

(a) the Council;

(b) the Secretariat General, entitled the Office of the International Union for the Protection of New Varieties of Plants.

Article 16

Composition of the Council; Votes

(1) The Council shall consist of the representatives of the member States of the Union. Each member State of the Union shall appoint one representative to the Council and one alternate.

(2) Representatives or alternates may be accompanied by assistants or advisers.

(3) Each member State of the Union shall have one vote in the Council.

Article 17

Observers in Meetings of the Council

(1) States not members of the Union which have signed this Act shall be invited as observers to meetings of the Council.

(2) Other observers or experts may also be invited to such meetings.

Article 18

President and Vice-Presidents of the Council

(1) The Council shall elect a President and a first Vice-President from among its members. It may elect other Vice-Presidents. The first Vice-President shall take the place of the President if the latter is unable to officiate.

(2) The President shall hold office for three years.

Article 19

Sessions of the Council

(1) The Council shall meet upon convocation by its President. (2) An ordinary session of the Council shall be held annually. In addition, the President may convene the Council at his discretion; he shall convene it, within a period of three months, if one-third of the member States of the Union so request.

Article 20

Rules of Procedure of the Council; Administrative and Financial Regulations of the Union

The Council shall establish its rules of procedure and the administrative and financial regulations of the Union.

Article 21

Tasks of the Council

The tasks of the Council shall be to:

(a) study appropriate measures to safeguard the interests and to encourage the development of the Union;

(b) appoint the Secretary-General and, if it finds it necessary, a Vice Secretary-General and determine the terms of appointment of each;

(c) examine the annual report on the activities of the Union and lay down the programme for its future work;

(d) give to the Secretary-General, whose functions are set out in Article 23, all necessary directions for the accomplishment of the tasks of the Union;

(e) examine and approve the budget of the Union and fix the contribution of each member State of the Union in accordance with the provisions of Article 26;

(f) examine and approve the accounts presented by the Secretary-General;

(g) fix, in accordance with the provisions of Article 27, the date and place of the conferences referred to in that Article and take the measures necessary for their preparation; and

(h) in general, take all necessary decisions to ensure the efficient functioning of the Union.

Article 22

Majorities Required for Decisions of the Council

Any decision of the Council shall require a simple majority of the votes of the members present and voting, provided that any decision of the Council under Article 4(4), Article 20, Article 21*(e)*, Article 26(5)*(b)*, Article 27(1), Article 28(3) or Article 32(3) shall require three-fourths of the votes of the members present and voting. Abstentions shall not be considered as votes.

Article 23

Tasks of the Office of the Union; Responsibilities of the Secretary-General; Appointment of Staff

(1) The Office of the Union shall carry out all the duties and tasks entrusted to it by the Council. It shall be under the direction of the Secretary-General.

(2) The Secretary-General shall be responsible to the Council; he shall be responsible for carrying out the decisions of the Council. He shall submit the budget for the approval of the Council and shall be responsible for its implementation. He shall make an annual report to the Council on his administration and a report on the activities and financial position of the Union.

(3) Subject to the provisions of Article 21*(b)*, the conditions of appointment and employment of the staff necessary for the efficient performance of the tasks of the Office of the Union shall be fixed in the administrative and financial regulations referred to in Article 20.

Article 24

Legal Status

(1) The Union shall have legal personality.

(2) The Union shall enjoy on the territory of each member State of the Union, in conformity with the laws of that State, such legal capacity as may be necessary for the fulfilment of the objectives of the Union and for the exercise of its functions.

(3) The Union shall conclude a headquarters agreement with the Swiss Confederation.

Article 25

Auditing of the Accounts

The auditing of the accounts of the Union shall be effected by a member State of the Union as provided in the administrative and financial regulations referred to in Article 20. Such State shall be designated, with its agreement, by the Council.

Article 26

Finances

(1) The expenses of the Union shall be met from:

- the annual contributions of the member States of the Union;
- payments received for services rendered;
- miscellaneous receipts.

(2) *(a)* The share of each member State of the Union in the total amount of the annual contributions shall be determined by reference to the total expenditure to be met from the contributions of the member States of the Union and to the number of contribution units applicable to it under paragraph (3). The said share shall be computed according to paragraph (4).

(b) The number of contribution units shall be expressed in whole numbers or fractions thereof, provided that such number shall not be less than one-fifth.

(3) *(a)* As far as any State is concerned which is a member State of the Union on the date on which this Act enters into force with respect to that State, the number of contribution units applicable to it shall be the same as was applicable to it, immediately before the said date, according to the Convention of 1961 as amended by the Additional Act of 1972.

(b) As far as any other State is concerned, that State shall, on joining the Union, indicate, in a declaration addressed to the Secretary-General, the number of contribution units applicable to it.

(c) Any member State of the Union may, at any time, indicate, in a declaration addressed to the Secretary-General, a number of contribution units different from the number applicable to it under subparagraph *(a)* or subparagraph *(b)*. Such declaration, if made during the first six months of a calendar year, shall take effect from the beginning of the subsequent

calendar year; otherwise it shall take effect from the beginning of the second calendar year which follows the year in which the declaration was made.

(4) *(a)* For each budgetary period, the amount corresponding to one contribution unit shall be obtained by dividing the total amount of the expenditure to be met in that period from the contributions of the member States of the Union by the total number of units applicable to those States.

(b) The amount of the contribution of each member State of the Union shall be obtained by multiplying the amount corresponding to one contribution unit by the number of contribution units applicable to that State.

(5) *(a)* A member State of the Union which is in arrears in the payment of its contributions may not, subject to paragraph *(b)*, exercise its right to vote in the Council if the amount of its arrears equals or exceeds the amount of the contributions due from it for the preceding two full years. The suspension of the right to vote does not relieve such State of its obligations under this Convention and does not deprive it of any other rights thereunder.

(b) The Council may allow the said State to continue to exercise its right to vote if, and as long as, the Council is satisfied that the delay in payment is due to exceptional and unavoidable circumstances.

Article 27

Revision of the Convention

(1) This Convention may be revised by a conference of the member States of the Union. The convocation of such conference shall be decided by the Council.

(2) The proceedings of a conference shall be effective only if at least half of the member States of the Union are represented at it. A majority of five-sixths of the member States of the Union represented at the conference shall be required for the adoption of a revised text of the Convention.

Article 28

Languages Used by the Office and in Meetings of the Council

(1) The English, French and German languages shall be used by the Office of the Union in carrying out its duties.

(2) Meetings of the Council and of revision conferences shall be held in the three languages.

(3) If the need arises, the Council may decide that further languages shall be used.

Article 29

Special Agreements for the Protection of New Varieties of Plants

Member States of the Union reserve the right to conclude among themselves special agreements for the protection of new varieties of plants, in so far as such agreements do not contravene the provisions of this Convention.

Article 30

Implementation of the Convention on the Domestic Level; Contracts on the Joint Utilisation of Examination Services

(1) Each member State of the Union shall adopt all measures necessary for the application of this Convention; in particular, it shall:

(a) provide for appropriate legal remedies for the effective defence of the rights provided for in this Convention;

(b) set up a special authority for the protection of new varieties of plants or entrust such protection to an existing authority;

(c) ensure that the public is informed of matters concerning such protection, including as a minimum the periodical publication of the list of titles of protection issued.

(2) Contracts may be concluded between the competent authorities of the member States of the Union, with a view to the joint utilisation of the services of the authorities entrusted with the examination of varieties in accordance with the provisions of Article 7 and with assembling the necessary reference collections and documents.

(3) It shall be understood that, on depositing its instrument of ratification, acceptance, approval or accession, each State must be in a position, under its own domestic law, to give effect to the provisions of this Convention.

Article 31

Signature

This Act shall be open for signature by any member State of the Union and any other State which was represented in the Diplomatic Conference adopting this Act. It shall remain open for signature until October 31, 1979.

Article 32

Ratification, Acceptance or Approval; Accession

(1) Any State shall express its consent to be bound by this Act by the deposit of:

(a) its instrument of ratification, acceptance or approval, if it has signed this Act; or

(b) its instrument of accession, if it has not signed this Act.

(2) Instruments of ratification, acceptance, approval or accession shall be deposited with the Secretary-General.

(3) Any State which is not a member of the Union and which has not signed this Act shall, before depositing its instrument of accession, ask the Council to advise it in respect of the conformity of its laws with the provisions of this Act. If the decision embodying the advice is positive, the instrument of accession may be deposited.

Article 33

Entry into Force; Closing of Earlier Texts

(1) This Act shall enter into force one month after the following two conditions are fulfilled:

(a) the number of instruments of ratification, acceptance, approval or accession deposited is not less than five; and

(b) at least three of the said instruments are instruments deposited by States parties to the Convention of 1961.

(2) With respect to any State which deposits its instrument of ratification, acceptance, approval or accession after the conditions referred to in paragraph (1)*(a)* and paragraph (1)*(b)* have been fulfilled, this Act shall enter into force one month after the deposit of the instrument of the said State.

(3) Once this Act enters into force according to paragraph (1), no State may accede to the Convention of 1961 as amended by the Additional Act of 1972.

Article 34

Relations Between States Bound by Different Texts

(1) Any member State of the Union which, on the day on which this Act enters into force with respect to that State, is bound by the Convention of 1961 as amended by the

Additional Act of 1972 shall, in its relations with any other member State of the Union which is not bound by this Act, continue to apply, until the present Act enters into force also with respect to that other State, the said Convention as amended by the said Additional Act.

(2) Any member State of the Union not bound by this Act ("the former State") may declare, in a notification addressed to the Secretary-General, that it will apply the Convention of 1961 as amended by the Additional Act of 1972 in its relations with any State bound by this Act which becomes a member of the Union through ratification, acceptance or approval of or accession to this Act ("the latter State"). As from the beginning of one month after the date of any such notification and until the entry into force of this Act with respect to the former State, the former State shall apply the Convention of 1961 as amended by the Additional Act of 1972 in its relations with any such latter State, whereas any such latter State shall apply this Act in its relations with the former State.

Article 35

Communications Concerning the Genera and Species Protected; Information to be Published

(1) When depositing its instrument of ratification, acceptance or approval of or accession to this Act, each State which is not a member of the Union shall notify the Secretary-General of the list of genera and species to which, on the entry into force of this Act with respect to that State, it will apply the provisions of this Convention.

(2) The Secretary-General shall, on the basis of communications received from each member State of the Union concerned, publish information on:

(a) the extension of the application of the provisions of this Convention to additional genera and species after the entry into force of this Act with respect to that State;

(b) any use of the faculty provided for in Article 3(3);

(c) the use of any faculty granted by the Council pursuant to Article 4(4) or Article 4(5);

(d) any use of the faculty provided for in Article 5(4), first sentence, with an indication of the nature of the more extensive rights and with a specification of the genera and species to which such rights apply;

(e) any use of the faculty provided for in Article 5(4), second sentence;

(f) the fact that the law of the said State contains a provision as permitted under Article 6(1)*(b)*(i), and the length of the period permitted;

(g) the length of the period referred to in Article 8 if such period is longer than the fifteen years and the eighteen years, respectively, referred to in that Article.

Article 36

Territories

(1) Any State may declare in its instrument of ratification, acceptance, approval or accession, or may inform the Secretary-General by written notification any time thereafter, that this Act shall be applicable to all or part of the territories designated in the declaration or notification.

(2) Any State which has made such a declaration or given such a notification may, at any time, notify the Secretary-General that this Act shall cease to be applicable to all or part of such territories.

(3) *(a)* Any declaration made under paragraph (1) shall take effect on the same date as the ratification, acceptance, approval or accession in the instrument of which it was included, and any notification given under that paragraph shall take effect three months after its notification by the Secretary-General.

(b) Any notification given under paragraph (2) shall take effect twelve months after its receipt by the Secretary-General.

Article 37

Exceptional Rules for Protection Under Two Forms

(1) Notwithstanding the provisions of Article 2(1), any State which, prior to the end of the period during which this Act is open for signature, provides for protection under the different forms referred to in Article 2(1) for one and the same genus or species, may continue to do so if, at the time of signing this Act or of depositing its instrument of ratification, acceptance or approval of or accession to this Act, it notifies the Secretary-General of that fact.

(2) Where, in a member State of the Union to which paragraph (1) applies, protection is sought under patent legislation, the said State may apply the patentability criteria and the period of protection of the patent legislation to the varieties protected thereunder, notwithstanding the provisions of Article 6(1)*(a),* Article 6(1)*(b)* and Article 8.

(3) The said State may, at any time, notify the Secretary-General of the withdrawal of the notification it has given under paragraph (1). Such withdrawal shall take effect on the date which the State shall indicate in its notification of withdrawal.

Article 38

Transitional Limitation of the Requirement of Novelty

Notwithstanding the provisions of Article 6, any member State of the Union may, without thereby creating an obligation for other member States of the Union, limit the requirement of novelty laid down in that Article, with regard to varieties of recent creation existing at the date on which such State applies the provisions of this Convention for the first time to the genus or species to which such varieties belong.

Article 39

Preservation of Existing Rights

This Convention shall not affect existing rights under the national laws of member States of the Union or under agreements concluded between such States.

Article 40

Reservations

No reservations to this Convention are permitted.

Article 41

Duration and Denunciation of the Convention

(1) This Convention is of unlimited duration.

(2) Any member State of the Union may denounce this Convention by notification addressed to the Secretary-General. The Secretary-General shall promptly notify all member States of the Union of the receipt of that notification.

(3) The denunciation shall take effect at the end of the calendar year following the year in which the notification was received by the Secretary-General.

(4) The denunciation shall not affect any rights acquired in a variety by reason of this Convention prior to the date on which the denunciation becomes effective.

Article 42

Languages; Depositary Functions

(1) This Act shall be signed in a single original in the French, English and German languages, the French text prevailing in case of any discrepancy among the various texts. The original shall be deposited with the Secretary-General.

(2) The Secretary-General shall transmit two certified copies of this Act to the Governments of all States which were represented in the Diplomatic Conference that adopted it and, on request, to the Government of any other State.

(3) The Secretary-General shall, after consultation with the Governments of the interested States which were represented in the said Conference, establish official texts in the Arabic, Dutch, Italian, Japanese and Spanish languages and such other languages as the Council may designate.

(4) The Secretary-General shall register this Act with the Secretariat of the United Nations.

(5) The Secretary-General shall notify the Governments of the member States of the Union and of the States which, without being members of the Union, were represented in the Diplomatic Conference that adopted it of the signatures of this Act, the deposit of instruments of ratification, acceptance, approval and accession, any notification received under Article 34(2), Article 36(1) and (2), Article 37(1) and Article 37(3) or Article 41(2) and any declaration made under Article 36(1).

—·—

国际植物新品种保护公约
（1991年文本）

1961年12月2日制定，

1972年11月10日、1978年10月23日及

1991年3月19日在日内瓦修订

第一章
定　义

第一条
定　义

本文本的目的：

（1）“本公约”系指国际植物新品种保护公约目前的文本（1991）；

（2）“1961/1972年文本”系指1961年12月2日制定的，1972年11月10日补充修订的国际植物新品种保护公约的文本；

（3）“1978年文本”系指1978年10月23日制定的国

际植物新品种保护公约的文本；

（4）“育种者”系指

—培育或发现并开发了一个品种的人；

—上述人员的雇主或按照有关缔约方的法律规定代理雇主工作的人；或

—视情况而定，上述第一个人或第二个人的继承人；

（5）“育种者的权利”系指根据本公约向育种者提供的权利；

（6）“品种”系指已知植物最低分类单元中单一的植物群，不论授予育种者的权利的条件是否充分满足，该植物群可以是

—以某一特定基因型或基因型组合表达的特征来确定，

—至少表现出上述的一种特性，以区别于任何其他植物群，并且

—作为一个分类单元其适用性经过繁殖不发生变化；

（7）“缔约方”系指参加本公约的一个国家或一个政府间组织；

（8）“领土”对于缔约方来讲，当缔约方是一个国家时，则指那个国家的领土；当缔约方是一个政府间组织时，则为该政府间组织制定的协议所适用的领土；

（9）“主管机关”系指第三十条一款（2）所述的主管机关；

（10）“联盟”系指根据1961年文本成立并在1972年文本、1978年文本和本公约中进一步提及的国际植物新品种保护联盟；

（11）“联盟成员”系指1961/1972年文本或1978年文本的缔约国家或缔约方。

第二章
缔约方总的义务

第二条
缔约方的基本义务

每个缔约方应授予和保护育种者的权利。

第三条
受保护的属和种

一、［已是联盟成员的国家］受1961/1972年文本或1978年文本约束的各缔约方应实施本公约规定条款。

（1）从受本公约约束之日起，适用于1961/1972年文本或1978年文本规定的所有植物属和种，也都于上述之日起适用于本公约；

（2）最迟自上述之日起，至五年期满时，适用于所有植物属和种。

二、［联盟的新成员］不受1961/1972年文本或1978

年文本约束的各缔约方应实施本公约规定条款。

（1）自受本公约约束之日起，至少适用于十五个植物属和种；

（2）最迟自上述之日起，至十年期满时，适用于所有植物属和种。

第四条

国民待遇

一、［待遇］在不损害本公约规定的权利的前提下，缔约方的国民以及自然人居民和在缔约方的领土内有其注册办事处的法人，就育种者权利的授予和保护而言，在缔约方各自的领土内，相互享有另一缔约方根据其法律所给予或将给予其自己的国民同等的待遇，只要上述国民、自然人或法人遵守上述另一缔约方对国民的规定条件和手续。

二、［国民］在前款中，“国民”的概念是：如果缔约方是一个国家，那么就指那个国家的国民，如果缔约方是一个政府间组织，则指那个组织各成员国的国民。

第三章

授予育种者权利的条件

第五条

保护的条件

一、［需符合的标准］当品种符合下列条件时将授予育种者权利：

（1）新颖性；

（2）特异性；

（3）一致性；

（4）稳定性。

二、［其他条件］凡育种者育出的品种是按照第二十条规定的名称命名的，申请者履行缔约方法律规定的手续，向主管机关提出申请，交纳必要的手续费，则对育种者权利的授予就不应附带任何其他的条件。

第六条

新颖性

一、［标准］一个品种应被认为具有新颖性，如果在育种者权利申请书提交之日，该品种的繁殖或收获材料尚未因利用该品种之目的被育种者本人或经其同意出售或转让他人

（1）在提交申请书的缔约方领土上距该提交日未超过一年；

（2）在提交申请书的缔约方以外的领土上，距该提交日未超过四年，或在树木或藤本的情况下未超过六年。

二、［新培育的品种］凡缔约方在对以前未实施本公约或先前文本的某一植物属或种实施本公约时，对在申请之日已有的某一品种可以看作符合一款规定的新培育的品

种，即使其销售或转让他人早于该款规定的期限。

三、[某些情况下的“领土”] 为实施一款，在所有缔约方均为同一政府间组织的成员国的情况下，当该组织的章程有要求时，可以在该组织的成员国家领土上采取行动统一行动，在其各自领土上开展相同的活动，但在这样做时，应报告秘书长。

第七条

特异性

如果一个品种在申请书登记之时显然有别于已知的任何其他品种，则这个品种应被认为是特异的。特别是，在任何国家里，如果一个其他品种的育种者权利申请或在法定的品种登记处登记的申请，获得了育种者的权利或者在法定的品种登记处登记，则应认为从申请之日起，该其他品种便是已知的品种。

第八条

一致性

一个品种从其繁殖的特点预期可能出现变异的情况下，如果其有关特性表现足够的整齐一致，则该品种应被认为具有一致性。

第九条

稳定性

如果一个品种经过反复繁殖其有关特性保持不变，或者在特定繁殖周期的每个周期末尾其有关特性保持不变，则该品种就应认为是稳定的。

第四章
申请育种者权利

第十条
提交申请

一、［首次申请地］申请育种者权利的育种者可按自己的意愿选择提交首次申请的缔约方。

二、［续后申请时间］在受理首次申请的缔约方主管机关尚未批准授予育种者权利之前，育种者有权向其他缔约方的主管机关提交育种者权利的申请。

三、［保护的互不依赖性］任何缔约方均不得以对同一品种未向其他国家或政府间组织提交保护申请，或这种申请已被拒绝或其保护期已满为由，拒绝授予育种者权利或限制其保护期限。

第十一条
优先权

一、［优先权及其期限］凡已正式向缔约方之一提交保护某一品种的申请（“首次申请”）的育种者，出于为获得同一品种育种者权利而向其他缔约方主管机关提交申请

（“续后申请”）时，均享有为期十二个月的优先权，这个期限从提交首次申请之日算起，申请的当日不计在内。

二、［优先权要求书］育种者为从优先权中获益，在提交续后申请时有权要求享有首次申请的优先权。受理续后申请的主管机关可以要育种者在一定时间内（从提交续后申请之日起不少于三个月）提供有关文件，包括经受理首次申请的主管机关证实为真实文本的首次申请的副本和样品或其他证据，证明两次申请的主题内容是同一个品种。

三、［文件和材料］允许育种者在优先权期满后两年之内，或在首次申请被拒绝或撤出后的适当时间内，向续后申请受理主管机关提供根据该缔约国法律需要的信息、文件或材料，以满足第十二条所指的审查要求。

四、［该期限内发生的事件］一款中所规定的期限内发生的事件，例如另提申请或首次申请所涉及品种的公开或利用，不能成为拒绝受理续后申请的理由。这类事件也不应产生第三方之权利。

第十二条

申请的审查

决定授予育种者权利之前，应就其是否按照第五至第九条的规定进行审查。审查中，受理主管机关可种植该品种或进行其他必要测试，促使该品种进行种植或其他必要的测试，或考虑种植测试结果或其他已进行试种的结果。

为进行审查，受理主管机关可以要求育种者提供一切必要的信息、文件或材料。

第十三条
临时性保护

各缔约方应采取措施，以便在从提交或公布育种者权利申请至授予育种者权利之间的期间内，保护育种者的权利。这类措施应有如下效力，即一旦授权，凡在上述期间有十四条规定需获育种者同意的行为者，育种者权利持有人至少应有权从该处获得公平的报酬。缔约方可规定这类措施只适用于育种者已告知其申请的有关人员。

第五章
育种者权利

第十四条
育种者权利适用范围

一、[与繁殖材料有关的活动]

（一）除第十五条和第十六条另有规定，涉及受保护品种繁殖材料的下列活动需要育种者授权：

（1）生产或繁殖；

（2）为繁殖而进行的种子处理；

（3）提供销售；

（4）售出或其他市场销售；

（5）出口；

（6）进口；

（7）用于上述目的（1）至（6）的原种制作。

（二）育种者可根据条件或限制情况决定授权。

二、［有关收获材料的活动］除第十五和十六条另有规定，从事一款（一）项中（1）至（7）各项活动，涉及由未经授权使用受保护品种的繁殖材料而获得的收获材料，包括整株和植株部分时，应得到育种者授权，但育种者对繁殖材料已有合理机会行使其权力的情况例外。

三、［与某些产品有关的活动］除第十五条和第十六条另有规定，各缔约方可作出规定，从事一款（一）项中（1）至（7）各项活动，在涉及用二款中所指的由未经授权使用的受保护品种的收获材料直接制作的产品时，应得到育种者授权，但育种者对该收获材料已有合理机会行使其权利的情况例外。

四、［可追加的活动］除第十五和十六条另有规定，各缔约方可作出规定，除一款（一）项中（1）至（7）各项外，从事其他活动也应得到育种者授权。

五、［依赖性派生品种和某些其他品种］

（一）上述一至四款的规定也适用于下列各项：

（1）受保护品种的依赖性派生品种，而受保护品种本身不是依赖性派生品种；

（2）与受保护品种没有第七条所规定的有明显区别的品种；

（3）需要反复利用受保护品种进行生产的品种。

（二）出现下列情况时，一品种被看作（一）项（1）中所述从另一品种（“原始品种”）依赖性派生的品种

（1）从原始品种依赖性派生或从本身就是该原始品种的依赖性派生品种产生的依赖性派生的品种，同时又保留表达由原始品种基因型或基因型组合产生的基本特性；

（2）与原始品种有明显区别；并且

（3）除派生引起的性状有所差异外，在表达由原始品种基因型或基因型组合产生的基本特性方面与原始品种相同。

（三）依赖性派生品种可通过选择天然或诱变株、或体细胞无性变异株，从原始品种中选择变异、回交或经遗传工程转化等获得。

第十五条

育种者权利的例外

一、［强制性例外］育种者权利不适用于下列各项：

（1）私人的非商业性活动；

（2）试验性活动；

（3）为培育其他品种的活动和该其他品种按第十四条

一至四款规定的有关活动，依照第十四条五款实施的除外。

二、［非强制性例外］尽管有第十四条条款规定，各缔约方在合理的范围内，并在保护育种者合法权益的条件下，仍可对任何品种的育种者权利予以限制，以便农民在自己土地上为繁殖之目的，而使用在其土地上种植的保护品种所收获的产品或第十四条五款（一）项（1）或（2）所指品种收获的产品。

第十六条

育种者权利用尽

一、［权利用尽］受保护品种的材料或第十四条五款所指品种的材料，已由育种者本人或经其同意在有关缔约方领土内出售或在市场销售，或任何从所述材料派生的材料，育种者权利均不适用，除非这类活动：

（1）涉及该品种的进一步繁殖，或

（2）涉及能使该品种繁殖的材料出口到一个不保护该品种所属植物属或种的国家，但出口材料用于最终消费的情况不在此例。

二、［“材料”的含义］一款所指“材料”的含义为与某一品种有关的

（1）任何种类的繁殖材料；

（2）收获材料，包括整株和植株的部分；

（3）任何直接由收获材料制成的产品。

三、[某些情况下所指的“领土”]为一款之目的，属一个和同一政府间组织成员国的所有缔约方，可按其组织章程采取统一行动，使该组织成员国领土范围内的行动与各国领土上的行动协调一致，如果这样做，应就此通报秘书长。

第十七条
行使育种者权利的限制条件

一、[公共利益]除本公约明文规定外，任何缔约方不得以除公共利益外的其他理由限制自由行使育种者权利。

二、[公平报酬]如果这类限制具有授权第三方从事需经育种者认可的活动的效力，有关缔约方应采取一切必需措施，以确保育种者得到公平报酬。

第十八条
管理商业性活动的措施

育种者权利应独立于任何缔约方在其领土内对品种繁殖材料的生产、许可证和销售或该材料的进出口活动进行管理采取的措施，在任何情况下，这类措施均不应妨碍本公约条款的实施。

第十九条
育种者权利期限

一、[保护期限]育种者权利的授予应有固定期限。

二、[最短期限] 该期限应自授予育种者权利之日起不少于二十年，对于树木和藤本植物，该期限应自所述之日起不少于二十五年。

第六章
品种名称

第二十条
品种名称

一、[品种名称的命名；名称的使用]

（一）品种应以通用的名称命名。

（二）除四款另有规定外，各缔约方应确保命名的品种名称的注册不妨碍自由使用与该品种有关的名称，即使是在该育种者权利期满之后。

二、[名称特点] 名称应具有区别品种的能力。名称不能仅用数字表示，已成为品种命名惯例的情况除外，名称不应导致误解，或在品种特性、价值或类别或育种者身份方面造成混淆。尤其是名称必须异于各缔约方领土内相同种或近似种已有品种的任何名称。

三、[名称注册] 品种名称应由育种者提交主管机关。主管机关如发现提交的名称不符合二款规定，应拒绝注册并要求育种者在规定的时限内另提一个名称。品种名称应由主管机关在授予育种者权利的同时予以注册。

四、［第三方占先权］不得影响第三方占先权。若因占先权之故禁止某人使用某品种名称而根据七款规定必须使用该名称时，主管机关应要求育种者为该品种提出另一名称。

五、［在所有缔约方名称相同的要求］向所有缔约方提交的同一品种的名称必须相同。除在其领土不适用者外，各缔约方应按提交的名称注册。认为不适用其领土时，有关缔约方应要求育种者为该品种提交另一名称。

六、［缔约方主管机关之间的信息交流］缔约一方主管机关应保证向所有其他缔约方主管机关通报有关品种的名称，尤其是名称的提交、注册和取消等有关事宜。收到通报的任何一方，可把对注册名称的意见告知通报名称的一方。

七、［使用品种名称的义务］凡在一个缔约方境内提供出售或市场销售在该境内受保护品种的繁殖材料者，均有义务使用该品种名称，即使是在该品种育种者权利期满之后也应如此。除非根据四款规定，因占先权不能使用者例外。

八、［品种名称有关的标识］品种提供出售或市场销售时，允许注册品种名称带有商标、商品名或其他类似标识。然而，如果带有此类标识，品种名称必须易于识别。

第七章

育种者权利的无效和终止

第二十一条

育种者权利的无效

一、［无效的原因］遇有下列情况，缔约方应宣布其授予的育种者权利无效：

（1）在授予育种权利时未遵守第六条或第七条规定条件；

（2）主要根据育种者本人提供的信息和有关文件授予育种者权利，在授予育种者权利时未遵守第八条或第九条规定条件，或

（3）把育种者权利授予不具备资格者，但转让给有资格者除外。

二、［排除其他原因］除一款所述理由外，不得宣布育种者权利无效。

第二十二条

育种者权利的终止

一、［终止的理由］

（一）第八条或第九条规定的条件不再遵守时，各缔约方可终止其授予的育种者权利。

（二）此外，缔约方可根据请求在规定期限内，宣布终止其授予的育种者权利：

（1）育种者不向主管机关提供用以确证保持该品种所必要的资料、文件或材料；

（2）育种者未能交付使其育种者权利维持有效的必要费用；或

（3）在授予育种者权利之后，品种名称被取消，而育种者未能提交合适的新名称。

二、［排除其他理由］除一款所述理由外，不得终止育种者权利。

第八章

联　盟

第二十三条

成　员

所有缔约方均为本联盟成员。

第二十四条

法律地位和办公地点

一、［法人资格］本联盟具有法人资格。

二、［法律资格］在遵守适用于各缔约方境内法律的前提下，本联盟在所述境内享有为实现本联盟目标和履行其职责所必需的法律资格。

三、[地点] 本联盟及其常设机构设在日内瓦。

四、[总部协定] 本联盟与瑞士联邦签有总部协定。

第二十五条

机　　构

本联盟的常设机构为理事会和联盟办公室。

第二十六条

理事会

一、[组成] 理事会由联盟成员的代表组成。每个联盟成员指派一名代表参加理事会和一名候补代表，代表或候补代表可配有助手或顾问。

二、[官员] 理事会从成员中选一名理事长和一名第一副理事长，还可选若干名副理事长。理事长若不能主持工作时，由第一副理事长代理，理事长任期三年。

三、[理事会会议] 理事会会议由理事长召集，例行会议每年一次。此外，理事长可自行决定召集会议；如有三分之一会员提出要求，理事长应在三个月内召开理事会议。

四、[观察员] 非本联盟成员国可应邀以观察员身份参加理事会议，其他观察员和有关专家也可应邀参加这类会议。

五、[任务] 理事会任务如下：

（1）研究适当措施，保障本联盟利益和促进本联盟发展；

（2）制定议事规则；

（3）任命秘书长，必要时还可任命一名副秘书长，决定二者的任期；

（4）审核本联盟工作年度报告，制定今后工作计划；

（5）向秘书长下达一切完成本联盟任务的必要指令；

（6）制定本联盟行政和财务规则；

（7）审查和批准本联盟预算，确定各联盟成员国应交纳的会费数额；

（8）审批秘书长呈交的帐目；

（9）确定召开第三十八条所规定的大会会期和会址，采取各种必要措施做好筹备工作；

（10）以各种方式，作出一切必要决议，确保本联盟发挥其有效作用。

六、［表决权］

（一）本联盟的每一成员为一个国家者，在理事会中应有一票表决权。

（二）如果缔约方是一个政府间组织，在讨论其权限以内的事项时，该缔约方可作为其成员的本联盟成员国代表行使表决权，当这类组织的成员国自行行使其表决权时，这类组织不应行使其成员国的表决权，反之亦然。

七、［多数］理事会决议一般只需投票的简单多数票通过即为有效，如涉及五款（2）、（6）和（7）以及第二十八条三款、第二十九条五款（二）项和第三十八条一款，理事会决议需经投票的四分之三票数通过方为有效。弃权票不计入票数。

第二十七条
联盟办公室

一、［办公室的任务和指导］联盟办公室应执行理事会委托的全部职责和任务，并在秘书长的指导下进行工作。

二、［秘书长的责任］秘书长应向理事会负责；他应负有执行理事会决定的责任。他把联盟预算提交理事会审批，并负责执行。他向理事会汇报行政管理、联盟的活动及财务状况。

三、［职员］根据第二十六条五款（3）规定，为了有效地完成联盟办公室任务所需任命和雇用职员的条件应在行政管理和财务规则中规定。

第二十八条
语　　言

一、［办公室使用的语言］联盟办公室应使用英语、法语、德语和西班牙语履行其职责。

二、［某些会议中使用的语言］理事会和修订公约的会议应使用上述四种语言。

三、［增添使用的语言］理事会可以决定增用语种。

第二十九条

财　务

一、［收入］联盟开支将来自于以下几项：

（1）联盟各成员国每年交纳的会费；

（2）服务所收报酬；

（3）杂项收入。

二、［会费：单位］

（一）每个联盟成员国在每年会费总额中所分摊的份额应参照从联盟成员国会费中的支出总额和该成员国根据三款规定应交纳的会费单位数来决定，其份额应按四款计算。

（二）会费单位数可用整数或者分数表示，但分数不得小于五分之一。

三、［会费，每一成员国所分摊的份额］

（一）任何1961/1972年文本或1978年文本缔约方的联盟成员国，自受本公约约束之日起，其应交纳会费的单位数即与其上述日期以前的数相同。

（二）任何其他联盟成员国在加入联盟时应在声明中向秘书长说明适合于它的会费单位数。

（三）任何联盟成员国在任何时候都可向秘书长声明与根据（一）项或者（二）项承担的数目不同的会费单位

数。如果是在公历年的前六个月作的声明，该声明将从下一公历年年初生效，否则将推迟到再下一个公历年的年初生效。

四、［会费：份额数的计算］

（一）在每一预算期，按上述各联盟成员国会费中该期间支出的总和除以这些联盟成员国应交纳会费单位数的总和而得到每一个会费单位应分担的数额。

（二）每个联盟成员国会费的数额应为每一会费单位的数额乘以该联盟成员国应交纳会费单位数。

五、［拖欠会费］

（一）如果拖欠会费的任何联盟成员国，所欠款数等于或超过了前一整年应交纳会费的数额，该成员国则不能享有在理事会中的投票表决权，但（二）项情况除外。中止投票表决权并不等于免除了这个联盟成员国对本公约承担的义务，也不等于剥夺其他任何权力。

（二）如果理事会确信拖欠的会费是出于特殊的和不可避免的原因，理事会可允许该成员国继续行使投票表决权。

六、［帐目审计］帐目审计应按行政和财务规则中的规定由某个联盟成员国进行，该联盟成员国应由理事会指派，并得到该成员国的同意。

七、［政府间组织的会费］任何政府间组织的缔约方，可不履行交纳会费的义务。然而，如果其愿意交纳，应按一、至四款中的条款实施。

第九章

本公约的履行；其他协定

第三十条

本公约的履行

一、［履行公约的措施］每个缔约方应采用一切必要措施去履行本公约，尤其应当：

（1）规定适当的补救法律，以便有效地行使育种者的权利；

（2）设一个主管机关，把授予育种者权利的工作委托给该机关，或者将上述任务委托给另一缔约方的主管机关；

（3）保证通过定期出版物将以下有关的信息公告有关方面：

—申请和授予育种者权利，以及

—提议与批准的名称。

二、［法律的一致性］不言而喻，每个国家或政府间组织，在按其情况交存批准书、接受书、核准书或加入书时，即应能在其法律范围内，实施本公约条款的规定。

第三十一条

缔约方与受先前文本约束国家之间的关系

一、[受本公约约束的国家之间的关系] 同时受本公约和任何先前文本约束的联盟成员国之间，唯有本公约适用。

二、[与不受本公约约束国家的可能关系] 任何不受本公约约束的联盟成员国，可以通知秘书长，表明它与只受本公约约束的每个联盟成员国之间的关系，按其受约束的最近文本处理。从该通知书的日期满一个月起，直到发通知书的该成员国受本公约约束之日止，上述成员国按其受约束的最近文本处理它与只受本公约约束的每个联盟成员国之间的关系，而后者仍按本公约处理与前者的关系。

第三十二条

特别协定

联盟各成员国有保留在它们之间缔结品种保护特别协定的权力，但这种协定与本公约条款不得相抵触。

第十章
最后条款

第三十三条

签　　字

本公约自通过之日起，对任何联盟成员国的国家开放签字，签字期限到1992年3月31日止。

第三十四条

批准、接受或核准；加入

一、[国家和某些政府间的组织]

（一）任何国家，按本条款规定，可以成为本公约的缔约方。

（二）任何政府间的组织，如果根据本条款规定，又具备下列条件，可以成为本公约的缔约方：

（1）具有按本公约处理问题的能力；

（2）在授予和保护育种者权利方面有自己的法规约束其所有成员国；以及

（3）依照自己内部的程序，被完全授权加入本公约。

二、[加入书]在本公约上签字的国家，在交存本公约的批准书、接受书或核准书之后将成为本公约的缔约方。与任何尚未在本公约上签字的国家和任何政府间组织通过交存本公约的加入书而成为本公约的缔约方。批准书、接受书、核准书或加入书应交秘书长保管。

三、[理事会的意见]任何尚未成为本联盟成员的国家和任何政府间组织，在交存加入书之前，应就其法律与本公约的条款是否一致征询理事会的意见。如果其结果是肯定意见，可以交存加入书。

第三十五条

保留权

一、［原则］不允许对本公约有保留权，根据二款者除外。

二、［可能的例外］

（一）尽管有第三条一款的规定，已是1978年文本的缔约方，对其无性繁殖的品种是通过工业产权所有权而不是育种者权利加以保护的国家，在成为本公约的缔约方时，应有权继续实施其原有保护而无需实施本公约对这些品种进行保护。

（二）在使用上述权利的任何国家，根据实际情况交存批准书、接受书、核准书或加入书时，应通知秘书长。该国可以在任何时候撤销上述通知。

第三十六条

有关法规和受保护植物属、种的通讯交流；信息公布

一、［最初的通知］当按实际情况交存批准书、接受书、核准书或加入书时，任何国家或政府间组织应报告秘书长：

（1）其有关育种者权利的法规；以及

（2）自受本公约约束之日起将按本公约的条款进行保护的受保护植物属和种的名录。

二、［更改的通告］每一缔约方应及时向秘书长报告：

（1）有关育种者权利法规的任何变更情况；以及

（2）将适用本公约的范围扩大所增加的植物属和种。

三、［资料出版］秘书长将根据来自各有关缔约方的信息，出版下列信息资料：

（1）有关育种者权利的法规及其改变情况；以及

（2）在一款（2）项中提及的植物属和种名录和在二款（2）项中提及的扩大应用范围。

第三十七条

生效；先前文本的关闭

一、［开始生效］本公约在有五个国家按其情况交存批准书、接受书、核准书或加入书后一个月即开始生效，但至少要有三个上述文件是由1961/1972年文本或1978年文本缔约国交存的。

二、［续后生效］一款中未包括的任何国家或政府间组织，在它按其情况交存批准书、接受书、核准书或加入书之日一个月后，即受本公约的约束。

三、［1978年文本的关闭］根据一款在本公约生效后，就不再按1978年文本交存加入书，除了按联合国大会的惯例被认为是发展中国家者，还可于1995年12月31日前交存此类文件，其他国家则在1993年12月31日前，即使本公约在该日期之前业已生效，仍可交存此类文件。

第三十八条
本公约的修订

一、[大会] 本公约可由联盟成员国大会修订，召集这样的会议应由理事会决定。

二、[法定数与多数] 只有在至少半数成员国出席的情况下，大会议程才有效，任何修改都需要有四分之三的多数联盟成员国出席并投票的情况下才能通过。

第三十九条
退　　约

一、[通告] 任何缔约方都可通告秘书长退出本公约。秘书长应及时把收到的通告告知联盟的各个成员国。

二、[先前文本] 退出本公约的通告被认为也是构成退出该缔约方受约束的任何先前文本的通告。

三、[生效日期] 在秘书长收到通告当年的下一公历年度末退约即生效。

四、[已获得的权利] 某一品种在退约开始生效之日前，已从本公约或者任何先前文本获得的任何权利将不受影响。

第四十条
保留现有的权益

本公约应不限制根据缔约方之法律或先前文本，或除本公约以外联盟成员之间缔结的任何协议而获得的现有育种者的权利。

第四十一条

本公约的原始文本和官方文本

一、[原始文本] 本公约应以英语、法语和德语各签署一份原始文本，在各文本中如有差异，以法语文本为准。原始文本将由秘书长存档。

二、[官方文本] 在与有关政府协商之后，秘书长将用阿拉伯文、荷兰文、意大利文、日文和西班牙文以及由理事会指定的其他文种制成官方文本。

第四十二条

文本保存机构的职责

一、[传送副本] 秘书长应把本公约经证实的副本传送给所有参加通过本公约的外交会议的国家和政府间组织，并根据要求，传送给其他的国家和政府间组织。

二、[登记] 秘书长应向联合国秘书处登记本公约。

UPOV Publication no: 221(E)

International Convention

for the Protection of

New Varieties of Plants

of December 2, 1961,
as Revised at Geneva on November 10, 1972,
on October 23, 1978, and on March 19, 1991

International Union for the Protection of New Varieties of Plants

INTERNATIONAL CONVENTION FOR THE PROTECTION OF NEW VARIETIES OF PLANTS

of December 2, 1961,
as Revised at Geneva on November 10, 1972,
on October 23, 1978, and on March 19, 1991

LIST OF ARTICLES

CHAPTER I

DEFINITIONS

Article 1

Definitions

For the purposes of this Act:

(i) "this Convention" means the present (1991) Act of the International Convention for the Protection of New Varieties of Plants;

(ii) "Act of 1961/1972" means the International Convention for the Protection of New Varieties of Plants of December 2, 1961, as amended by the Additional Act of November 10, 1972;

(iii) "Act of 1978" means the Act of October 23, 1978, of the International Convention for the Protection of New Varieties of Plants;

(iv) "breeder" means
- the person who bred, or discovered and developed, a variety,
- the person who is the employer of the aforementioned person or who has commissioned the latter's work, where the laws of the relevant Contracting Party so provide, or
- the successor in title of the first or second aforementioned person, as the case may be;

(v) "breeder's right" means the right of the breeder provided for in this Convention;

(vi) "variety" means a plant grouping within a single botanical taxon of the lowest known rank, which grouping, irrespective of whether the conditions for the grant of a breeder's right are fully met, can be
- defined by the expression of the characteristics resulting from a given genotype or combination of genotypes,
- distinguished from any other plant grouping by the expression of at least one of the said characteristics and
- considered as a unit with regard to its suitability for being propagated unchanged;

(vii) "Contracting Party" means a State or an intergovernmental organization party to this Convention;

(viii) "territory," in relation to a Contracting Party, means, where the Contracting Party is a State, the territory of that State and, where the Contracting Party is an intergovernmental organization, the territory in which the constituting treaty of that intergovernmental organization applies;

(ix) "authority" means the authority referred to in Article 30(1)(ii);

(x) "Union" means the Union for the Protection of New Varieties of Plants founded by the Act of 1961 and further mentioned in the Act of 1972, the Act of 1978 and in this Convention;

(xi) "member of the Union" means a State party to the Act of 1961/1972 or the Act of 1978, or a Contracting Party.

CHAPTER II

GENERAL OBLIGATIONS OF THE CONTRACTING PARTIES

Article 2

Basic Obligation of the Contracting Parties

Each Contracting Party shall grant and protect breeders' rights.

Article 3

Genera and Species to be Protected

(1) [*States already members of the Union*] Each Contracting Party which is bound by the Act of 1961/1972 or the Act of 1978 shall apply the provisions of this Convention,

(i) at the date on which it becomes bound by this Convention, to all plant genera and species to which it applies, on the said date, the provisions of the Act of 1961/1972 or the Act of 1978 and,

(ii) at the latest by the expiration of a period of five years after the said date, to all plant genera and species.

(2) [*New members of the Union*] Each Contracting Party which is not bound by the Act of 1961/1972 or the Act of 1978 shall apply the provisions of this Convention,

(i) at the date on which it becomes bound by this Convention, to at least 15 plant genera or species and,

(ii) at the latest by the expiration of a period of 10 years from the said date, to all plant genera and species.

Article 4

National Treatment

(1) [*Treatment*] Without prejudice to the rights specified in this Convention, nationals of a Contracting Party as well as natural persons resident and legal entities having their registered offices within the territory of a Contracting Party shall, insofar as the grant and protection of breeders' rights are concerned, enjoy within the territory of each other Contracting Party the same treatment as is accorded or may hereafter be accorded by the laws of each such other Contracting Party to its own nationals, provided that the said nationals, natural persons or legal entities comply with the conditions and formalities imposed on the nationals of the said other Contracting Party.

(2) [*"Nationals"*] For the purposes of the preceding paragraph, "nationals" means, where the Contracting Party is a State, the nationals of that State and, where the Contracting Party is an intergovernmental organization, the nationals of the States which are members of that organization.

CHAPTER III

CONDITIONS FOR THE GRANT OF THE BREEDER'S RIGHT

Article 5

Conditions of Protection

(1) [*Criteria to be satisfied*] The breeder's right shall be granted where the variety is

(i) new,

(ii) distinct,

(iii) uniform and

(iv) stable.

(2) [*Other conditions*] The grant of the breeder's right shall not be subject to any further or different conditions, provided that the variety is designated by a denomination in accordance with the provisions of Article 20, that the applicant complies with the formalities provided for by the law of the Contracting Party with whose authority the application has been filed and that he pays the required fees.

Article 6

Novelty

(1) [*Criteria*] The variety shall be deemed to be new if, at the date of filing of the application for a breeder's right, propagating or harvested material of the variety has not been sold or otherwise disposed of to others, by or with the consent of the breeder, for purposes of exploitation of the variety

(i) in the territory of the Contracting Party in which the application has been filed earlier than one year before that date and

(ii) in a territory other than that of the Contracting Party in which the application has been filed earlier than four years or, in the case of trees or of vines, earlier than six years before the said date.

(2) [*Varieties of recent creation*] Where a Contracting Party applies this Convention to a plant genus or species to which it did not previously apply this Convention or an earlier Act, it may consider a variety of recent creation existing at the date of such extension of protection to satisfy the condition of novelty defined in paragraph (1) even where the sale or disposal to others described in that paragraph took place earlier than the time limits defined in that paragraph.

(3) [*"Territory" in certain cases*] For the purposes of paragraph (1), all the Contracting Parties which are member States of one and the same intergovernmental organization may act jointly, where the regulations of that organization so require, to assimilate acts done on the territories of the States members of that organization to acts done on their own territories and, should they do so, shall notify the Secretary-General accordingly.

Article 7

Distinctness

The variety shall be deemed to be distinct if it is clearly distinguishable from any other variety whose existence is a matter of common knowledge at the time of the filing of the application. In particular, the filing of an application for the granting of a breeder's right or for the entering of another variety in an official register of varieties, in any country, shall be deemed to render that other variety a matter of common knowledge from the date of the application, provided that the application leads to the granting of a breeder's right or to the entering of the said other variety in the official register of varieties, as the case may be.

Article 8

Uniformity

The variety shall be deemed to be uniform if, subject to the variation that may be expected from the particular features of its propagation, it is sufficiently uniform in its relevant characteristics.

Article 9

Stability

The variety shall be deemed to be stable if its relevant characteristics remain unchanged after repeated propagation or, in the case of a particular cycle of propagation, at the end of each such cycle.

CHAPTER IV

APPLICATION FOR THE GRANT OF THE BREEDER'S RIGHT

Article 10

Filing of Applications

(1) [*Place of first application*] The breeder may choose the Contracting Party with whose authority he wishes to file his first application for a breeder's right.

(2) [*Time of subsequent applications*] The breeder may apply to the authorities of other Contracting Parties for the grant of breeders' rights without waiting for the grant to him of a breeder's right by the authority of the Contracting Party with which the first application was filed.

(3) [*Independence of protection*] No Contracting Party shall refuse to grant a breeder's right or limit its duration on the ground that protection for the same variety has not been applied for, has been refused or has expired in any other State or intergovernmental organization.

Article 11

Right of Priority

(1) [*The right; its period*] Any breeder who has duly filed an application for the protection of a variety in one of the Contracting Parties (the "first application") shall, for the purpose of filing an application for the grant of a breeder's right for the same variety with the

authority of any other Contracting Party (the "subsequent application"), enjoy a right of priority for a period of 12 months. This period shall be computed from the date of filing of the first application. The day of filing shall not be included in the latter period.

(2) [*Claiming the right*] In order to benefit from the right of priority, the breeder shall, in the subsequent application, claim the priority of the first application. The authority with which the subsequent application has been filed may require the breeder to furnish, within a period of not less than three months from the filing date of the subsequent application, a copy of the documents which constitute the first application, certified to be a true copy by the authority with which that application was filed, and samples or other evidence that the variety which is the subject matter of both applications is the same.

(3) [*Documents and material*] The breeder shall be allowed a period of two years after the expiration of the period of priority or, where the first application is rejected or withdrawn, an appropriate time after such rejection or withdrawal, in which to furnish, to the authority of the Contracting Party with which he has filed the subsequent application, any necessary information, document or material required for the purpose of the examination under Article 12, as required by the laws of that Contracting Party.

(4) [*Events occurring during the period*] Events occurring within the period provided for in paragraph (1), such as the filing of another application or the publication or use of the variety that is the subject of the first application, shall not constitute a ground for rejecting the subsequent application. Such events shall also not give rise to any third-party right.

Article 12

Examination of the Application

Any decision to grant a breeder's right shall require an examination for compliance with the conditions under Articles 5 to 9. In the course of the examination, the authority may grow the variety or carry out other necessary tests, cause the growing of the variety or the carrying out of other necessary tests, or take into account the results of growing tests or other trials which have already been carried out. For the purposes of examination, the authority may require the breeder to furnish all the necessary information, documents or material.

Article 13

Provisional Protection

Each Contracting Party shall provide measures designed to safeguard the interests of the breeder during the period between the filing or the publication of the application for the grant of a breeder's right and the grant of that right. Such measures shall have the effect that the holder of a breeder's right shall at least be entitled to equitable remuneration from any person who, during the said period, has carried out acts which, once the right is granted, require the breeder's authorization as provided in Article 14. A Contracting Party may provide that the said measures shall only take effect in relation to persons whom the breeder has notified of the filing of the application.

CHAPTER V

THE RIGHTS OF THE BREEDER

Article 14

Scope of the Breeder's Right

(1) [*Acts in respect of the propagating material*] *(a)* Subject to Articles 15 and 16, the following acts in respect of the propagating material of the protected variety shall require the authorization of the breeder:

(i) production or reproduction (multiplication),

(ii) conditioning for the purpose of propagation,

(iii) offering for sale,

(iv) selling or other marketing,

(v) exporting,

(vi) importing,

(vii) stocking for any of the purposes mentioned in (i) to (vi), above.

(b) The breeder may make his authorization subject to conditions and limitations.

(2) [*Acts in respect of the harvested material*] Subject to Articles 15 and 16, the acts referred to in items (i) to (vii) of paragraph (1)*(a)* in respect of harvested material, including entire plants and parts of plants, obtained through the unauthorized use of propagating material of the protected variety shall require the authorization of the breeder, unless the breeder has had reasonable opportunity to exercise his right in relation to the said propagating material.

(3) [*Acts in respect of certain products*] Each Contracting Party may provide that, subject to Articles 15 and 16, the acts referred to in items (i) to (vii) of paragraph (1)*(a)* in respect of products made directly from harvested material of the protected variety falling within the provisions of paragraph (2) through the unauthorized use of the said harvested material shall require the authorization of the breeder, unless the breeder has had reasonable opportunity to exercise his right in relation to the said harvested material.

(4) [*Possible additional acts*] Each Contracting Party may provide that, subject to Articles 15 and 16, acts other than those referred to in items (i) to (vii) of paragraph (1)*(a)* shall also require the authorization of the breeder.

(5) [*Essentially derived and certain other varieties*] *(a)* The provisions of paragraphs (1) to (4) shall also apply in relation to

(i) varieties which are essentially derived from the protected variety, where the protected variety is not itself an essentially derived variety,

(ii) varieties which are not clearly distinguishable in accordance with Article 7 from the protected variety and

(iii) varieties whose production requires the repeated use of the protected variety.

(b) For the purposes of subparagraph *(a)*(i), a variety shall be deemed to be essentially derived from another variety ("the initial variety") when

(i) it is predominantly derived from the initial variety, or from a variety that is itself predominantly derived from the initial variety, while retaining the expression of the essential characteristics that result from the genotype or combination of genotypes of the initial variety,

(ii) it is clearly distinguishable from the initial variety and

(iii) except for the differences which result from the act of derivation, it conforms to the initial variety in the expression of the essential characteristics that result from the genotype or combination of genotypes of the initial variety.

(c) Essentially derived varieties may be obtained for example by the selection of a natural or induced mutant, or of a somaclonal variant, the selection of a variant individual from plants of the initial variety, backcrossing, or transformation by genetic engineering.

Article 15

Exceptions to the Breeder's Right

(1) [*Compulsory exceptions*] The breeder's right shall not extend to

(i) acts done privately and for non-commercial purposes,

(ii) acts done for experimental purposes and

(iii) acts done for the purpose of breeding other varieties, and, except where the provisions of Article 14(5) apply, acts referred to in Article 14(1) to (4) in respect of such other varieties.

(2) [*Optional exception*] Notwithstanding Article 14, each Contracting Party may, within reasonable limits and subject to the safeguarding of the legitimate interests of the breeder, restrict the breeder's right in relation to any variety in order to permit farmers to use for propagating purposes, on their own holdings, the product of the harvest which they have obtained by planting, on their own holdings, the protected variety or a variety covered by Article 14(5)*(a)*(i) or (ii).

Article 16

Exhaustion of the Breeder's Right

(1) [*Exhaustion of right*] The breeder's right shall not extend to acts concerning any material of the protected variety, or of a variety covered by the provisions of Article 14(5), which has been sold or otherwise marketed by the breeder or with his consent in the territory of the Contracting Party concerned, or any material derived from the said material, unless such acts

(i) involve further propagation of the variety in question or

(ii) involve an export of material of the variety, which enables the propagation of the variety, into a country which does not protect varieties of the plant genus or species to which the variety belongs, except where the exported material is for final consumption purposes.

(2) [*Meaning of "material"*] For the purposes of paragraph (1), "material" means, in relation to a variety,

(i) propagating material of any kind,

(ii) harvested material, including entire plants and parts of plants, and

(iii) any product made directly from the harvested material.

(3) [*"Territory" in certain cases*] For the purposes of paragraph (1), all the Contracting Parties which are member States of one and the same intergovernmental organization may act jointly, where the regulations of that organization so require, to assimilate acts done on the territories of the States members of that organization to acts done on their own territories and, should they do so, shall notify the Secretary-General accordingly.

Article 17

Restrictions on the Exercise of the Breeder's Right

(1) [*Public interest*] Except where expressly provided in this Convention, no Contracting Party may restrict the free exercise of a breeder's right for reasons other than of public interest.

(2) [*Equitable remuneration*] When any such restriction has the effect of authorizing a third party to perform any act for which the breeder's authorization is required, the Contracting Party concerned shall take all measures necessary to ensure that the breeder receives equitable remuneration.

Article 18

Measures Regulating Commerce

The breeder's right shall be independent of any measure taken by a Contracting Party to regulate within its territory the production, certification and marketing of material of varieties or the importing or exporting of such material. In any case, such measures shall not affect the application of the provisions of this Convention.

Article 19

Duration of the Breeder's Right

(1) [*Period of protection*] The breeder's right shall be granted for a fixed period.

(2) [*Minimum period*] The said period shall not be shorter than 20 years from the date of the grant of the breeder's right. For trees and vines, the said period shall not be shorter than 25 years from the said date.

CHAPTER VI

VARIETY DENOMINATION

Article 20

Variety Denomination

(1) [*Designation of varieties by denominations; use of the denomination*] *(a)* The variety shall be designated by a denomination which will be its generic designation.

(b) Each Contracting Party shall ensure that, subject to paragraph (4), no rights in the designation registered as the denomination of the variety shall hamper the free use of the denomination in connection with the variety, even after the expiration of the breeder's right.

(2) [*Characteristics of the denomination*] The denomination must enable the variety to be identified. It may not consist solely of figures except where this is an established practice for designating varieties. It must not be liable to mislead or to cause confusion concerning the characteristics, value or identity of the variety or the identity of the breeder. In particular, it must be different from every denomination which designates, in the territory of any Contracting Party, an existing variety of the same plant species or of a closely related species.

(3) [*Registration of the denomination*] The denomination of the variety shall be submitted by the breeder to the authority. If it is found that the denomination does not satisfy the requirements of paragraph (2), the authority shall refuse to register it and shall require the

breeder to propose another denomination within a prescribed period. The denomination shall be registered by the authority at the same time as the breeder's right is granted.

(4) [*Prior rights of third persons*] Prior rights of third persons shall not be affected. If, by reason of a prior right, the use of the denomination of a variety is forbidden to a person who, in accordance with the provisions of paragraph (7), is obliged to use it, the authority shall require the breeder to submit another denomination for the variety.

(5) [*Same denomination in all Contracting Parties*] A variety must be submitted to all Contracting Parties under the same denomination. The authority of each Contracting Party shall register the denomination so submitted, unless it considers the denomination unsuitable within its territory. In the latter case, it shall require the breeder to submit another denomination.

(6) [*Information among the authorities of Contracting Parties*] The authority of a Contracting Party shall ensure that the authorities of all the other Contracting Parties are informed of matters concerning variety denominations, in particular the submission, registration and cancellation of denominations. Any authority may address its observations, if any, on the registration of a denomination to the authority which communicated that denomination.

(7) [*Obligation to use the denomination*] Any person who, within the territory of one of the Contracting Parties, offers for sale or markets propagating material of a variety protected within the said territory shall be obliged to use the denomination of that variety, even after the expiration of the breeder's right in that variety, except where, in accordance with the provisions of paragraph (4), prior rights prevent such use.

(8) [*Indications used in association with denominations*] When a variety is offered for sale or marketed, it shall be permitted to associate a trademark, trade name or other similar indication with a registered variety denomination. If such an indication is so associated, the denomination must nevertheless be easily recognizable.

CHAPTER VII

NULLITY AND CANCELLATION OF THE BREEDER'S RIGHT

Article 21

Nullity of the Breeder's Right

(1) [*Reasons of nullity*] Each Contracting Party shall declare a breeder's right granted by it null and void when it is established

(i) that the conditions laid down in Articles 6 or 7 were not complied with at the time of the grant of the breeder's right,

(ii) that, where the grant of the breeder's right has been essentially based upon information and documents furnished by the breeder, the conditions laid down in Articles 8 or 9 were not complied with at the time of the grant of the breeder's right, or

(iii) that the breeder's right has been granted to a person who is not entitled to it, unless it is transferred to the person who is so entitled.

(2) [*Exclusion of other reasons*] No breeder's right shall be declared null and void for reasons other than those referred to in paragraph (1).

Article 22

Cancellation of the Breeder's Right

(1) [*Reasons for cancellation*] *(a)* Each Contracting Party may cancel a breeder's right granted by it if it is established that the conditions laid down in Articles 8 or 9 are no longer fulfilled.

(b) Furthermore, each Contracting Party may cancel a breeder's right granted by it if, after being requested to do so and within a prescribed period,

(i) the breeder does not provide the authority with the information, documents or material deemed necessary for verifying the maintenance of the variety,

(ii) the breeder fails to pay such fees as may be payable to keep his right in force, or

(iii) the breeder does not propose, where the denomination of the variety is cancelled after the grant of the right, another suitable denomination.

(2) [*Exclusion of other reasons*] No breeder's right shall be cancelled for reasons other than those referred to in paragraph (1).

CHAPTER VIII

THE UNION

Article 23

Members

The Contracting Parties shall be members of the Union.

Article 24

Legal Status and Seat

(1) [*Legal personality*] The Union has legal personality.

(2) [*Legal capacity*] The Union enjoys on the territory of each Contracting Party, in conformity with the laws applicable in the said territory, such legal capacity as may be necessary for the fulfillment of the objectives of the Union and for the exercise of its functions.

(3) [*Seat*] The seat of the Union and its permanent organs are at Geneva.

(4) [*Headquarters agreement*] The Union has a headquarters agreement with the Swiss Confederation.

Article 25

Organs

The permanent organs of the Union are the Council and the Office of the Union.

Article 26

The Council

(1) [*Composition*] The Council shall consist of the representatives of the members of the Union. Each member of the Union shall appoint one representative to the Council and one alternate. Representatives or alternates may be accompanied by assistants or advisers.

(2) [*Officers*] The Council shall elect a President and a first Vice-President from among its members. It may elect other Vice-Presidents. The first Vice-President shall take the place of the President if the latter is unable to officiate. The President shall hold office for three years.

(3) [*Sessions*] The Council shall meet upon convocation by its President. An ordinary session of the Council shall be held annually. In addition, the President may convene the Council at his discretion; he shall convene it, within a period of three months, if one-third of the members of the Union so request.

(4) [*Observers*] States not members of the Union may be invited as observers to meetings of the Council. Other observers, as well as experts, may also be invited to such meetings.

(5) [*Tasks*] The tasks of the Council shall be to:

(i) study appropriate measures to safeguard the interests and to encourage the development of the Union;

(ii) establish its rules of procedure;

(iii) appoint the Secretary-General and, if it finds it necessary, a Vice Secretary-General and determine the terms of appointment of each;

(iv) examine an annual report on the activities of the Union and lay down the programme for its future work;

(v) give to the Secretary-General all necessary directions for the accomplishment of the tasks of the Union;

(vi) establish the administrative and financial regulations of the Union;

(vii) examine and approve the budget of the Union and fix the contribution of each member of the Union;

(viii) examine and approve the accounts presented by the Secretary-General;

(ix) fix the date and place of the conferences referred to in Article 38 and take the measures necessary for their preparation; and

(x) in general, take all necessary decisions to ensure the efficient functioning of the Union.

(6) [*Votes*] *(a)* Each member of the Union that is a State shall have one vote in the Council.

(b) Any Contracting Party that is an intergovernmental organization may, in matters within its competence, exercise the rights to vote of its member States that are members of the Union. Such an intergovernmental organization shall not exercise the rights to vote of its member States if its member States exercise their right to vote, and vice versa.

(7) [*Majorities*] Any decision of the Council shall require a simple majority of the votes cast, provided that any decision of the Council under paragraphs (5)(ii), (vi) and (vii), and under Articles 28(3), 29(5)*(b)* and 38(1) shall require three-fourths of the votes cast. Abstentions shall not be considered as votes.

Article 27

The Office of the Union

(1) [*Tasks and direction of the Office*] The Office of the Union shall carry out all the duties and tasks entrusted to it by the Council. It shall be under the direction of the Secretary-General.

(2) [*Duties of the Secretary-General*] The Secretary-General shall be responsible to the Council; he shall be responsible for carrying out the decisions of the Council. He shall submit the budget of the Union for the approval of the Council and shall be responsible for its implementation. He shall make reports to the Council on his administration and the activities and financial position of the Union.

(3) [*Staff*] Subject to the provisions of Article 26(5)(iii), the conditions of appointment and employment of the staff necessary for the efficient performance of the tasks of the Office of the Union shall be fixed in the administrative and financial regulations.

Article 28

Languages

(1) [*Languages of the Office*] The English, French, German and Spanish languages shall be used by the Office of the Union in carrying out its duties.

(2) [*Languages in certain meetings*] Meetings of the Council and of revision conferences shall be held in the four languages.

(3) [*Further languages*] The Council may decide that further languages shall be used.

Article 29

Finances

(1) [*Income*] The expenses of the Union shall be met from

(i) the annual contributions of the States members of the Union,

(ii) payments received for services rendered,

(iii) miscellaneous receipts.

(2) [*Contributions: units*] *(a)* The share of each State member of the Union in the total amount of the annual contributions shall be determined by reference to the total expenditure to be met from the contributions of the States members of the Union and to the number of contribution units applicable to it under paragraph (3). The said share shall be computed according to paragraph (4).

(b) The number of contribution units shall be expressed in whole numbers or fractions thereof, provided that no fraction shall be smaller than one-fifth.

(3) [*Contributions: share of each member*] *(a)* The number of contribution units applicable to any member of the Union which is party to the Act of 1961/1972 or the Act of 1978 on the date on which it becomes bound by this Convention shall be the same as the number applicable to it immediately before the said date.

(b) Any other State member of the Union shall, on joining the Union, indicate, in a declaration addressed to the Secretary-General, the number of contribution units applicable to it.

(c) Any State member of the Union may, at any time, indicate, in a declaration addressed to the Secretary-General, a number of contribution units different from the number applicable to it under subparagraph *(a)* or *(b)*. Such declaration, if made during the first six months of a calendar year, shall take effect from the beginning of the subsequent calendar year; otherwise, it shall take effect from the beginning of the second calendar year which follows the year in which the declaration was made.

(4) [*Contributions: computation of shares*] *(a)* For each budgetary period, the amount corresponding to one contribution unit shall be obtained by dividing the total amount of the expenditure to be met in that period from the contributions of the States members of the Union by the total number of units applicable to those States members of the Union.

(b) The amount of the contribution of each State member of the Union shall be obtained by multiplying the amount corresponding to one contribution unit by the number of contribution units applicable to that State member of the Union.

(5) [*Arrears in contributions*] *(a)* A State member of the Union which is in arrears in the payment of its contributions may not, subject to subparagraph *(b)*, exercise its right to vote in the Council if the amount of its arrears equals or exceeds the amount of the contribution due from it for the preceding full year. The suspension of the right to vote shall not relieve such State member of the Union of its obligations under this Convention and shall not deprive it of any other rights thereunder.

(b) The Council may allow the said State member of the Union to continue to exercise its right to vote if, and as long as, the Council is satisfied that the delay in payment is due to exceptional and unavoidable circumstances.

(6) [*Auditing of the accounts*] The auditing of the accounts of the Union shall be effected by a State member of the Union as provided in the administrative and financial regulations. Such State member of the Union shall be designated, with its agreement, by the Council.

(7) [*Contributions of intergovernmental organizations*] Any Contracting Party which is an intergovernmental organization shall not be obliged to pay contributions. If, nevertheless, it chooses to pay contributions, the provisions of paragraphs (1) to (4) shall be applied accordingly.

CHAPTER IX

IMPLEMENTATION OF THE CONVENTION; OTHER AGREEMENTS

Article 30

Implementation of the Convention

(1) [*Measures of implementation*] Each Contracting Party shall adopt all measures necessary for the implementation of this Convention; in particular, it shall:

(i) provide for appropriate legal remedies for the effective enforcement of breeders' rights;

(ii) maintain an authority entrusted with the task of granting breeders' rights or entrust the said task to an authority maintained by another Contracting Party;

(iii) ensure that the public is informed through the regular publication of information concerning
- applications for and grants of breeders' rights, and
- proposed and approved denominations.

(2) [*Conformity of laws*] It shall be understood that, on depositing its instrument of ratification, acceptance, approval or accession, as the case may be, each State or intergovernmental organization must be in a position, under its laws, to give effect to the provisions of this Convention.

Article 31

Relations Between Contracting Parties and States Bound by Earlier Acts

(1) [*Relations between States bound by this Convention*] Between States members of the Union which are bound both by this Convention and any earlier Act of the Convention, only this Convention shall apply.

(2) [*Possible relations with States not bound by this Convention*] Any State member of the Union not bound by this Convention may declare, in a notification addressed to the Secretary-General, that, in its relations with each member of the Union bound only by this Convention, it will apply the latest Act by which it is bound. As from the expiration of one month after the date of such notification and until the State member of the Union making the declaration becomes bound by this Convention, the said member of the Union shall apply the latest Act by which it is bound in its relations with each of the members of the Union bound only by this Convention, whereas the latter shall apply this Convention in respect of the former.

Article 32

Special Agreements

Members of the Union reserve the right to conclude among themselves special agreements for the protection of varieties, insofar as such agreements do not contravene the provisions of this Convention.

CHAPTER X

FINAL PROVISIONS

Article 33

Signature

This Convention shall be open for signature by any State which is a member of the Union at the date of its adoption. It shall remain open for signature until March 31, 1992.

Article 34

Ratification, Acceptance or Approval; Accession

(1) [*States and certain intergovernmental organizations*] *(a)* Any State may, as provided in this Article, become party to this Convention.

(b) Any intergovernmental organization may, as provided in this Article, become party to this Convention if it

(i) has competence in respect of matters governed by this Convention,

(ii) has its own legislation providing for the grant and protection of breeders' rights binding on all its member States and

(iii) has been duly authorized, in accordance with its internal procedures, to accede to this Convention.

(2) [*Instrument of adherence*] Any State which has signed this Convention shall become party to this Convention by depositing an instrument of ratification, acceptance or approval of this Convention. Any State which has not signed this Convention and any intergovernmental organization shall become party to this Convention by depositing an instrument of accession to this Convention. Instruments of ratification, acceptance, approval or accession shall be deposited with the Secretary-General.

(3) [*Advice of the Council*] Any State which is not a member of the Union and any intergovernmental organization shall, before depositing its instrument of accession, ask the

Council to advise it in respect of the conformity of its laws with the provisions of this Convention. If the decision embodying the advice is positive, the instrument of accession may be deposited.

Article 35

Reservations

(1) [*Principle*] Subject to paragraph (2), no reservations to this Convention are permitted.

(2) [*Possible exception*] *(a)* Notwithstanding the provisions of Article 3(1), any State which, at the time of becoming party to this Convention, is a party to the Act of 1978 and which, as far as varieties reproduced asexually are concerned, provides for protection by an industrial property title other than a breeder's right shall have the right to continue to do so without applying this Convention to those varieties.

(b) Any State making use of the said right shall, at the time of depositing its instrument of ratification, acceptance, approval or accession, as the case may be, notify the Secretary-General accordingly. The same State may, at any time, withdraw the said notification.

Article 36

Communications Concerning Legislation and the Genera and Species Protected; Information to be Published

(1) [*Initial notification*] When depositing its instrument of ratification, acceptance or approval of or accession to this Convention, as the case may be, any State or intergovernmental organization shall notify the Secretary-General of

(i) its legislation governing breeder's rights and

(ii) the list of plant genera and species to which, on the date on which it will become bound by this Convention, it will apply the provisions of this Convention.

(2) [*Notification of changes*] Each Contracting Party shall promptly notify the Secretary-General of

(i) any changes in its legislation governing breeders' rights and

(ii) any extension of the application of this Convention to additional plant genera and species.

(3) [*Publication of the information*] The Secretary-General shall, on the basis of communications received from each Contracting Party concerned, publish information on

(i) the legislation governing breeders' rights and any changes in that legislation, and

(ii) the list of plant genera and species referred to in paragraph (1)(ii) and any extension referred to in paragraph (2)(ii).

Article 37

Entry into Force; Closing of Earlier Acts

(1) [*Initial entry into force*] This Convention shall enter into force one month after five States have deposited their instruments of ratification, acceptance, approval or accession, as the case may be, provided that at least three of the said instruments have been deposited by States party to the Act of 1961/1972 or the Act of 1978.

(2) [*Subsequent entry into force*] Any State not covered by paragraph (1) or any intergovernmental organization shall become bound by this Convention one month after the date on which it has deposited its instrument of ratification, acceptance, approval or accession, as the case may be.

(3) [*Closing of the 1978 Act*] No instrument of accession to the Act of 1978 may be deposited after the entry into force of this Convention according to paragraph (1), except that any State that, in conformity with the established practice of the General Assembly of the United Nations, is regarded as a developing country may deposit such an instrument until December 31, 1995, and that any other State may deposit such an instrument until December 31, 1993, even if this Convention enters into force before that date.

Article 38

Revision of the Convention

(1) [*Conference*] This Convention may be revised by a conference of the members of the Union. The convocation of such conference shall be decided by the Council.

(2) [*Quorum and majority*] The proceedings of a conference shall be effective only if at least half of the States members of the Union are represented at it. A majority of three-quarters of the States members of the Union present and voting at the conference shall be required for the adoption of any revision.

Article 39

Denunciation

(1) [*Notifications*] Any Contracting Party may denounce this Convention by notification addressed to the Secretary-General. The Secretary-General shall promptly notify all members of the Union of the receipt of that notification.

(2) [*Earlier Acts*] Notification of the denunciation of this Convention shall be deemed also to constitute notification of the denunciation of any earlier Act by which the Contracting Party denouncing this Convention is bound.

(3) [*Effective date*] The denunciation shall take effect at the end of the calendar year following the year in which the notification was received by the Secretary-General.

(4) [*Acquired rights*] The denunciation shall not affect any rights acquired in a variety by reason of this Convention or any earlier Act prior to the date on which the denunciation becomes effective.

Article 40

Preservation of Existing Rights

This Convention shall not limit existing breeders' rights under the laws of Contracting Parties or by reason of any earlier Act or any agreement other than this Convention concluded between members of the Union.

Article 41

Original and Official Texts of the Convention

(1) [*Original*] This Convention shall be signed in a single original in the English, French and German languages, the French text prevailing in case of any discrepancy among the various texts. The original shall be deposited with the Secretary-General.

(2) [*Official texts*] The Secretary-General shall, after consultation with the interested Governments, establish official texts of this Convention in the Arabic, Dutch, Italian, Japanese and Spanish languages and such other languages as the Council may designate.

Article 42

Depositary Functions

(1) [*Transmittal of copies*] The Secretary-General shall transmit certified copies of this Convention to all States and intergovernmental organizations which were represented in the Diplomatic Conference that adopted this Convention and, on request, to any other State or intergovernmental organization.

(2) [*Registration*] The Secretary-General shall register this Convention with the Secretariat of the United Nations.

—·—

后　记

从2015年修订《中华人民共和国种子法》到2021年12月24日第十三届全国人民代表大会常务委员会第三十二次会议全票通过《关于修改〈中华人民共和国种子法〉的决定》，实质性派生品种等制度入法问题终于尘埃落定。这是我国植物新品种保护法律制度发展演变史上的标志性事件，是业界企盼已久的。至此，我国成为国际植物新品种保护联盟（UPOV）中实行实质性派生品种制度的第70个成员。

参与本书编写的人员是全国人大农业与农村委员会、农业农村部、国家林草局及中国社会科学院法学研究所从事立法、管理、科研的专业人士，均为新种子法起草小组成员。由专业人士撰稿，有利于增强法律释义的准确性和权威性。全书由管崇涌、王瀚同志负责统稿，刘振伟、张桃林同志审阅定稿。

新种子法修改过程中，全国人大常委会副委员长吉炳轩、武维华，全国人大农业与农村委员会主任委员陈锡文，全国人大宪法和法律委员会主任委员李飞、副主任委员沈春耀、丛斌，全国人大常委会法制工作委员会副主任王瑞贺，中央农办主任、农业农村部部长唐仁健，国家知识产权局局长申长雨等给予了大力支持，在此表示衷心感谢！

由于水平有限，书中难免有不妥之处，敬请批评指正。

本书编写组

2022 年 2 月